AF565554

Henri Meschonnic

Ethik und Politik des Übersetzens

Aus dem Französischen von Béatrice Costa

Herausgegeben und mit einem Nachwort von
Hans Lösener und Vera Viehöver

Matthes & Seitz Berlin

INHALTSVERZEICHNIS

Vorbemerkung 7

1 Eine Ethik des Übersetzens 9

2 Ein Verhaltenskodex reicht nicht aus 13

3 Dringend gesucht: eine Ethik der Sprache, eine Ethik der Übersetzung 18

4 Die Aufgabe des Übersetzens besteht darin, die gesamte Theorie der Sprache zu verändern 45

5 Der Sinn der Sprache, nicht der Sinn der Wörter 58

6 Übersetzen: literarisches Schreiben oder Entliterarisierung 81

7 Treu oder untreu, gehupft wie gesprungen, dem Zeichen sei Dank 98

8 Ausgangstextorientiert, zieltextorientiert, das bleibt sich gleich 120

9 Die Übersetzung religiöser Texte, Gott oder Allah 140

10 Warum ich die Bibel neu übersetze 155

11 Rhythmus übersetzen, die Stimme in Szene setzen 165

12 Die Biblisierung der Stimme 172

13 Die Gedichte unter den Psalmen wiederfinden 178

14 Warum eine Tracht Bibel der Philosophie guttut 193

15 Die Grammatik, jenseits von Eden 197

16 Das Europa des Übersetzens 203

Nachwort 215

Biografische Notiz 235

Bibliografie 237

Anmerkungen 247

VORBEMERKUNG

Schon seit längerem kann man Bücher von Henri Meschonnic (1932–2009) auch auf Englisch, Spanisch, Italienisch oder Japanisch lesen. Mit der vorliegenden Übersetzung des 2007 erschienenen Bandes *Éthique et politique du traduire* ist dies nun auch auf Deutsch möglich. Bedeutend ist Meschonnics Werk nicht nur in Hinblick auf seinen Umfang (über 40 Bücher und zahlreiche Aufsätze), seine thematische Breite (Poetik, Sprach-, Literatur- und Übersetzungstheorie, Philosophie und Kulturwissenschaft) und die dabei ins Spiel kommende Vielfalt der Textsorten (Essays, Textanalysen, wissenschaftliche Grundlagenwerke, Übersetzungen und Gedichtsammlungen). Seine Bedeutung liegt vor allem in einem anderen Denken der Sprache, das Meschonnic eröffnet und das untrennbar mit der Theorie und Praxis des Übersetzens verbunden ist. Die Frage, warum das Übersetzen noch einmal neu und anders gedacht werden muss, steht im Mittelpunkt des vorliegenden Buchs. Wer es zu lesen beginnt, sollte wissen, dass er den Fuß lediglich auf eine schmale Landzunge setzt, die zu einem Kontinent gehört, der bislang nur auf Französisch erkundet werden kann und eine ausgesprochen vielgestaltige Topografie aufweist. Hier warten noch große Aufgaben auf diejenigen, die Meschonnics Œuvre für die deutschsprachige Leserschaft erschließen wollen.

Die Entstehung dieser Übersetzung wurde von bereichernden Diskussionen während unsererer mehrtägigen Meschonnic-Arbeitstreffen begleitet. Wir denken gerne an sie zurück, zumal sie eine außergewöhnliche Erfahrung jenseits des universitären Alltags darstellten. Wir haben jedoch auch einigen Kolleginnen und Kollegen zu danken, die uns vor allem in der Schlussphase des Projekts beratend zur Seite gestanden haben: Dr. Yvonne Domhardt hat sich aller judaistischen Fragen und der Übertragungen der hebräischen Transkriptionen angenommen, wofür wir ihr herzlich danken. Prof. Dr. Nathalie Mälzer danken wir für die aufmerksame Durchsicht der Übersetzung. Unser Dank gilt schließlich dem Verlag Matthes & Seitz Berlin dafür, dass er diesem Buch den Weg geebnet hat.

Béatrice Costa, Hans Lösener, Vera Viehöver

1
EINE ETHIK DES ÜBERSETZENS

Eine Ethik des Übersetzens setzt mehr als alles andere eine Ethik der Sprache voraus. Und eine Ethik der Sprache setzt eine Gesamttheorie der Sprache voraus, eine kritische Theorie im Sinne Horkheimers – anstelle der gegenwärtig bestehenden Regionalismen, die für die Heterogenität der Vernunftkategorien und der Hochschuldisziplinen sorgen: Sprache als Gegenstand linguistischer Forschung (einschließlich ihrer technischen Differenzierungen, die vom technischen Standpunkt her alle notwendig sind), Literatur als Gegenstand literaturwissenschaftlicher Forschung, Philosophie als Gegenstand philosophischer Forschung, Ethik – als Folge der schulgemäßen Aufteilung – als Gegenstand ethischer Forschung, politische Philosophie als Forschungsgegenstand für Spezialisten eben dieses Faches und so weiter *ad infinitum*.

Wenn außerdem das Sprachdenken ohne Poetik auskommen muss und Ethik nicht als Einheit mit der beziehungsweise durch die Poetik gedacht wird, wenn das Politische nicht als Einheit mit beziehungsweise durch die Poetik, nicht als Poetik der Gesellschaft gedacht wird, haben wir das einer akademischen Verschulung zu verdanken. Einem akademisch bedingten Festhalten am Dualismus des Zeichens, der in all seinen Spielarten – vom Buchstaben bis hin zum Geist, von der Identität zur Alterität – in einer bedrängenden Nähe zum theologisch-politischen Herrschaftsanspruch steht.

Damit einher gehen jene Denkfallen, die sich für das Übersetzen aus den Begriffen der Übersetzungstreue und der Genauigkeit ergeben. Treue wozu? Zur Einzelsprache (*langue*)? Welcher denn? Aber Einzelsprache ist nicht gleich Sprache (*langage*). Man sollte das nicht verwechseln.

Wenn Sprache und Ethik nicht zusammengedacht werden, kommt es zu einer symptomatischen Vagheit im Denken, besonders wenn es um Gedichte geht. Dies geschieht beispielsweise in der Ethik von Lévinas, die dadurch – meinem Empfinden nach – durchlässig wird für Heidegger, für die Essenzialisierung der Sprache, der Poesie, des Deutschtums und die das Problem des Übersetzens auf das Verstehen reduziert, eine Sichtweise, die von manchen Theoretikern wie etwa Ricœur[1] noch immer vertreten wird.

Ich definiere Ethik nicht als soziale Verantwortung, sondern als das Bestreben eines Subjekts, sich durch sein Handeln so als Subjekt zu konstituieren, dass der andere durch eben dieses Handeln zum Subjekt wird. In seiner Eigenschaft als sprachliches Wesen ist das Subjekt zugleich ethisch *und* poetisch. Diese Untrennbarkeit gibt Auskunft über die Art des ethischen Zusammenhangs zwischen Subjekt und Sprache, über eine Beziehung, von der die gesamte Menschheit betroffen ist und die den eigentlichen Grund dafür darstellt, dass Ethik politisch ist.

Die Poetik ist auch eine Ethik, da ein Gedicht ein ethischer Akt ist, der das Subjekt verändert, denjenigen, der schreibt, und denjenigen, der liest. Was gleichzeitig auch mit allen anderen Subjekten geschieht, angefangen beim philosophischen bis hin zum Freud'schen Subjekt.[2]

In der Sprache, der Literatur und den Literaturen und somit auch in der Frage der Übersetzung besteht die dringende Notwendigkeit, vorgefasste Meinungen zu durchbrechen. Oder zumindest – ohne sich dabei zu viele Illusionen zu machen – auf das hin zu arbeiten, was Rémy de Gourmont als Gedankenauflösung (*dissociation d'idées*) bezeichnet hat. Er hatte dabei jene Gedankenverbindungen im Sinn, die so fest, so unlösbar miteinander verknüpft sind, dass sie weitgehend erstarren. Das heißt in einem Zustand der Bewegungslosigkeit verharren: Die Suche nach der angemessenen Bewegung des Denkens wird der Macht der Stereotype geopfert. Einer sozialen Macht.

Dieses Knäuel von Missverständnissen, die das Kulturelle ausmachen, erfüllt die Luft mit einem Geruch, der das gegenwärtige Denken auf unerträgliche Weise vernebelt. Aber nicht wenige glauben, dass der Zeitgeist so duften muss.

In der Absicht, eine Ethik des Denkens in die Praxis umzusetzen, schlage ich ein Programm vor, das folgende Eckpunkte umfasst:

– Arbeit an der Erkenntnis, dass wir nicht wissen, was wir sagen, wenn wir die Begriffe Einzelsprache (*langue*) und Sprache (*langage*), Einzelsprache und Kultur, Einzelsprache und Literatur, Einzelsprache und Rede in einer vielfältig interpretierbaren Gemengelage benutzen – und genau dies tun wir, wenn wir einen Text übersetzen und dabei annehmen, dass es genügt, von der Einzelsprache, von den Konzepten innerhalb der Einzelsprache auszugehen;
– Arbeit an der Erkenntnis, dass das Nachdenken über die Einzelsprache im Zeichendenken verwurzelt ist, in der Diskontinuität, in der Reduktion auf Binarität. In seiner Scharfkantigkeit ist der Gegensatz nicht in der Lage, das Körper-Sprache- bzw. das Körper-Affekt-Kontinuum zu denken, jenes Sprache-Gedicht-Ethik-Politik-Kontinuum, dessen vier Bestandteile miteinander verbunden sind und sich gegenseitig verändern. Vom Kontinuitätsdenken her bilden Identität und Alterität keine Gegensätze mehr, vielmehr verhält es sich so, dass Identität durch Alterität erzeugt wird, wodurch sich persönliche Geschichtlichkeit überhaupt erst entfalten kann.

Von hier aus stellt sich das Übersetzen als unabdingbar dar, um die Sprache, die Ethik, das Politische zu denken, vorausgesetzt, es wird wirklich das Gedicht gedacht, das Gedicht übersetzt.[3] Vorausgesetzt, es geht um die Kraft und nicht nur um den Sinn der Worte.

Das utopische Moment dieses Vorhabens – eines Denkens, das seinen Dreh- und Angelpunkt in der Interaktion findet – erfordert einen ausgeprägten Sinn für Humor als Garanten gegen jenes vermeintlich seriöse Gebaren, das herkömmliche Vorstellungen irrtümlich für die Bewegung des Denkens hält. Das utopische Moment geht mit der Notwendigkeit einer Kritik einher, die sich mit der Analyse der Wirkungsweisen und der Geschichtlichkeiten beschäftigt.

Die Komik des Denkens stellt das Verhältnis zwischen Einzelsprache und Gedicht auf den Kopf und führt vor, dass nicht die hebräische Sprache die Bibel hervorgebracht hat, sondern die Bibel die hebräische Sprache und dass das Arabische nicht die arabische Sprache hervorgebracht hat, die das Arabische heute darstellt, sondern dass der Koran die arabische Sprache hervorgebracht hat, die das Arabische heute darstellt. Nur um ein Beispiel unter vielen zu nennen. Welch düstere Ironie, dass das religiöse Denken der eigentliche Tempel des Akademischen ist.[4]

Natürlich nicht immer, und es gibt hierfür viele Gegenbeispiele hochkarätiger Denker. Doch gerade weil es Gegenbeispiele gibt, sind die Beispiele zu rechtfertigen, die an anderer Stelle folgen werden.

Bei der Ethik des Übersetzens, die ich als Ethik der Sprache innerhalb einer allgemeinen Sprachtheorie auffasse, ist – ohne den Anspruch auf Vollständigkeit zu erheben – stets all das zu berücksichtigen, was bereits versucht wurde. Die Erfahrung, über die ich möglicherweise im Umgang mit Literatur zu Übersetzungsfragen verfüge, macht deutlich, dass der ureigene Gedanke einer Ethik des Übersetzens im Allgemeinen implizit bleibt. Zu viele ihrer Fürsprecher greifen – den einschlägigen Regeln des Übersetzungskodex zufolge – auf die in der Übersetzungsdidaktik handelsübliche Moralisierung von Begriffen wie »Treue« und »Zurücknahme des Übersetzers«[5] zurück. Doch ein Verhaltenskodex, so elementar und notwendig er auch sein mag, reicht nicht aus.

2

EIN VERHALTENSKODEX REICHT NICHT AUS

Ein Verhaltenskodex reicht nicht aus, wenn die Poetik fehlt. So sieht die derzeitige Situation aus, in all ihrer Banalität. In ihr ist Anthony Pym zu verorten, der die Leserschaft mit dem vielversprechenden, aber leider vom Titel her irreführenden Buch *Für eine Ethik des Übersetzers*[6] beglückt hat.

Eine Ethik, nicht des Übersetzens, auch nicht der Übersetzung, nein, eine Ethik des Übersetzers. Man könnte versucht sein zu glauben, dass dies dasselbe ist. Mitnichten.

Das Buch von Anthony Pym beginnt damit, dass die ethische Frage nach dem Wie des Übersetzens unter dem Begriffspaar Ausgangssprache versus Zielsprache etabliert wird, wobei dem Originaltext der Status der Ausgangssprache, des Kommunikationsaktes, zukommt und dem Zieltext der Status der Zielsprache. Eigentlich nichts Neues. Der ewige Gegensatz von Hochschultheoretikern und Berufsübersetzern. Und damit auch ein ethischer Gegensatz, eine Ethik ohne Praxis, eine Praxis ohne Ethik.

Anthony Pym glaubt, diesem Gegensatz dadurch entrinnen zu können, dass er an die Stelle der Frage nach dem *Wie* die Frage stellt, »ob das Übersetzen notwendig ist« (S. 11). So wird die Frage nach dem *Wie* durch die Frage nach dem *Warum* und dem *Für wen?* ersetzt. Sein Vorschlag läuft auf eine »sogenannte Ethik des Inhalts« hinaus (S. 13), das heißt auf die Frage, was übersetzt und was nicht übersetzt werden soll, und auf eine »sogenannte abstrakte Ethik«, die eben dieser Frage keinerlei Rechnung trägt. Doch geht es hier schon gar nicht mehr um die Übersetzung. Um einen Kompromiss zu finden, bemüht er das »Prinzip der Interkulturalität« (S. 14) und gelangt so zu einer »auf den Übersetzer zentrierten Ethik« statt einer »Ethik, die ein Urteil über die Übersetzungen fällt« (S. 16).

Diese Ausrichtung veranlasst Pym, sich in die Hermeneutik Schleiermachers einzureihen. Und so findet er sich bei dem alten, klassischen Dualismus wieder: demjenigen des »entweder oder« (S. 21), der seit Ciceros »ut interpres/ut orator« (wie ein Dolmetscher oder wie ein Redner) Geltung beansprucht, und dem vom heiligen Hieronymus behaupteten Gegensatz zwischen dem *Sinn* und dem *Wort* (*sensum/verbum*). Man sieht keine Spur von Neuerung, wenn es um Eugene Nidas Begriff der Äquivalenz geht, um die Aufspaltung in eine »formelle« und eine »dynamische Äquivalenz«. Lediglich das traditionelle Übersetzungsmodell und die vermeintlich objektiven Bedingungen, die diesem Modell zugrunde liegen. Entweder der Leser bleibt »zu Hause« oder er »begibt sich auf die Reise« (S. 24).

Anthony Pym versucht, dem binären Modell Schleiermachers dadurch zu entrinnen, dass er das Problem in Richtung »Identität des Übersetzers« verschiebt (S. 41). Dadurch wird er – man höre und staune – gen »diplomatische Immunität« geschoben (S. 47). Sein ethisches Verantwortungsbewusstsein veranlasst ihn dazu, sich in Allgemeinplätzen wie dem »Allgemeinwohl« oder dem »Recht eines jeden Individuums« (S. 50) zu verlieren. Und zwar nur, weil ein revisionistischer »Nazi-Übersetzer« die in einem amerikanischen Text enthaltene Auschwitz-Lüge weitertrug und Übersetzer der *Satanischen Verse* von Salman Rushdie einem islamistischen Mordanschlag zum Opfer fielen. Anthony Pym zufolge lässt sich aber aus diesen Ereignissen eine besondere Verantwortung für den Übersetzer ableiten, eine Verantwortung, die – »im Hinblick auf eine interkulturelle Ethik« (S. 65) – gleichsam zur »ethischen Grundlage« erhoben wird (S. 67), zu einer veritablen »Berufsethik«, die ihrem normativen Anspruch nicht bloß durch das »Einhalten rezeptartiger Vorschriften« (S. 68) gerecht werde.

Dabei stützt er sich auf Begriffe, die auf das philosophische Subjekt rekurrieren, »denn Ethik ist eine Frage des Bewusstseins und der Vernunft« (S. 68). Die Poetik wird hier nicht einmal mehr zum Gegenstand der Verwerfung gemacht, sie bleibt von Anfang an ungedacht.

Doch alles, was jene philosophischen Begrifflichkeiten zur Klärung der »übersetzerischen Kompetenz« beitragen können, erschöpft sich darin, dass »einige Übersetzer gut, andere weniger gut übersetzen« (S. 70). Wo findet ein Nachdenken über die Kriterien statt? Was die professionelle Übersetzung anbelangt, so misst Pym ihr »einen Grad an Unpersönlichkeit bei, der eine Ethik jenseits expliziter Normen und Werte nutzlos erscheinen lasse« (S. 70). Wodurch die Möglichkeit, das Subjekt zu denken, ausgelöscht wird.

Und wodurch er sich genötigt sieht, sich mit folgender Frage zu beschäftigen: »Wird der Übersetzer zum Berufsübersetzer, weil er übersetzt (Dienstleistung) oder weil er *eine* Übersetzung liefert (Ware)?« (S. 72). Da sich das eine nicht vom anderen trennen lässt, ist die Frage gegenstandslos, zumal wenn man berücksichtigt, dass das Übersetzen »die Produktion von Übersetzungen erforderlich macht« (S. 74). Selbstverständlichkeiten werden erneut zur Diskussion gestellt: so zum Beispiel, dass eine Übersetzung »kein Zitat«, »kein Kommentar ist« (S. 75). Er vermeidet tunlichst den Begriff »Treue« (S. 82), aber eigentlich nur, um ihn durch den Begriff »übersetzerisches [...] Berufsethos« (S. 82) zu ersetzen.

Er will eine Ethik begründen und begnügt sich mit einer sozialen Moral. Sein einziger Verweis auf die Poetik ist die »mittelalterliche Poetik« (S. 85), die die Vier-Ursachen-Lehre des Aristoteles »als Anwendungsfall der Übersetzung würdigt« (S. 85): die causa materialis, die causa finalis, die causa formalis und schließlich die causa efficiens, die der Übersetzer selbst darstellt. Hier prallen – wie Jules Tricot, der Übersetzer der aristotelischen Werke, anmerkt – »Materie und Form« (S. 85) aufeinander. Die alte Zweiteilung des Zeichens, keine Spur Poetik.

Er bleibt – ähnlich wie Antoine Berman, den er häufig zitiert – der Hermeneutik verhaftet. Dem Zeichen. Ohne

Bezug zur Sprachtheorie. Im Übrigen scheint er von der zeitgenössischen Poesie gänzlich unbeleckt zu sein, geht es ihm im Endeffekt doch immer nur um die Vermittlung von »Informationen« (S. 90). In seiner Kritik zu Lawrence Venuti[7] wechselt die Zweiteilung lediglich ihren Namen, laviert zwischen »widerständigen« und »flüssigen Übersetzungen« (S. 96). Ein Dilemma, aus dem er zu entrinnen sucht.

Im Zuge fortschreitender Metaphorisierung wird der Übersetzer zum »Matrosen« stilisiert. Pym sucht »den idealen Zeitpunkt« und damit eine Antwort auf die Frage, »ob das Übersetzen notwendig ist« (S. 99). Seine Antwort: die Verantwortung des Übersetzers. Die sich wiederum stützt auf »die politischen und wirtschaftlichen Kräfte, die in Bewegung gesetzt werden, um einen Text – allein in materieller Hinsicht – in eine Position zu bringen, von der aus die Übersetzung wünschenswert, rentabel, manchmal sogar notwendig erscheint« (S. 100, Fußnote 19). Lauter Betrachtungen, die in keiner Beziehung zur Ethik stehen. Von der Ethik bleibt lediglich ein reflexartiges Verhaltensmuster übrig.

Übergangslos wechselt er von »einer einfachen Logik der Zusammenarbeit« (S. 111), die »als mögliche Grundlage für eine Ethik des Übersetzers« (S. 113) erachtet wird, zu »Transaktionskosten« (S. 117). Dass derlei Erwägungen in keinerlei Zusammenhang mit dem stehen, was das Feld der Poetik ausmacht, dürfte jedem klar sein. Es geht nur noch um »Dokumente« (S. 121).

Und so ergeht er sich in Betrachtungen über den »sozialen Akteur«, über »Tarife«, über »bessere Bezahlung«, über ein Leben »in der Arbeitslosigkeit«, das dem Übersetzer blühe, wenn »der Auftraggeber nicht zufriedengestellt wird« (S. 125). Mit jeder neuen Metapher wird auch die Ethik zunehmend abstrahiert, und zwar gerade aufgrund der bewusst intendierten Konkretheit, die – wie an den folgenden Beispielen deutlich wird – mit einem verengten Blickwinkel einhergeht: Dokumente vom Katalanischen ins Englische übersetzen, wobei sich »die augenblickliche

Schwäche der aragonischen Sprachen auf dem Bankkonto des Übersetzers« widerspiegelt (S. 126). Dies alles trägt zur Abstrahierung der Ethik bei. Der Fokus bleibt darauf beschränkt, der »interkulturellen Kommunikation« das Wort zu reden (S. 127), jener Sprachenmittlung, die das Problem des Übersetzens auf eine Übungsform im Fremdsprachenerwerb reduziert, wobei auch hier wieder eine Tätigkeit angemahnt wird, die zunächst »kurzfristig ausgeübt wird« (S. 127) und erst später zu einer »langfristigen interkulturellen Beziehung führt« (S. 130).

Die für eine Ethik erstaunliche Schlussfolgerung lautet: »Man sollte nur dann übersetzen, wenn der Aufwand im Verhältnis zum Nutzen der Zusammenarbeit steht« (S. 131). Gleichzeitig wirft Anthony Pym »Theoretikerinnen wie Danica Seleskovitch und Marianne Lederer, die zunächst die Übersetzung in ihrem Fokus haben und erst danach an die Kriterien der Zusammenarbeit denken«, ein »protektionistisch abgeschottetes Denken« (S. 131) vor, das sich die Verteidigung des einen richtigen, das heißt »guten Französisch«[8] auf die Fahne schreibe.

Jetzt sind wir mitten drin in einer Ethik, die auf »ökonomischen Kriterien« gegründet ist (S. 132). Anthony Pym lebt offenbar in dem Glauben, »den Graben zwischen ausgangs- und zielorientierten Übersetzern« (S. 132) überbrückt zu haben. Der Zeichenlogik konnte er aber nicht entrinnen. Überwunden hat er sie jedenfalls nicht.

Mag schon sein, dass er über »Strategien« (S. 132) nachdenkt, allerdings auch nur, wenn man unbefangen genug ist, um den Ethikbegriff auf eine »Ethik der Zusammenarbeit« (S. 15) zurechtzustutzen. Das taugt aber nicht für eine Ethik des Übersetzens. Allenfalls für die Ausrichtung an den Bedürfnissen des Marktes.

Dabei wird es höchste Zeit, den Form-Inhalt-Dualismus hinter sich zu lassen, der der Relation Ausgangssprache-Zielsprache zwanghaft zugeordnet wird. Dem Gegensatz des Zeichens. Wir werden ihm nicht entrinnen können, so lange wir in der Hermeneutik verharren. Dies ist der Kampf, den das Gedicht gegen das Zeichen aufnehmen muss, der Kampf zwischen Kontinuum und Diskontinuum. Ohne Poetik keine Ethik der Sprache.

Uns stellt sich jetzt die Aufgabe, die Sprache zu denken, um die Ethik zu denken und das Politische *als* Poetik und nicht nur *von* der Poetik her zu denken. Dieser übergeordnete Blickwinkel ermöglicht uns, das Übersetzen zugleich als privilegiertes und ideales Terrain zu betrachten, selbst wenn bislang eine Ethik und eine Politik des Übersetzens, eine politische Ethik des Übersetzens eine Utopie bleibt. Eben hierin wird diese Ethik zur Prophezeiung der Sprache.

3
DRINGEND GESUCHT: EINE ETHIK DER SPRACHE, EINE ETHIK DER ÜBERSETZUNG

Warum dringend?[9] Man könnte doch weitermachen wie bisher. Nein, ausgeschlossen, und zwar deshalb, weil wir schon gar nicht mehr merken, welches Unheil wir anrichten, welches Unheil wir anderen und uns selbst zufügen, mit der Unart, wie wir mit der Sprache umgehen.

Und zuvörderst weil wir Sprache – völlig selbstverständlich – als Sprache bezeichnen, obwohl gar nicht die Sprache, sondern eine Auffassung der Sprache gemeint ist. Wenn wir, wie es häufig geschieht, zum Beispiel bei Bergson – wobei er aber nicht der Einzige ist, die ganze philosophische Tradition fühlt sich dieser Sichtweise verpflichtet –, wenn wir also Sprache und Leben einander gegenüberstellen, glauben wir, Sprache und Leben zu trennen, wo doch lediglich eine Auffassung der Sprache und eine Auffassung des Lebens gegenübergestellt werden. Wir sind uns dessen nicht einmal mehr bewusst. Und wir haben kein Bewusstsein dafür, dass wir uns dessen nicht bewusst sind.

Diese Sprachauffassung nennen die Linguisten Zeichentheorie. Also: der Signifikant und das Signifikat, Form und Inhalt, Laut und Sinn. Und der Stil – oder das, was man damit verbindet – ist im Grunde nur, was das Zeichen einem zu denken erlaubt über das, was Literatur und insbesondere das Gedicht (oder das, was man dafür hält) macht. So wird die Literatur systematisch abgegrenzt von dem, was man Alltagssprache nennt. Nicht nur abgegrenzt, sondern zum Gegensatz erklärt. Im Sinne einer Abweichung.

Im Folgenden wird zunächst zu zeigen sein, dass derlei Äußerungen nur so dahingesagt sind, und anschließend, dass ihnen etwas Verlogenes und Grundfalsches anhaftet. Es bedarf einer anderen Perspektive, um nachzuweisen, dass es die sogenannte Alltagssprache gar nicht gibt. Dies gilt umso mehr, wenn die Alltagssprache gegenüber der poetischen Sprache, die man zu zelebrieren vorgibt, abgewertet wird. Ob poetische Sprache oder Alltagssprache, feststeht, dass wir nicht wissen, was wir eigentlich damit sagen wollen. Und dass wir uns noch nicht einmal darüber im Klaren sind, dass wir nicht wissen, was wir sagen.

Gut möglich, dass man mich jetzt auffordert, den Standpunkt zu klären, von dem aus ich spreche, das Warum und das Wie einer derartigen Arroganz, eines solchen Wahnsinns. Nun, ich spreche vom Standpunkt eigener Erfahrung, die sich dreifach ausdifferenzieren lässt: Erfahrung im Umgang mit dem Gedicht, Erfahrung im Umgang mit der Sprachtheorie, Erfahrung im Umgang mit dem Übersetzen. Dabei ist für mich entscheidend, dass das Gedicht an erster Stelle steht; das Gedicht ist der Dreh- und Angelpunkt, von dem aus ein Gedankengebäude ins Wanken geraten kann, das sich in seiner Überspanntheit und Arroganz ständig auf sich selbst bezieht und das ein unübertroffener Meister des Sich-taub-Stellens ist.

Dies gilt insbesondere für das, was in einer diskursiven Endlosschleife über die Alltagssprache gesagt wird, vor allem von den Philosophen, weniger von den Linguisten.

Malinowski verstand noch am ehesten, was man zueinander sagt, wenn man nur um des Redens willen redet, wenn es nicht um die Mitteilung, um eine Botschaft geht, die man bereits kennt, sondern um die Beziehung stiftende Funktion. Er war es, der die phatische Funktion erfand oder vielmehr entdeckte – ähnlich wie jemand, der unversehens einen Schatz hebt. Doch parallel hierzu trieb ein Pseudo-Denken, das in einigen Kreisen als philosophisch-sublimierte Weltanschauung gefeiert wurde (die Rede ist natürlich von Heidegger und seinem Gefolge), sein Unwesen, indem es damals wie heute eine verächtliche Einstellung gegenüber der vermeintlich unauthentischen Alltagssprache verbreitete, die – gepaart mit der Unkenntnis des essenzialisierten und sakralisierten Gedichts – immer nur als Gegenpol bzw. in der Korrelation wahrgenommen wurde. Das ist der weihevolle Ton, dem ein Großteil der philosophischen Geisteswelt huldigt. Angesichts der durch diese Sichtweise bewirkten Schäden – einschließlich des Kollateralschadens, der dadurch verursacht wird, dass das Übersetzen auf Verstehensprozesse reduziert wird –, angesichts auch der Tatsache, dass jene Theorieeffekte in der Essenzialisierung der Einzelsprache gefangen bleiben, angesichts schließlich des Umstandes, dass das Subjekt oder vielmehr die Subjekte – einer Kettenreaktion zufolge – in zahlreichen Disziplinen ungedacht bleiben, behaupte ich: Man kann hier eine sublimierte Form des Zeichendenkens beobachten.

Mit dieser Form gehen bestimmte Auswirkungen einher, die sich – wenn auch von den peinlich berührten Heideggerianern in die Vergangenheit abgeschoben – aus der Essenzialisierung der deutschen Sprache ergeben, aus der Vorstellung, sie leite sich als Sprache der Philosophie direkt vom antiken Griechenland ab – einer Vorstellung, die mit ihrer politischen Essenzialisierung zusammenfällt. Deshalb schneiden die Heideggerianer – vom Schweigen Heideggers fabulierend – ihren Heidegger in zwei Hälfen, von denen nun die eine das Leben eines großen Denkers und die andere das Leben eines kleinen Nazis führt. Dabei hat es ein Schweigen Heideggers niemals gegeben, so sehr dies auch von treuherzigen Seelen immer wieder beklagt wird. Hat der Meister nicht selbst gesagt: »schweigen ist ein gesagt haben«? Das Schweigen ist das Schweigen der Heideggerianer, ein Schweigen, durch das die Schwäche ihres Denkens offenbar wird. Bei Heidegger geht die Poesie und das Politische untrennbar mit seinem Denken der Sprache einher.

Wenn ich diese Form des Denkens gesondert hervorhebe, so deswegen, weil sich hier die Logik des Zeichens besonders unheilvoll bemerkbar macht. Eine Pseudo-Ethik des Authentischen und des Unauthentischen. Täuschung im Doppelpack.

Das Problem mit dem Zeichen besteht darin, dass es sich für die Natur der Sprache ausgibt und dass durch diese Entsprechung das Nachdenken über Sprache verhindert wird. Weil das Zeichendenken zugleich als Beschreibung und als Erklärung der sprachlichen Funktionsweise dient, ist es so schwer zu erkennen, dass es das Muster liefert für eine ganze Reihe von Paradigmen, deren Zahl sich, soweit ich sehe, auf sechs beläuft. Nun gilt das Zeichen ja ausschließlich unter altgedienten Spezialisten als Sprachmodell. Doch das Zeichendenken enthält auch ein *philosophisches* Paradigma, das den Dingen die Wörter gegenüberstellt. Des Weiteren ein *anthropologisches* Paradigma, das der Schrift die lebendige Stimme, dem toten und tötenden Buchstaben den lebendig machenden Geist gegenüberstellt, und dieser Gegensatz impliziert eine grundsätzliche Unterscheidung zwischen Buchstaben und Geist, zwischen Körper und Seele (die zuweilen unter der Bezeichnung »Fleisch der Worte« aufgeführt wird). Ausgehend von der Matrix des anthropologischen Paradigmas hat sich natur- bzw. kulturlich bedingt die wohl schönste, will sagen hässlichste paradigmatische Variante ausgebildet: das *theologische* Paradigma, das – anders als oben genannte

Denkmuster – keinen universalistischen Anspruch erhebt, sondern als Sonderform mit globaler Breitenwirkung auftritt, wobei die Funktionsweise des Zeichendenkens hier besonders offen zutage tritt: Form und Inhalt stehen nicht nur als Gegensätze einander gegenüber, vielmehr wird das Signifikat durch den Signifikanten ersetzt, der seinerseits zugleich unterschlagen und aufrechterhalten wird; genau betrachtet soll die Inhaltsseite, die nur einen Teil des Zeichens darstellt, ein in sich vollkommenes Ganzes repräsentieren. Es ist schon verrückt, wie sehr das theologische Paradigma den in der Übersetzungspraxis verbreiteten Usancen ähnelt; so ist es ja auch kein Geheimnis, dass – christlicher Lehre zufolge – das Alte Testament den Signifikanten und das Neue Testament das Signifikat repräsentiert, eine Aufteilung, die nicht frei ist von ethischen und politischen Konsequenzen. Hinzu kommt das *soziale* Paradigma, das das vereinzelte Individuum in einen Gegensatz zur Gesellschaft bringt. Im *politischen* Paradigma schließlich wird, oh schöne Aporie, eine scharfe Differenzierung vorgenommen zwischen Minderheit und Mehrheit, eben nach dem Muster von Rousseaus Gesellschaftsvertrag, wo die Mehrheit als Inhaber der höchsten Gewalt zum Souverän wird.

So weit reicht also der Bogen, den das sprachliche Zeichen umfasst. Ich kann es gar nicht oft genug betonen. Eben weil das Zeichen in allen Bereichen so beherrschend ist. Wollte man die Auswirkungen untersuchen, die von ihm ausgehen, ließe sich wohl als erstes feststellen, dass das Zeichen überhaupt nicht als Modell wahrgenommen wird. Die Pluralität der sich ständig vermehrenden Dualismen, die von dieser Matrix hervorgebracht werden, wird in ihrer unheimlichen Kohärenz erst gar nicht erfasst. Eine weitere Wirkung lässt sich an der Heterogenität der Vernunftkategorien ablesen, die im Laufe des 19. Jahrhunderts zu den Geisteswissenschaften geführt haben und die unsere heutigen Hochschuldisziplinen bilden.

Fazit: Wir denken wie eine in Scheiben geschnittene Salami, wenn eine Salami denn denken könnte. Jedenfalls können wir es keinen Deut besser.

Dies bezeugt unser Umgang mit der Sprache. Unser Umgang mit der Theorie und mit den verschiedenen Sprachpraktiken. Dabei ist die begriffliche Erfassung des Problems – der Nenner zwischen dualistischem Bewusstsein und dem Versuch, in nicht-dualistischen Kategorien zu denken, zu handeln, zu übersetzen – nicht eine Frage des Wissens, sondern der Ethik.

Die Ethik, eine Frage des Verhaltens. Sich und anderen gegenüber. Bei der Ethik geht es darum, was man aus den anderen macht. Ethik ist ein Handeln, sie hat ihren Sitz in der Frage nach dem Wert. Und dieser Wert kann nur das Subjekt sein, und zwar in einem zweifachen Sinne: selbst Subjekt werden, andere zu Subjekten machen, das heißt die anderen als Subjekte anerkennen. Denn das Subjekt kann es nur geben, wenn ihm der Wert des Lebens zugebilligt wird. Wobei es zu unterscheiden gilt zwischen dem Individuum und den vielen einzelnen Subjekten, die das Individuum in sich trägt. Einem guten Dutzend von Subjekten.[10] Denn es geht hier nicht einfach nur um eine Moral, die durch formalisierte Trennung von Ge- und Verboten, von Gut und Böse, in das soziale Leben eingreift.

Wenn Ethik das ist, was ein Subjekt zu einem Subjekt macht, kann Ethik nur nominalistisch sein: Jedes Individuum ist eine Ansammlung von Subjekten. Nichts anderes hat Montaigne gesagt: »Jeder Mensch trägt die ganze Gestalt des Menschseins in sich.«[11] Und Groethuysen zeigt in seiner *Philosophischen Anthropologie*[12], dass die Rechte des Individuums immer wieder neu ausgehandelt werden müssen. Seitdem lässt sich kein merklicher Fortschritt erkennen. Die Verteidigung des kleinen Artillerie-Hauptmanns Dreyfus war ein nominalistischer Akt, während die Bemühungen höchster militärischer Kreise um den guten Ruf der Armee (selbst um den Preis gefälschter Handschriftengutachten) ein Zeugnis des politisch-logischen Realismus sind. Ein Realismus erhob die Masse zum historischen Subjekt. Ein weiterer Realismus ließ Lagernummern in den Arm eintätowieren. Und im Bereich der Sprache erhebt ein Realismus die Sprache selbst zum Subjekt, zu einem Subjekt, das – Heidegger zufolge – nur dadurch zu sprechen vermag, dass es der Einzelsprache entspricht.

So viel zum ethischen und politischen Potenzial des alten Begriffspaares, das meist der Logik, der Sprachphilosophie und dem Streit um die Universalien überlassen wird.

Der Bezug auf das Selbst, auf das Denken, der Bezug zum anderen, vollzieht sich immer und immer wieder in der Sprache. Es kann also keine Ethik geben, wenn es keine Ethik der Sprache gibt, wenn die Ethik nicht – in fortwährender Bewegung vom *Ich* zum *Du* bis hin zum abwesenden *Er* – eine Ethik der Sprache ist. Womit wir bei Rimbauds berühmter Formulierung wären: »Ich ist ein Anderer« – in jeder Hinsicht.

Ethik ist zwangsläufig eine Frage der Sprache. Dabei geht es nicht um subjektive Vorlieben, auch nicht um Geschmacksfragen oder emotionale Einschätzungen. Es geht vielmehr darum, sich darüber im Klaren zu sein, wie man sich zur Sprache verhält, wie man sich zur Sprache verhalten sollte. An unseren Taten werden wir gemessen. Doch lässt sich diese Frage nicht beantworten, wenn man nicht bereit ist, die Sprache zu denken, über das Wie der Sprache nachzudenken.

Wenn man Sprache denkt, geht es nicht um ein Wissen, nicht um bestimmte Spezialbereiche. Es geht um das, was wir nicht wissen, wenn wir sagen, dass wir zu wissen vermeinen, wie wir zu leben haben. Benveniste schreibt in diesem Zusammenhang, dass »die Sprache dazu dient zu *leben*«. Daraus lassen sich mehrere Konsequenzen ableiten, für die Sprache und für das, was man *leben* nennt. Und dies wiederum impliziert: Sprache denken heißt zunächst ein Denken erfinden und heißt gleichzeitig die Beziehung von Sprache und Leben neu zu denken. Und wer sich der vollen Bedeutung des Wortes »denken« bewusst ist, wird sehr schnell feststellen, dass wir in einem kulturellen Raum leben, der uns nicht zum Denken anhält. Und wir sind uns dessen noch nicht einmal bewusst. Wir begnügen uns mit der Erledigung der laufenden Geschäfte.

Wir sehen die Heterogenität der Vernunftkategorien als Glaubenssatz an. Sie geht mit einer Auffächerung des Wissens einher, die zum einen dazu führt, dass wir aufgrund eben jener Regionalisierung im Ungewissen bleiben über das, was an Wissen ausgespart wird; zum anderen führt sie zu einer dem Wissensbereich spezifischen Unkenntnis, derer wir uns nicht bewusst sind; und so fehlt jedes Bewusstsein für das Wissen des Nicht-Wissens. Wir bringen uns um die Möglichkeit zu erkennen, dass unser Wissen um die Auslöschung des Wissens wiederum ausgelöscht wird. Aufgrund der dem Wissen eigenen Programmierung. Merkwürdig, dass auch und gerade diese Programmierung in vielen Punkten Gemeinsamkeiten aufweist mit der Übersetzungspraxis. Ich komme an anderer Stelle darauf zu sprechen.

Unmittelbar – und im Gegensatz zu Platon – stellt sich die Auffächerung des Wissens, das Problem des Erkennens, als eine Frage dar, die die Sprachtheorie betrifft. Eine Theorie, die im vielfältigen Sinne dieses Wortes ein Nachdenken über das Unbekannte impliziert, über das, was unsere Wissensbereiche, aus welchen Gründen auch immer, uns an Wissen vorenthalten – ein Nachdenken über das sich gegenseitig bedingende Verhältnis zwischen dem Leben und der Sprache.

Dabei zeigt sich, dass dieses Nachdenken ein Umdenken ist, ein Denken, um zu leben, ein Dagegen-Denken. Ein Denken, das sich gegen die Regionalisierung richtet. Nicht gegen das Bedürfnis nach Wissen und Verstehen, sondern gegen die institutionell bedingte Organisation von Wissen. Das Denken ist ein Kampf, der mit dem aktuellen Szenario, so wie es von den etablierten Disziplinen praktiziert wird, nicht viel gemein hat. Es ist ein Gegen-den-Strich-Bürsten all jener Normen, die in den nämlichen Disziplinen als unumstößlich gelten: Sprache als Betätigungsfeld für Sprachspezialisten, die man Linguisten nennt, Literatur als Betätigungsfeld für Literaturspezialisten, Ethik als Betätigungsfeld für Spezialisten der Ethik, Philosophie als eigene Domäne, für die es zwangsläufig eigene Spezialisten gibt, genauso wie es für die Beschreibung der Gesellschaft Soziologen, für die Betrachtung des Menschen Anthropologen und für die Beobachtung des »kulturlosen Wilden« Ethnologen gibt. Ich übertreibe kaum, wenn ich sage, dass gewisse Tendenzen zur Zementierung eines gigantischen Irrtums beitragen, der – gerade wegen seines gigantischen Ausmaßes – systematisch übersehen wird. Zumal es noch eine weitere Auffächerung in weitere Teilbereiche zu beachten gilt: Sprachspezialisten teilen sich die Sprache auf, Literaturspezialisten die Literatur, den Komparatisten obliegt die Aufgabe, Vergleiche anzustellen, und die Übersetzer verbringen ihre Zeit mit der Übertragung von einer Sprache in die andere – weshalb man sich wohl auch bemüßigt gefühlt hat, eine vermeintlich autonome Disziplin ins Leben zu rufen, die als sogenannte Übersetzungswissenschaft Eingang in die Hochschulen gefunden hat. Was im höchsten Maße vernünftig scheint.

Aber genau hier sehe ich das verwirklicht, was ich unter Nicht-Denken verstehe: die Verwechslung zwischen Denken und Wissen, zwischen dem Denken und den Wissensbereichen. Alles fein säuberlich abgetrennt. Um der Aufrechterhaltung der bestehenden Ordnung willen.

Es geht mir nicht darum, die Auffächerung des Wissens ins Lächerliche zu ziehen. Sie ist legitim und notwendig. Als legitim erscheint mir zum Beispiel, dass man sich als Linguist auf die Phonologie, die Phonetik, die Lexikologie oder die Syntax spezialisiert. Und zwar meist im Hinblick auf eine bestimmte Einzelsprache. Dabei erweisen sich gewisse Werkzeuge oder technische Hilfsmittel als erforderlich, allerdings geht mit diesen Hilfsmitteln die Gefahr einer fachlichen Abschottung einher. Wir haben es mit dem Paradox zu tun, dass Sprachwissenschaft keine Sprachtheorie ist, dass letztere nicht als Gegenstand der Sprachwissenschaft fungiert. Oftmals besteht ja auch für die Literatur die Forderung, sich zu entscheiden, wobei meist unklar bleibt, wo die Grenzen verlaufen für die Unterscheidung zwischen der – unbestritten notwendigen – Literaturgeschichtsschreibung und dem, was gemeinhin Literaturkritik genannt wird und worunter ich einen Eklektizismus verstehe, der wahllos um sich wirft mit dem Geschmack der Literaturwissenschaftler, der Psychologie des Autors, der Ästhetik, der Rhetorik und der Stilistik. Genau das herrscht in den Literaturseminaren vor. Für die Linguisten – die wenigen ausgenommen, die sich als Brückenbauer verdient gemacht haben – ist die Linguistik eine Angelegenheit, die nur die Linguisten betrifft. Warum sollten sie sich also mit Literatur beschäftigen? Die generative Grammatik hatte diesbezüglich sehr klare Vorstellungen. Und die Literaturwissenschaftler überlassen die Linguistik nur allzu gerne den Linguisten. Der gewohnte Gang der Dinge.

Bezeichnenderweise prägte John L. Austin, der Erfinder der Pragmatik, die Formulierung, wonach das Gedicht in seiner spezifischen »Gebrauchsweise« ein typisches Beispiel für einen »parasitären Gebrauch von Sprache«[13] sei. Jemand wie ich, der Sprache von einem anderen Standpunkt aus betrachtet, fühlt sich durch diese Äußerung veranlasst, Austin dort unterzubringen, wo Horkheimer die traditionelle Theorie ansiedelte: im Museum für Regionalismen des Denkens. Ich begnüge mich mit diesem Hinweis.

Ich mache mir keinerlei Illusionen: Die Herausforderung besteht darin, gewisse Denkergebnisse, die ursprünglich wie eine Serie unlösbar scheinender Paradoxien aussahen, in Selbstverständlichkeiten zu verwandeln. Mit dem Begriff »Serie« verbinde ich allerdings nicht eine bestimmte Anzahl, sondern ein serielles Denken, ein Denken, das seinen inneren Zusammenhalt zugleich auch als Voraussetzung dieses Denkens offenlegt. Dies bedeutet wiederum, dass das Denken notwendigerweise über die Sprache erfolgt, über die Wechselwirkung zwischen dem, was man mit *die Sprache denken* meint, und dem, was man unter *das Leben denken* verstehen könnte.

Aus obigen Überlegungen ergeben sich für mich zwei gedankliche Wegweiser. Zum einen die Definition, die Spinoza in seinem *Tractatus politicus* (V, V) entwickelt und die sich mit dem deckt, was ich unter Leben verstehe: »Wenn wir also sagen, jener Staat sei der beste, in dem die Menschen ihr Leben in Eintracht verbringen, dann verstehe ich unter menschlichem Leben etwas, das nicht bloß über den Blutkreislauf und andere [physiologische] Funktionen, die allen Lebewesen gemeinsam sind, sondern in erster Linie von der Vernunft her definiert ist, die eine Tugend des Geistes ist und das wahre [menschliche] Leben [ausmacht].«[14] Einen weiteren Wegweiser für das, was unter Sprachtheorie zu verstehen ist, entnehme ich dem Denken Saussures; aus neueren Veröffentlichungen[15] geht hervor, dass alles, was durch den Strukturalismus des 20. Jahrhunderts propagiert und so ziemlich von allen Linguisten ungefiltert tradiert wurde, in völliger Unvereinbarkeit mit dem Denken Saussures steht; es gibt keine Kontinuität zwischen Saussure und dem Strukturalismus. Unvereinbar deswegen, weil der Strukturalismus das trennt (man denke nur an *langue* und *parole*), was Saussure als Wechselwirkungen denkt. Und damit in Verbindung zu Humboldt steht.

Wenn man also über die Theorie der Sprache spricht, dann ist damit sowohl das Primat des Standpunktes gemeint als auch der innere Zusammenhang der sprachlichen Aspekte.

Von dieser Warte aus lässt sich all das denken, was die Sprachwissenschaften nicht denken, was die Experten für Literatur, für Ästhetik, für Ethik nicht denken und was selbst bei jenen ungedacht bleibt, die sich für Kenner der politischen Philosophie halten. Tut mir leid, wenn ich schroff bin und arrogant wirke, aber es handelt sich hier um einen Notfall. Einen Notfall, der akut behandlungsbedürftig ist – seit langem.

Dabei ist es doch vergleichsweise einfach. Es geht lediglich darum, anzuerkennen, dass Ethik der Ort ist, wo die Beziehung zwischen Sprache und Leben zutage tritt, die Beziehung zwischen Sprachtheorie (bzw. den Formen des sprachlichen Handelns) und der Auffassung des menschlichen Lebens (so, wie es sein könnte, und so, wie es sein sollte).

Mit anderen Worten: Ethik und Sprachtheorie sind untrennbar miteinander verbunden. Mehr noch: Sie gehen beide in einem einzigen Denkraum auf. Was nicht ohne Folgen bleibt.

Die erste Folge besteht darin, dass Ethik unabschließbar ist, dass Ethik eine ins Unabschließbare erweiterte Systematik des Denkens verlangt. Was wiederum deutlich macht, dass Systematik hier nichts zu tun hat mit dem, was das 19. Jahrhundert als System zu bezeichnen pflegte und was im Grunde genommen nichts anderes war als eine Plattform für dogmatisch-doktrinäre Denkgebilde, die zudem ständig um sich selbst kreisten. Mir aber geht es um die Erforschung dessen, was wir noch nicht wissen über die Wechselwirkung zwischen einem Körper und einer Sprache, zwischen einem Denken und einer Einzelsprache (kaum eine andere Beziehung führt uns so deutlich vor Augen, dass nicht die Muttersprache die Werke hervorbringt, sondern das Mutterwerk die Sprachen) und um die Erforschung der Wechselwirkung zwischen der Sprache, der Ethik und dem Politischen, die sich stets anders darstellt, je nachdem ob die Ethik, das Politische oder die Politik separat oder als Sprachaktivität gedacht werden.

Lässt man sich darauf ein, das gegenseitige Abhängigkeitsverhältnis zu denken, stellt sich der Eklektizismus flugs als sozial reizvoller, aber als feiger und gedankenloser

Opportunismus dar. Es ist, als wollten wir die Ehe zwischen der Phänomenologie und dem Strukturalismus gewaltsam herbeiführen. Vergessen wir nicht: Kuppler sind komödiantische Figuren.

Gut möglich, dass man mir jetzt vorwirft, ich würde fantasieren, ich würde mit meiner Kritik am akademischen Schubladendenken ein Feuerwerk an Absurditäten entzünden. Nein, meine Utopie ist eine andere, ist ein Freudenfeuer mit dem hölzernen Adler, den die Vertreter des Zeichendenkens oft für den lebendigen ansehen.[16] Alles eine Frage des Standpunktes, je nachdem, ob man eher zur einen oder zur anderen Seite tendiert.

Von meiner Warte aus gesehen stellt sich das Zeichendenken – diese allzu vertraut gewordene Ansammlung von Wissensgebieten – als durch und durch schizophrene Erscheinung dar, als schierer Wahnsinn, wohingegen alles Lebendige uns immer und überall vor Augen führt, dass die gewaltsam vorgenommene Trennung zwischen Form und Inhalt bzw. zwischen dem Körper und der Seele lediglich ein totes Gerippe hervorbringt.

An diesem Punkt kommt die Übersetzung ins Spiel und die in ihr liegende exemplarische Bedeutung. Je nachdem nämlich, was wir übersetzen (wobei das *Was* hier dem *Wie* entspricht), je nachdem, was wir aus der Einzelsprache (*langue*) oder der Rede (*parole*) machen, wird im Übersetzungsakt der Unterschied offenbar zwischen dem heiligen Hieronymus, dem Schutzpatron der Übersetzer, und Charon, der die Seelen über den Styx in das Reich der Toten überführt. Der Unterschied macht sich beim Ausladen der Fracht bemerkbar. Jetzt wird nämlich deutlich, dass es wenig Sinn hat, den Übersetzer mit einem Fährmann zu vergleichen (der Vergleich wird von Übersetzern nur allzu gern bemüht) – wenn man weiß, dass Charon als Fährmann figuriert. Bislang wurde nicht genügend darauf geachtet, in welchem Zustand die Fracht ihren Bestimmungshafen erreicht, und was eigentlich übrig bleibt von dem, was man ursprünglich zu überführen gedachte. Es steht eben mehr auf dem Spiel als nur die Übermittlung einer Botschaft.

Wenn die zu debattierende Frage eine Frage der richtigen Sichtweise ist, wenn es auch in Sachen der Sprache darum geht, die richtige Sichtweise herauszufinden, dann befinden wir uns in einer Situation, die – Kuhn zufolge[17] – der wissenschaftlichen Praxis entspricht: Man gibt der Theorie den Vorzug, die sich als die stärkste erwiesen hat und die – mehr als jede andere – zum Erkenntnisprozess beiträgt. Das Zeichendenken gehört zu den schwachen Theorien. Woher ich diese Behauptung nehme? Sie resultiert aus der mit diesem Denken einhergehenden Fragmentierung bzw. Regionalisierung des Wissens, die es auszeichnende Unfähigkeit, das Körper-Sprache-Kontinuum, das Sprache-Gedicht-Ethik-Politik-Kontinuum zu denken. Wir sollten anfangen, über das nachzudenken, was das Zeichen uns nicht zu denken erlaubt.

Was ist dabei zu berücksichtigen? Es geht um die Frage, was es bedeutet, wenn Sprache im Sinne einer ganzheitlichen Tätigkeit aufgefasst wird. Marcel Mauss hat ja bekanntlich den Rhythmus als ganzheitliche Tätigkeit bezeichnet. Tatsächlich erfinden wir *in* der Sprache und *durch* sie nicht nur das Denken, sondern auch die besondere Art und Weise, wie wir zu uns selbst und zu anderen in Beziehung treten. Wir haben es hier mit einer Frage der Ethik zu tun: So wie das Denken über Sprache die Ethik verändert, so verändert die Ethik das Denken über Sprache. Die Geschichte der Ethik ist die Geschichte des Sprachdenkens, die Geschichte des Sprachdenkens ist die Geschichte der Ethik (mit ihren politischen und poetischen Auswirkungen).

Kommen wir nun auf die Embleme zu sprechen, von denen einige aufgrund ihrer Geschichte – ihrer vollendeten oder ihrer unvollendeten – richtungsweisenden Charakter haben: Wir denken Hegel, aber wir denken nicht (oder noch nicht) Humboldt, wir denken Descartes oder Deleuze, aber nicht Spinoza. Ich verwende diese Namen wohlgemerkt in adverbialer Funktion und nicht als Akkusativobjekte zum Verb »denken«. Denn es geht mir um ein Denken im Modus des Erfindens und nicht um eine historische Studie oder gar um eine kommentierende Beschreibung dessen, was diese Künstler des Denkens gedacht haben.

Das ist der Kampf des Zeichens gegen das Gedicht.

Als Gedicht bezeichne ich die Verwandlung einer Lebensform durch eine Sprachform und die Verwandlung einer Sprachform durch eine Lebensform, wobei das Ganze durch einen Prozess gegenseitiger Einflussnahme begleitet wird; man könnte freilich auch sagen, dass das Gedicht – kraft einer sprachlichen Erfindung – das Leben erfindet oder noch besser: dass das Gedicht die höchstmögliche Steigerung sprachlicher Intensität darstellt. Dabei ist unter »Leben« menschliches Leben zu verstehen.

Diese Definition nimmt – zumindest teilweise – eine Verwandlung der gängigen, durch kulturelle und formale Vorstellungen bedingten Auffassung des Gedichts vor. Aber ich füge gleich hinzu: eher dem Anschein nach als teilweise. Denn ich behaupte: Das Gedicht ist schon immer eben das gewesen, eine poetische Universalie, die Mallarmé umkreist, ja mitschwingen lässt, wenn er in seiner Antwort auf die literarische Anfrage Jules Hurets im Jahre 1891[18] die beiden Begriffe *benennen* und *andeuten* gegenüberstellt.

Diese Definition hat viererlei zur Folge:

Erstens: Das Gedicht ist ein ethischer Akt. Weil hier das Subjekt zutage tritt, weil das Gedicht das Zutagetreten des Subjekts ermöglicht. Das Zutagetreten des schreibenden Subjekts, aber auch – wenngleich in anderer Form – das Zutagetreten des lesenden Subjekts, das – möglicherweise – durch die Lektüre verwandelt wird. Wenn hinsichtlich dieses ethischen Aktes Einigkeit herrscht, kann ein Gedicht nur ein Gedicht sein, wenn es zunächst und vor allem ein ethischer Akt ist, ein Handeln, das sowohl ein Leben als auch eine Sprache verändert und das – kraft dieser Veränderung – auch die Ethik verändert. Eine Ethik, die in

Form von Sprachhandlungen tätig wird. Im Unterschied zur Ästhetik.

Zweitens: Die Poesie bzw. die Geschichte des Gedichts ist – wenn man denn die Existenz einer poetologischen Universalie zulässt[19] – voll von Gedichten, und die Tatsache, dass die Geschichte der Poesie aus Gedichten besteht, wird ständig überprüft. Man könnte meinen, dass hiermit ein Kriterium gegeben ist, anhand dessen sich ein Gedicht von einem Text unterscheiden lässt, der sich unbedingt den Anstrich eines Gedichts verleihen will. Doch weit gefehlt. Die Geschichte der Poesie besteht ebenso aus echten wie aus unechten Gedichten. Die Frage nach den richtigen Kriterien kann daher nur in Verbindung mit dem Begriff des Wertes gelöst werden. Im Gegensatz zu den Konsumprodukten des Marktes oder der Mode. Die Poetik ist die Ethik des Gedichts.

Drittens: Obige Definition geht weit über die gängige Definition des Gedichts hinaus, die sich in einer rein formalen Begriffsbestimmung erschöpft: das Gedicht als formales Gebilde. Sie umfasst auch, was ich als Dichtung im weitesten Sinne bezeichnen würde. So kann ein Roman kein Roman sein, wenn er etwas vom Gedicht in sich hat. Was in allen Sätzen spürbar sein muss. Und das ist nur ein Beispiel, das aber für alle sogenannten literarischen Gattungen gilt. Und das ebenso für die Kunst des Denkens gilt, die den Denkakt zu einem poetischen Akt erweitert.

Womit wir bei der vierten Folge wären: Im Sinne der oben gegebenen Definition vollzieht sich im Gedicht die immer wieder beginnende Erfindung des Lebens als das, was durch jedes lebendige Wesen hindurchgeht und das im Schöpfungsbericht der *Genesis* (1,24-25; 2,7; 6,7) auf märchenhafte Weise geschildert wird. Wenn nun aber das Gedicht der Ort ist, wo das Leben neu erfunden wird, dann hat es – wie alles Leben – Teil am Göttlichen. Das Gedicht, das sich tatsächlich als Gedicht erweist, ist Teil einer Poetik des Göttlichen, die aber im Menschlichen verortet bleibt –

wobei unter dem Göttlichen der Vollzug des Lebens gemeint ist und nicht ein wie auch immer beschaffener Gott. Das Paradox besteht hier in der Enttheologisierung des Göttlichen.

Dies führt uns zu der vermeintlich seltsamen Form eines Atheismus des Göttlichen bzw. zur Atheologie des göttlich schöpferischen Prinzips, was nichts anderes ist als ein radikaler Humanismus, der aus einer Ethik des Subjekts eine anthropologische und ethische Universalie macht. Und aus der Poetik des Göttlichen die unaufhörliche Erneuerung der Geschichte, die unaufhörliche Erneuerung des Sinns.

Das Zeichen hingegen schafft eine Anthropologie der Totalität oder gar der Totalisierungen, die – getreu dem Motto »eins plus eins ist gleich alles« – eine aus Form und Inhalt bestehende Ganzheit beanspruchen. Das Gedicht aber ist die unaufhörliche Erneuerung des Subjekts, die unaufhörliche Erneuerung des Sinns.

So ergibt sich aus der Ethik der Sprache und aus der Ethik des Gedichts die Notwendigkeit einer Ethik des Übersetzens.

Das Übersetzen: anthropologisch gesehen eine der ältesten Sprachaktivitäten seit den zweisprachigen Listenwerken der altbabylonischen Zeit. Eine Technik des Übergangs von einer Sprache in die andere. Trotz des massiven Einflusses der kontrastiven Grammatik hat sich das Übersetzen bislang nicht grundlegend verändert. Die Übersetzung des Heiligen heiligte die Wort-für-Wort-Übersetzung. Von der Ein-Wort-Übersetzung ging man zur Ein-Satz-Übersetzung über. Mit der *belle infidèle* wurde eine neue Übersetzungsgattung geschaffen: Claris de Florian ließ in seiner Cervantes-Übersetzung ganze Passagen aus und fügte nach eigenem Gutdünken andere hinzu. Die nationale Idee der romantischen Kunst sorgte später für einen verstärkten Geschmack an der Alterität.

Doch bestimmend und entscheidend für die Übersetzung ist eigentlich seit jeher das Zeichen. Die beiden hierfür verwendeten Methoden schließen sich zwar gegenseitig aus, sind aber in gleichem Maße auf den Erhalt der Zeichenlogik gerichtet: Entweder es wird die Form oder es wird der Inhalt anvisiert. Der Chef-Semiotiker dieser Übersetzungskonzeption, Eugene Nida, leitet aus diesem Dualismus gleich zwei Realisationsformen des Übersetzens ab: die formale und die dynamische Äquivalenz. Wieder andere führen die Begriffe »Ausgangssprache« und »Zielsprache« bzw. »ausgangs- und zieltextorientierte Übersetzer» im Munde. Doch egal, welcher Begriff verwendet wird, die sich dahinter verbergende Haltung ist immer dieselbe: Die Akzentuierung des Ausgangstextes geht mit einer Fixierung auf die Form einher, die Akzentuierung des Zieltextes mit einer Fixierung auf den Inhalt. Für die Übersetzung von Poesie wird durchweg eine Berücksichtigung der Form gefordert, während für alle anderen Gattungen das sogenannte Postulat der Natürlichkeit gilt, wonach eine Übersetzung nicht nach einer Übersetzung klingen, kein durchgepaustes Abbild des Ausgangstextes sein darf.

Das Ziel ist ein doppeltes, denn zum einen wird durch die Fixierung auf den Inhalt sichergestellt, dass eine Botschaft übermittelt wird. Solches Übersetzen führt uns sichtbar vor Augen, dass Sprache als Kommunikationsmittel gilt. Was zu einer Verstärkung der Zeichenhaftigkeit führt und woraus ersichtlich wird, dass der Begriff der Kommunikation ein grundsätzliches Hindernis darstellt (grundsätzlich im Sinne von epistemologisch, poetisch, ethisch und politisch), wenn es darum geht, Sprache zu denken, Sprache zu übertragen. Aber das Zeichen sieht es nicht.

Zum anderen tritt durch die Fixierung auf den Inhalt die scharfe Abgrenzung der Identität gegenüber der Alterität verhohlen und unverhohlen zutage. Eine Annexion. All dies geschieht im Glauben, dass man die Einzelsprache übersetzt. Die Einzelsprache, das Zeichen, sie gelten als zweifacher Vorwand, nicht zu wissen, was man tut. Ein doppelter Irrtum.

Die Annahme, dass die Annexion aufgehoben werden könne zugunsten einer Dezentrierung, ist ein weiterer Irrtum, weil diese Form der Auflösung innerhalb der Grenzen des jeweiligen Sprachsystems, des Übersetzens von einer Sprache in die andere erfolgt. Die Ergebnisse dieses Unterfangens bestehen darin, dass das Zeichen Maßstab unseres Denkens bleibt (eines Denkens, das dem Ammenmärchen der Sprache und der Einzelsprachen aufsitzt) und dass wir weiterhin die konkrete Rede, das Gedicht ausblenden.

Denn die Einzelsprache wird nur fassbar in der Rede. Jeder Rede als Äußerung. Wenn aber die zu übersetzende Rede ein Gedicht ist (oder von einem Denken zeugt, das poetische Qualität hat) und man sich darauf versteift, das Zeichen zu übersetzen, dann ist das Gedicht verloren. Wir befinden uns hier in bester Gesellschaft mit den gängigen Stereotypen der Unübersetzbarkeit und der Unsagbarkeit. Diese rühren daher, dass sich zwischen dem zu übersetzenden Text und dem übersetzenden Individuum gewisse Auffassungen von Sprache und Dichtung einschalten. Es ist diese subjektive Sprachauffassung, die in den zu übersetzenden Text hineinprojiziert wird, es ist die Auslegung des Übersetzers, die die Übersetzung selbst in den Hintergrund treten lässt.

In der Überzeugung, dass Unübersetzbarkeit lediglich ein theoretischer Effekt des Zeichens ist, des irrtümlich für das Gedicht gehaltenen Zeichens, halte ich dagegen, dass das Gedicht das ist, was das Unsagbare immer wieder verschiebt und auflöst, womit das Zeichendenken restlos überfordert wäre.

Wenn wir uns bei der Übersetzung von Gedichten damit begnügen, die Form zu erhalten, dann übersetzen wir nicht das Gedicht, sondern eine Poesieauffassung, die in linguistischer und poetischer Hinsicht falsch ist: in linguistischer Hinsicht, weil die übersetzten Einheiten einzelsprachliche Einheiten sind, in poetischer Hinsicht, weil ein Gedicht etwas anderes ist als Form und Inhalt. Die poetische Einheit ist durch das Gedicht gegeben, nicht durch die sprachlichen Einheiten, aus denen es sich zusammensetzt.

Die Geschichte der Übersetzung, die Geschichte der Poesie, die Geschichte herausragender Übertragungen von herausragenden Gedichten vermag uns zu lehren, dass Identität und Alterität keine Gegensätze sind, sondern dass Identität sich im Kontakt mit der Alterität herausbildet. So gesehen ist es – jedenfalls vom poetischen Standpunkt her – schier unmöglich, den Übergang von der Annexion zur Dezentrierung innerhalb der Einzelsprachlichkeit zu denken; vielmehr lautet die zu stellende Frage, ob ein Gedicht die Einzelsprache verändert, ob der Umgang mit dem Fremden im Zuge des Übersetzungsprozesses die Zielsprache verändert. Damit gehören auch die Rücknahme des Übersetzers und die Nivellierung von Alterität der Vergangenheit an. Es sei denn, man hat es auf die Einzelsprache, auf das Zeichen abgesehen. Dann sollte man von der Gedichtübersetzung lieber gleich absehen.

Die Übersetzung des Zeichens – und nicht des Gedichts – ist jenes Unheil, das sich in zwei Formen der Übersetzung niederschlägt. Die eine ist die etablierte Semiotik, die das Übersetzen zu autonomisieren sucht, um den Übersetzungsvorgang und die mit ihm einhergehende Reflexion zu einer eigenen Wissenschaft zu erheben. Eine solche Autonomisierung täuscht allerdings etwas vor, das es gar nicht gibt. Tatsächlich nämlich wird das Übersetzen vom Standpunkt der Hermeneutik betrachtet und praktiziert, es wird den hermeneutischen Konzepten zu- und untergeordnet, was den Schluss nahelegt, das Übersetzen sei eine spezielle Form der Hermeneutik. Dieser Argumentation zufolge dürfte es eine Übersetzungswissenschaft gar nicht geben. Hinzu kommt, dass die Hermeneutik eine am Sinn orientierte Praxis ist, die nur das Zeichen kennt. So legitim die Hermeneutik sein mag, stelle ich doch fest, dass sie sich – vom Standpunkt des Gedichts aus – gleich zweifach täuscht, wenn sie das Gedicht auf eine Wahrheit oder auf eine wenn nicht mehrere Bedeutungen festlegt. Denn mit der Bedeutung ist man schon beim Zeichen. Ein weiterer Irrtum wird dem bereits bestehenden aufgepfropft, wenn die Polysemie der Poesie zugeordnet wird, obwohl die Polysemie eine weitgehend triviale Erscheinung ist – auf der Ebene der Einzelsprache nämlich.

Hinzu kommt, dass die Verortung der Übersetzung in der Hermeneutik ins Psychologisieren abgleitet, wobei das Interesse an der Übersetzerpersönlichkeit, ihren Gefühls- und Gemütszuständen, nur Wiederholung dessen bringt, was bereits tausendfach über die Alternative zwischen treu oder frei, über die unumgängliche Realität der Konnotationen gesagt wurde; die Hermeneutik verwechselt das Übersetzen mit der Möglichkeit, über Sprache zu sprechen (in der Metasprache), und zieht alsdann den Schluss, dass Übersetzung – dem Leitmotiv der Unübersetzbarkeit zum Trotz – möglich ist. Das mag eine Feststellung sein, aber längst keine Ethik. Allein schon deshalb, weil sie auf dem Gegensatz zwischen Buchstabe und Geist beruht.

Die Hermeneutik verfehlt aus diesem Grund sowohl das Gedicht als auch die Ethik. Für sie ist die Ethik des Gedichts, die Ethik des Körper-Sprache-Kontinuums, des Form-Subjekt-Kontinuums reine Wortklauberei. Weil sie nur das Zeichen kennt.

Eine ebenso trostlose Situation ergibt sich, wenn einem Kenner der Einzelsprache, das heißt der einzelsprachlichen Inhalte, ein Künstler der Einzelsprache (Dichter, Schriftsteller) gegenübergestellt wird, dem die Aufgabe zukommt, den Stil hinzuzufügen – eine Situation, die vom Standpunkt der Ethik des Übersetzens unfreiwillig komisch wirkt, da das Zeichen gerade durch die Gegenüberstellung dieser beiden Personen seine adäquate Versinnbildlichung erfährt. Ganz zu schweigen davon, dass wir es bei der sogenannten Wort-für-Wort-Übersetzung, die von einer Hand in die andere gereicht wird – von der Hand des Kenners in die Hand des Nicht-Kenners – mit einem oberschlauen Effekt des *Sagenwollens* zu tun haben. Eben darum steht im ersten Artikel des »Verhaltenskodex für den Übersetzer«[20], in dem »moralische Verpflichtungen« und »ethische Normen« festgeschrieben werden: »Wer den Beruf des Übersetzers ausübt, sollte über umfangreiche und sichere Kenntnisse der Ausgangssprache verfügen [...]« und – so der Wortlaut des zweiten Artikels – »auf die Übertragung von Texten verzichten, die seine fachliche Kompetenz übersteigen oder sein Fachgebiet überschreiten.«

Ein solches Vorgehen ist allerdings unter Dichtern gang und gäbe, insbesondere im Rahmen von Übertragungen der sogenannten »heiligen Schriften«, wie zum Beispiel der Bibel. Es gehört im Englischen und im Spanischen zur gängigen Praxis. Auch im Französischen ist es weit verbreitet. Was allerdings ein ethisches Problem aufwirft. Es gibt zwei Arten der Übersetzung: Übersetzungen, die – für ein wenig gebildetes Publikum konzipiert – zuweilen in vereinfachter Alltagssprache verfasst werden, und Übersetzungen, die – von Dichtern oder von Schriftstellern verfasst – für ein kultiviertes Publikum bestimmt sind.

Dieser ethische Skandal bekümmert die Geistlichen nur wenig, denn eine Übersetzung, die der Alltagssprache nachläuft, läuft zuallererst dem Kunden nach. Den es zu bekehren gilt. So bekommt man bei Eugene Nida folgenden Ausspruch eines Ureinwohners aus dem Amazonas-Gebiet zu lesen: »Ich wusste nicht, dass Gott meine Sprache spricht.« Und schon gibt es einen Christen mehr. Doch das Problem besteht darin, dass zwei Arten der Überschreibung gleich zweimal, auf je verschiedene Weise verknüpft werden: einmal auf der Ebene der Verkehrssprache, wo ein Auslöschen des Gedichts stattfindet, des in den Text eingeschriebenen Rezitativs, das im Dienst der Geistlichkeit instrumentalisiert wird; zum anderen auf der Ebene der Neuschreibung, wo das Gedicht zwar poetisiert, aber nicht übertragen wird, was wiederum zur Folge hat, dass die Ideologismen des religiösen Herrschaftsprinzips, einschließlich des theologisch-politischen Herrschaftsanspruchs, dominieren. Zwei gegensätzliche Formen der Instrumentalisierung. Gemäß dem Sprichwort: »Das Gegenteil von gut ist gut gemeint.«

Die so häufig gestellte Frage nach dem Warum einer Neuübersetzung (insbesondere von Texten, die als bedeutend erachtet werden – die anderen werden sowieso nicht neu übersetzt) – könnte, von der Ethik der Sprache, von der Ethik des Gedichts her,[21] in dieser Verschiebung von der Ethik zugunsten der Ästhetik oder von der Ethik zu den politisch-religiösen Repräsentationsformen gesehen werden, wobei im Falle der Bibel – der Mitbegründerin der Kultur des Abendlandes – von einem sowohl als auch auszugehen ist. Dies könnte gerade für die französische Bibelübersetzung gelten, die dem Vergleich mit der englischen King-James-Fassung oder der deutschen Fassung von Luther nicht standhält. Der Vorteil, das ganze Problem von der Frage der Ethik aus zu betrachten, nämlich von der Frage der Ethik des Gedichts, der Ethik der Sprache, besteht darin, dass die Ethik alles zusammenhält, gegen die Verleugnung des Sprache-Gedicht-Ethik-Kontinuums. Die Hermeneutik ist blind dafür, weil sie im Diskontinuum des Zeichens bleibt.

Im Unterschied zur Übersetzungshermeneutik, die das Kontinuum negiert, hört die Ethik des Übersetzens auf das Kontinuum im Gedicht, auf das, was ein Gedicht durch sein Sagen macht, was sich zwischen den Wörtern vollzieht. Wenn man nur auf das achtet, was ein Gedicht sagt, dann begnügt man sich mit dem, was die Wörter sagen, dann betreibt man Hermeneutik, ohne es zu wissen. Da das Gedicht nur da existieren kann, wo es eine Ethik des Gedichts gibt, ist die Ethik des Übersetzens an diese Voraussetzung des Hörens geknüpft.

Das Rätsel des Gedichts wird zusätzlich ein Stück weit gelüftet, wenn man sich vergegenwärtigt, dass ein Gedicht aus dem entsteht, was eine Körperlichkeit aus Sprache macht: Sie schafft eine serielle Semantik. Hier kommt der Rhythmus als eine den Äußerungsakt durchziehende Sprechbewegung ins Spiel (im Gegensatz zur herkömmlichen Definition, die – von der Funktionsweise des Zeichens ausgehend – den Rhythmus als eine durch Gleichmaß bestimmte binäre Form begreift), als Bewegung, die sich in das Rhythmus-Syntax-Prosodie-Kontinuum einschreibt, in die reibungslose Verkettung aller Rhythmen, der Anfangsrhythmen, der Endrhythmen, der metrisch unbetonten Rhythmen, der Wiederholungsrhythmen, der prosodischen und der syntaktischen Rhythmen.

Diese Sichtweise ist unüblich, sie wird – soviel ich weiß[22] – nirgends gelehrt. Tatsächlich mag es seltsam und schwer nachvollziehbar anmuten, wenn ich davon rede, was Körperlichkeit mit Sprache macht. Daher möchte ich – um ein konkretes Beispiel zu nennen – Marina Zwetajewa zitieren: »Wenn ich nur laut genug schreie, mich aufbäume, mich winde, gelange ich endlich zum *Sinn.*«[23] Ähnlich schreibt sie in ihrem Notizbuch von 1940: »Meine Schwierigkeit, in Versen zu schreiben (d. h., wie andere sagen würden, verständlich zu schreiben), rührt daher, dass ich nicht in der Lage bin, mit Worten (das heißt mit Gedanken) ein Seufzen zu sagen: *a-a-a.* / Mit Worten, mit Gedanken, einen Ton zu sagen. Sodass nur noch *a-a-a* im Ohr hängenbleibt. Woher rühren diese Probleme?«[24]

Besonders bemerkenswert ist, dass Marina Zwetajewa das auf den Kopf stellt, was ich das Problem Wittgensteins nenne; dessen These – ich weiß nicht mehr, in welchem Zusammenhang sie steht – besagt, dass es unmöglich sei, mithilfe des Satzes »Ich habe Zahnschmerzen«, mithilfe von Wörtern, von Sprache, einen Schmerz mitzuteilen, von dem man eben nur sprechen kann. Womit wir mittendrin sind in der Diskussion über die altbekannten Vorstellungen einer Trennung von Sprache und Leben, einer Differenz zwischen abstrakt und konkret. Auf noch extremere Weise – zumindest vom Standpunkt des Gedichts her – versinnbildlicht die berühmte Bemerkung Adornos aus dem Jahre 1949, wonach es barbarisch, ja unmöglich sei, nach Auschwitz ein Gedicht zu schreiben, die Unfähigkeit zu verstehen, was ein Gedicht macht. Als Gegenargument – hier steht Stereotyp gegen Stereotyp – wird die Poesie Paul Celans bemüht. Ein weiteres Argument lautet, dass Adorno – ohne es zu wissen – vielleicht habe zeigen wollen, dass auf die Unfähigkeit, die Ethik des Gedichts zu erfassen, die Unfähigkeit zum politischen Denken folge, die in der »Finsternis der Vernunft« versunken sei. Beginnt man die Ethik des Gedichts zu denken, stellt sich heraus, dass beide Unfähigkeiten miteinander identisch sind. Ich würde also sagen, so paradox dies klingen mag: Wer das Gedicht nicht zu denken vermag, vermag auch das Politische nicht oder lediglich als autonome Kategorie zu denken. Als Paradigma des Zeichens.

Die Ausführungen Marina Zwetajewas lassen eine solche Stärke erkennen, weil sie eine weit verbreitete Auffassung infrage stellen, der zufolge das Seufzen des Körpers eine Primärerfahrung darstellt, die in eine Versprachlichung mündet, wohingegen sie die Überzeugung vertritt, dass es ein Effekt des Gedichts selbst ist – sein Nachhall –, der den Körper hörbar macht. Die Klage.

Wenn, wie von Marina Zwetajewa beschrieben, nur das Gedicht all das zu tun vermag, was es mit der Sprache tut, dann wäre es ein Irrtum – der klassische Irrtum schlechthin –, die Sprache des Gedichts als Abweichung von der Alltagssprache aufzufassen. Um nicht blindlings in die immer gleiche Falle zu tappen, hilft nur eine Schärfung des Blicks für die jeweilige Systematik des Kontinuums, das keinen Gegenpol zur »Alltagssprache« bildet, weil das, was man dafür hält, eine Vielfalt von anders gearteten Systematiken darstellt und eine völlig andere Ethik aufweist.

Die Ethik des Übersetzens besteht darin, die in einem Gedicht wirksam werdende äußerste Subjektivierung der Rede als System zu übersetzen. Alles andere fällt in die Übersetzung des Zeichens. Das Gedicht erhalten, da sonst die Übersetzung der Zersetzung anheimfällt.

Anders als die vom Zeichen herrührende Anthropologie der Totalität nimmt die Übersetzung des Gedichts als Gedicht an der Unendlichkeit teil. Wenn das Gedicht mit den Worten und den Mitteln des Zeichens auf eine Aussage eingeengt wird, dann muss die Unendlichkeit der Totalität weichen. Das Gedicht ist nicht mehr vorhanden, weil die Ethik des Gedichts nicht mehr vorhanden ist. Darauf folgen bittere Krokodilstränen über die prinzipielle Unübersetzbarkeit.

Die einzige Möglichkeit, dem Zeichendenken (wenn auch nicht zu entkommen), jenem Spielbrett, auf dem in den 1960er Jahren und danach die Denkfiguren Batailles und Artauds beliebig eingesetzt wurden – wobei hier weder Bataille noch Artaud des unredlichen Spiels bezichtigt werden sollen, vielmehr verhält es sich doch so, dass sie als Spielfigur benutzt wurden –, die einzige Möglichkeit also, die Grenzen dieses Denkens zu durchschauen, besteht darin, das Gedicht als die stärkste Ethik der Sprache zu denken, und zwar gerade, weil das Gedicht das schwächste Glied in der Kette des Zeichendenkens ist: Das Zeichen zerbricht am Gedicht.

Eine solche Theorie der Sprache, deren innerer Zusammenhalt sich aus dem Sprache-Gedicht-Ethik-Politik-Kontinuum ergibt, erreicht ihre maximale Verdichtung im Gedicht – im Gedicht als einem Akt des Lebens.

Dies lässt den Schluss zu – wofür gewisse politische Systeme ein ebenso anschauliches wie exemplarisches Beispiel liefern –, dass die Ethik der Sprache, seit jeher der immer neuen Erfindung von Leben verschrieben, grundsätzlich der Verwerfung menschlichen Lebens entgegensteht. Der theologisch-politische Herrschaftsanspruch ist in diesem Lichte besehen eine Kultur des Hasses. Weshalb einem Hegel der Staub des Musealen anhaftet: Die Ethik der Sprache verträgt sich nun mal nicht mit einer Geschichtsphilosophie, die eine Gegenüberstellung zwischen einer Religion der Liebe und einer Religion des Hasses vornimmt. Bekanntlich bezog sich diese Unterscheidung auf das Christen- und auf das Judentum.

Wir sehen uns nun in die Lage versetzt, das theologische Paradigma außerhalb des Dualismus des Zeichens zu denken. Von der Ethik der Sprache, von der Ethik des Gedichts her, stellt sich das theologische Paradigma als eine Denkweise dar, die dem theologisch-politischen Herrschaftsanspruch eine radikale Enttheologisierung der Ethik gegenüberstellt, wodurch sich das Paradox einer gleichzeitigen Enttheologisierung des Göttlichen und des Menschlichen ergibt. Der Auftrag, der von der Ethik der Sprache ausgeht, besteht darin – gegen alle kulturellen Widerstände, namentlich die, welche die Menschheit in das mehr oder weniger sichere Verderben führen –, der Sprache, dem Gedicht, der Ethik und der Politik den theologisch-politischen Herrschaftsanspruch abzustreiten. Unsere vom Zeichen dominierte Kultur kann selbstverständlich mit einem solchen Auftrag genauso wenig anfangen wie mit der Theorie der Sprache.

Das latent Komische der Situation offenbart sich in der Übersetzung und insbesondere in der von Geistlichen verfassten Übersetzung religiöser Schriften. Es genügt, dass sie ihre eigenen Wahrheiten in der Übersetzung wiedererkennen, um die Ethik der zu übersetzenden Sprache aufzuteilen in eine Grundüberzeugung und in eine Restwahrheit, das heißt in eine Form. Auf diese Weise wird der Gegenstand ihrer Verehrung geschwächt und zerstört. Sie übersetzen nicht das Gedicht, sie restituieren es im Zeichen des Kreuzes.

Das Denken verdient diesen Namen nur, wenn es auch die Sprachtheorie denkt und das bereits Gedachte neu denkt. Anderenfalls ginge es nur darum, die bestehende Ordnung aufrechtzuerhalten. Denken bedeutet, auf die Gesellschaft einzuwirken, und sonst gar nichts. Dies hat zur Folge, dass das Denken und die Ethik ein- und dasselbe sind und dass die Ethik der Sprache auf den Sinn menschlichen Lebens zielt – fernab von religiös motivierten Bestattungsritualen.

4
DIE AUFGABE DES ÜBERSETZENS BESTEHT DARIN, DIE GESAMTE THEORIE DER SPRACHE ZU VERÄNDERN

Im Folgenden soll gezeigt werden, dass das größte und eigentlich einzige Problem der Übersetzung in der Sprachtheorie liegt. Blauäugig wie wir sind – und zweifellos in der besten Absicht, eine Übersetzung erstellen zu wollen –, legen wir die Sprachauffassung offen, die unsere eigene ist und die sich zwischen den zu übertragenden Text und die Intention des Übersetzers zu stellen pflegt. Wenn wir ein Gedicht vom Diskontinuum des Zeichens her übersetzen, übersetzen wir nicht das Gedicht, wir übersetzen lediglich von einer Einzelsprache in eine andere. Hieraus folgt notwendigerweise, dass die Theorie der Sprache in Abhängigkeit zu ihrer Literaturtheorie steht, dass jede Übersetzung in Abhängigkeit zu ihrer Sprachtheorie steht, dass jede Sprachtheorie in Abhängigkeit zu ihrer Theorie des Rhythmus steht, dass das Diskontinuum vom Kontinuum abhängt, dass also die gesamte Theorie der Sprache von ihrer Übersetzungstheorie und -praxis abhängig ist und dass in vergleichbarer Weise die Übersetzung von der Theorie der Sprache abhängt. Die Übersetzung hat demnach einen unmittelbaren Wert für die gesamte Sprach- und Gesellschaftsauffassung, so wie jede Gesellschaft in Abhängigkeit zu ihrer Sprachauffassung steht, in der sie sich zu erkennen gibt. Diese Rolle ist nicht annähernd vergleichbar mit der Zuschreibung, die das Zeichendenken dem Übersetzer als Übermittler von Informationen angedeihen lässt und die der heutzutage gängigen Sprachauffassung entspricht. Die Übersetzung bildet den Auftakt zu einer Kulturrevolution der anderen Art.

Ich arbeite daran, die Theorie der Sprache in ihrer Gesamtheit zu verändern, das heißt die Beziehungen zwischen Sprache, Poesie, Literatur, Kunst, Ethik und Politik im Sinne einer Poetik der Gesellschaft neu zu denken. Dies birgt natürlich das Risiko oder vielmehr die Gewissheit, nur von wenigen verstanden zu werden, was dem seit langem fest etablierten Repertoire an Allgemeinplätzen geschuldet ist, einem Repertoire, das für eine zunehmende Fragmentierung des Denkens sorgt und den augenblicklichen Wissensstand – den Zustand der Geisteswissenschaften, der Philosophie und der Universität – widerspiegelt. Die Theorie der Sprache ist hingegen ein Denken des Kontinuums, der Interaktion aller dieser Gegenstandsbereiche.

Bisweilen bekomme ich zu hören, dass dies schwer zu verstehen sei und dass ich für ein breites Publikum schreiben solle. Dies zeugt von einer tiefen Unkenntnis über das, was seit jeher die Arbeit des Denkens ausmacht. Was man das breite Publikum zu nennen pflegt, ist nichts anderes als der soziale Effekt jener Akademisierungen, die der akademischen Welt entsprießen und die das Feld des überhaupt Denkbaren mit dem eigenen Erwartungshorizont gleichsetzen. Alles, was von diesem Horizont abweicht, ihn gar durchbricht, trägt den Stempel des Problematischen und wird totgeschwiegen. Eigentlich nichts Neues unter der Sonne, zumal, wenn man bedenkt, dass das Denken ein Wahnsinn ist, der die Welt – gegen die herrschende Ordnung – zu verändern anstrebt. Aber eben hierin besteht das Gedicht des Denkens.

Es gibt kein Übersetzungsproblem. Es gibt keine Unübersetzbarkeit. Das einzige Problem, mit dem wir uns befassen müssen, ist die Sprachtheorie selbst, die im Akt des Übersetzens wirksam wird, ob man sich dessen bewusst ist oder nicht. Das Ergebnis dieser Tätigkeit lässt sich an einem Endprodukt ablesen, das in direkter Entsprechung zu jener Theorie steht; folglich ist davon auszugehen, dass jede Übersetzung – noch bevor sie preisgibt, was von der zu übersetzenden Originalversion übrig geblieben sein könnte – über ihre eigene Sprachauffassung Aufschluss gibt, von ihrer Auffassung, was der Sache nach als Literatur, als Dichtung gilt.

Das ganze Problem besteht also darin, zu klären, welche Sprachauffassung gerade wirksam ist. Darauf kommt es an, also auf das, worauf man hinauswill. Ob man Sprache im linguistischen Sinne, von der Funktionsweise des Zeichens auffasst, das heißt als ein aus Signifikant und Signifikat bestehendes Zeichensystem der Einzelsprache, ob man die Wort-Einheit zur Bezugsgröße erhebt und ob die Aufmerksamkeit ausschließlich auf den Sinn gerichtet ist. Denn etwas anderes kann das Zeichen nicht denken.

Vor allem zerlegt das Zeichen alles in Diskontinuitäten, weshalb es weder über die Begriffe noch über das Instrumentarium verfügt, um zu erkennen, was noch alles in der Sprache geschieht und ihm unwiderruflich entgleitet: das Kontinuum, der Rhythmus, die Prosodie, alle sprachlichen Momente, die im Äußerungsakt wirksam und an der Bedeutungsweise beteiligt sind. Alles, was nicht ausschließlich auf den Sinn der Wörter verweist.

Wenn man bedenkt, wie sehr sogenannte literarische oder philosophische Texte in ein Kontinuum eingebunden sind, wie sich ihr Denken innerhalb des Systems der konkreten Rede entfaltet, dann führt die Reduktion auf die Einzelsprache, auf das Zeichen, notgedrungen zum Un-Übersetzten; diese begründet das Axiom der Unübersetzbarkeit, eine ziemlich verworrene Prämisse, die anthropologische und poetische Merkmale durcheinanderbringt und sich direkt aus dem Zeichendenken ableitet. Wobei sich die Empirie direkt aus der Theorie ableitet. Oder eher aus der theoretischen Leerstelle. Genau diese Ideologie der Einzelsprache, die dem Credo des Natürlichen verpflichtete Ideologie des Übergangs von einer Einzelsprache in eine andere, wird nach wie vor an Übersetzerhochschulen unterrichtet.

Womit gleichzeitig klar sein dürfte, dass das Problem nicht nur wissenschaftstheoretischer Art ist. Es handelt sich zwangsläufig auch um ein kulturelles Problem: um ein Problem, das mit der Geschichte des Sprachdenkens zu tun hat.

Naiv ist, wer glaubt, dass wir aufgrund der formalistischen Linguistik des 20. Jahrhunderts, der Geschichte der Hermeneutik und der Philosophie hierüber besser Bescheid wüssten als etwa die alten Griechen.

Ein Beispiel möge dies illustrieren: In der kanonischen Form der Übersetzung von Aristoteles' Schrift *Peri hermeneias* (*De interpretatione*) wird die Wendung *ta en te phone* – was wörtlich übersetzt so viel bedeutet wie »die Dinge, die in der Stimme sind« – durch »die Wörter« wiedergegeben. Daraus ergibt sich als unmittelbare Konsequenz, dass eine Neuübersetzung der antiken Texte dringend geboten ist.

Aber nicht, weil die Übersetzungen altern: Es ist das Denken der Sprache, das einen Alterungsprozess durchläuft. Die wenigen berühmten Übersetzungen sind ja von diesem Prozess nicht mehr betroffen als die Originalfassungen. Man denke nur an die King-James-Fassung der Bibel, an Antoine Gallands französische Übersetzung der *Geschichten aus Tausendundeiner Nacht* oder an Gérard de Nervals *Faust*-Übersetzung.

Die Übersetzung ist besonders geeignet, über die Sprachauffassung in Gänze Aufschluss zu geben. Ihr seit alters her miserabler Zustand, der auf eine besondere Form der Taubheit zurückzuführen ist, könnte dabei – so paradox dies klingen mag – der soziologisch bedingten Verachtung entgegenwirken, die der Übersetzung gewöhnlich zuteilwird.

Die Übersetzung ist nämlich das Experimentierfeld für sämtliche Sprachtheorien. Anhand der Geschichte der Neuübersetzungen bedeutender Texte lässt sich eine Veränderung der sprachlichen Seh- und Hörgewohnheiten nachweisen. Auf diese Weise wird das Übersetzen zur Probe aufs Exempel für die Theorie der Sprache genauso wie für die Theorie der Literatur.

Anhand der Übersetzung in all ihren Spielarten lässt sich zeigen, wie sehr das Zeichendenken uns krank macht, wie notwendig es ist, die Auffassung über die Sprache insgesamt zu revidieren und ihre Beziehung zur Literatur neu zu ordnen.

Die Übersetzung wird zum Prüfstein für die gesamte Theorie der Sprache und der Literatur. Mit beiden ist sie aufs engste verwoben. Sie begnügt sich nicht damit, ein Kommunikationsinstrument zu sein, ein Mittel des Informationsaustausches zwischen zwei Sprachen, zwischen zwei Kulturen – eine Aufgabe, die im Vergleich zu den Originalschöpfungen seit jeher als zweitrangig erachtet wurde. Sie ist ihrem Wesen nach eine experimentelle Poetik. Sie bietet eine ideale Aussichtsplattform, wenn es darum geht, die sprachlichen Strategien zu ermitteln, die in den unterschiedlichen Übersetzungsfassungen des gleichen Textes verwendet werden.

Die älteste Sichtweise auf die Übersetzung ist der sowohl empirische als auch empiristische Blickwinkel, der von den Übersetzern – allen voran von ihrem Schutzpatron, dem Bibelübersetzer Hieronymus – eingenommen wird. Von Cicero bis zu Valery Larbaud ist der Blickwinkel ausschließlich auf den in der Einzelsprache zu erreichenden Effekt gerichtet. Die Übersetzung wird als Übergang von einer Sprache in eine andere aufgefasst. Sie wird vom Standpunkt der kontrastiven Grammatik (der »vergleichenden Stilistik«) bei gleichzeitiger Berücksichtigung des individuellen Stils analysiert. Noch heute wird der Übersetzungsunterricht in den Studiengängen für professionelle Übersetzer maßgeblich durch diesen Blickwinkel geprägt. Für eine solche Vorgehensweise scheinen die Erfahrung und der gesunde Menschenverstand zu sprechen. Als oberste Grundsätze gelten das Treuegebot und die Rücknahme des Übersetzer-Ichs dem Text gegenüber. Die angestrebte Durchsichtigkeit, die mit dem Ideal der Natürlichkeit einhergeht, soll den Leser vergessen lassen, dass es sich um eine Übersetzung handelt. Doch die vermeintliche Stärke entpuppt sich angesichts der Alterung der Übersetzungen als Schwäche – einer Alterung, die sich im Vergleich zu der unaufhörlichen Wirksamkeit des Originals seltsam ausnimmt, vor allem wenn es sich um einen literarischen Text handelt, der die Literatur nachhaltig verändert. Die Schwäche dieses Denkens liegt darin, dass es der Einzelsprache, nicht aber der Literatur verpflichtet ist. Da ihm die Spezifik der Literatur entgeht, kann dieses fehlende Wissen auch für die Übersetzungspraxis nicht fruchtbar gemacht werden.

Die Meinung darüber, was Übersetzen sei, wurde maßgeblich durch die deutsche Hermeneutik des beginnenden 20. Jahrhunderts geprägt; eine Verstärkung erfuhr die hermeneutische Tradition durch die Phänomenologie, die das Übersetzen als Verstehens-und Auslegungsprozess auffasst und dabei die prinzipielle Differenz zwischen dem zwischensprachlichen Übersetzen und dem innersprachlichen Verstehen nivelliert. Hier wird der Horizont eines letzten, nicht zu erreichenden Verstehens vorausgesetzt – der Standpunkt des Augustinus, des Schutzpatrons der Unübersetzbarkeit. Für Heidegger ist das Verstehen bereits ein Übersetzen, ein »ontologisches Übersetzen«, durch das »der Mensch vom Sein selbst in die Wahrheit des Seins geworfen«[25] werde. Die Periphrase und die Einfügung von Exkursen sind direkte Auswirkungen der Wahrheitslehre Martin Heideggers. So münden die Ausführungen George Steiners in *After Babel* (1975) in eine Psychologie des Übersetzens bzw. in eine Theologie der Nicht-Kommunikation, und die Auseinandersetzung, die in Michel Serres' Werk *Hermès* (1968–1974) geführt wird, gerät zu einer Mythologie des Sinns und der Geschichte, in der die Semiotik, die Intersemiotik und die Linguistik in einer größeren Einheit aufgehen. Im Einklang mit dem traditionellen Standpunkt kennt die Phänomenologie der Übersetzung nichts anderes als das Zeichen und die etymologische Erkenntnis (die Ursprungs-Essenz-Wahrheits-Etymologie). Sie verkürzt die Sprache auf die Information und ordnet sich – im Namen einer universellen Harmonie – der Herrschaft der Zweckrationalität unter.

Die ersten automatischen Übersetzungsprogramme, die seit Ende des Zweiten Weltkriegs gerade im Kontext des Kalten Krieges zunehmende Verbreitung fanden, trugen zur raschen Entwicklung einer Linguistik der Übersetzung bei, deren Querbeet-Eklektizismus sich verschiedener Methoden bedient, von der generativen Grammatik bis zur zeitgenössischen Pragmatik. Der amerikanische Behaviorismus mit seinem sogenannten Stimulus-Response-Prinzip hat ebenfalls seine Spuren in der Theorie und Praxis der Übersetzung hinterlassen (beispielsweise bei dem Bibel-Übersetzer Eugene Nida). Die Übersetzung aus sprachwissenschaftlicher Perspektive begnügt sich mit einer weiteren Konzeptualisierung von Sprache, die ihre Basis im Dualismus des Zeichens hat: Die Form entspricht der »formalen Äquivalenz« (dem Literalismus), der Sinn der »dynamischen Äquivalenz«. Sie erhebt nicht den Anspruch, eine Gesamttheorie über die Funktionsweise der Sprache und der Literatur zu sein.

Die jüngste Position ist die der Poetik. In dieser Perspektive wird die Untrennbarkeit von Geschichte und Funktionsweise, von Sprache und Literatur postuliert. Das Bemühen, die Bedeutung der Geschichtlichkeit für das Übersetzen und für die Übersetzungen anzuerkennen, ist dabei immer impliziert. Das abendländische Unternehmen der Übersetzung, jedenfalls so lange es sich auf die Bücher der heiligen Schrift und die der Sphäre des Religiösen beschränkte, kannte nur das Wort als einzige Bezugseinheit und erachtete in seiner Tendenz zur Sakralisierung der Sprache die Wort-für-Wort-Übersetzung als die einzig angemessene Methode. Die Renaissance und die weltlichen Übersetzungen haben zu einer Desakralisierung des Wortes und zur Hinwendung zur Satzeinheit geführt – wiewohl die Praxis der *belles infidèles* von einer Unkenntnis des Textes als Übersetzungseinheit zeugt. Die romantische Auffassung strebte – vor dem Hintergrund einer philologischen Sprachaufmerksamkeit – nach größerer Genauigkeit. Der deutlichste Einschnitt vollzieht sich im 20. Jahrhundert.

Die Übersetzung geht allmählich von der Einzelsprache zur Rede – zum Text als Einheit – über. Sie entdeckt zunehmend die Mündlichkeit der Literatur, und das nicht nur in Theatertexten. Sie entdeckt, dass die Sichtweise eines literarischen Textes auch in der Übersetzung erhalten bleiben muss, mit Blick besonders auf die Prosodie, den Rhythmus und die Bedeutungsweise als eine Form der Individuation, als Subjekt-Form. Die von der traditionellen Theorie erhobenen Forderungen nach Transparenz und Treue erscheinen in einem neuen Licht, als kompensatorisches Alibi für eine Unkenntnis der Sache – eine Unkenntnis, die mit dem Veralten der Übersetzungen ihren verdienten Lohn erhält. Das Kriterium der funktionalen Äquivalenz richtet sich nicht mehr an den Einzelsprachen aus (was bekanntlich zu einer Einebnung aller sprachlichen, kulturellen und historischen Unterschiede führt), sondern orientiert sich zunehmend am Text, dessen sprachliche, kulturelle und historische Alterität fortan als seine spezifische Geschichtlichkeit erkannt wird.

Tatsächlich ist der Übersetzung nicht nur an der Anerkennung der eigenen Besonderheit gelegen. Sie nimmt auch auf die veränderten Beziehungen Rücksicht, die im Kulturaustausch des 20. Jahrhunderts zutage getreten sind und die – infolge der Entkolonialisierung und im Zuge der Globalisierung – einem steten Wandel unterliegen. Von der als Universalie aufgefassten Identität (hier liegt übrigens eine Verwechslung zwischen universal und universell vor) ist die Übersetzung – im gleichen Zuge wie jene Beziehungen – in die Alterität und Pluralität übergangen, wobei dieser Prozess noch nicht abgeschlossen ist. Aus der Begegnung zwischen den beiden wichtigsten Errungenschaften dieses Jahrhunderts, von denen die eine den Bereich der Sprache (Übergang von der Einzelsprache zur Rede) und von denen die andere den kulturell-politischen Bereich betrifft (Übergang von der Identität zur Alterität), aus dieser Begegnung also, deren eigentlicher Schauplatz die Literatur ist, sind –

trotz aller Widerstände, die sich aus oben genannten Gründen in der universitären und literarischen Welt etabliert haben – die derzeitigen Veränderungen in Theorie und Praxis der Übersetzung entstanden. Auch hierin ist das Übersetzen eine Ethik und eine Politik.

Wir können es folglich als erwiesen ansehen, dass das eigentliche Problem der Übersetzung mit der Entscheidung für eine bestimmte Sprachtheorie zusammenhängt. Dieser Zugang zum Problem bringt zweierlei mit sich: die Untrennbarkeit zwischen dem, was man gemeinhin Theorie nennt, und dem, was man als Praxis bezeichnet; dies bedeutet nichts anderes, als dass eine Praxis nur dann eine Praxis ist, wenn sie diese unablässig reflektiert; andernfalls bleibt sie auf ein Nachbeten von rezeptartigen Vorschriften beschränkt; dabei versteht sich von selbst, dass die reflexive Grundhaltung mit einer Gesamttheorie der Sprache einhergehen muss; umgekehrt lässt sich sagen, dass eine Übersetzungstheorie, die der reflexiven Grundhaltung entbehrt, lediglich eine auf die Rede angewandte Linguistik der Einzelsprache darstellt – das Nicht-Denken schlechthin.

Wenn wir allerdings davon ausgehen dürfen, dass das Übersetzen eine Theorie der Sprache widerspiegelt und die Theorie der Sprache in der Übersetzung gespiegelt wird, dann kann der Vorgang des Übersetzens nicht mehr – wie noch von der traditionellen soziologischen Sichtweise suggeriert – als rein dienende Tätigkeit angesehen werden, vielmehr spielt das Übersetzen eine herausragende Rolle bei der Konstituierung einer Gesamttheorie der Sprache: die Rolle einer experimentellen Poetik. Die Geschichte der Übersetzungen – die sowohl den Vergleich mehrerer Übersetzungen eines Originals als auch die Analyse der mentalitätsgeschichtlich bedingten Übersetzungsstrategien umfasst –, diese Geschichte ist unter den verschiedenen Sprachaktivitäten der einzige Ort, an dem zugleich eine Konstante (der zu übersetzende Text bzw. der neu zu übersetzende Text) und mehrere ihr zugehörige Varianten existieren (die aufeinanderfolgenden Übersetzungen, von denen jede einzelne ihre Sprachauffassung und Literatur preisgibt). Die Literatur selbst weist dieses Merkmal nicht auf: Denn überall, wo ein zweiter Autor in den Mustern des ersten schreibt, haben wir es mit Epigonentum zu tun – mit einer Totgeburt.

Das eben Genannte, das heißt die Bedeutung und die Sichtbarwerdung der Sprachtheorie in jedem noch so einfachen Übersetzungsvorgang, kann nur dann stattfinden, wenn das Übersetzen – von der Einsicht in die Notwendigkeit zur Veränderung getrieben – zum Anlass wird für die Austragung des Konflikts zwischen dem Zeichen und dem Gedicht.

Bei diesem Konflikt prallen der Rhythmus und das Zeichen aufeinander. Es geht um die Kollision zwischen Kontinuum und Diskontinuum, um die Auseinandersetzung mit dem Ungedachten und den festgefahrenen Vorstellungen über die Sprache, die Einzelsprache, die Rede, die Literatur und das Gedicht.

In der Welt der Ideen, so wie sie nun einmal ist, herrscht die Vorstellung vor, dass das Denken der Sprache sich in der Einzelsprache vollzieht und im Dualismus des Zeichens eingebettet bleibt. Der Sinn und die Form stehen unverbunden einander gegenüber – nur gelegentlich scheinen sie durch expressive Korrespondenzen miteinander verknüpft. Die Ein-Wort-Einheit. Äußerstenfalls der Satz – die letzte Einheit, die noch durch einzelsprachliche Regeln bestimmt wird. Die Rede wird dabei ausschließlich von der von Saussure kritisierten Unterteilung in Wortschatz, Syntax und Morphologie gesehen, das heißt von den Konzepten der Einzelsprache her.

Dem inneren Dualismus des Zeichens entspricht der innere Dualismus des Rhythmus-Begriffs, der sich bis heute als dominierende Vorstellung erhalten hat: die Abfolge von betonten und unbetonten Silben, die im Fall des Gedichts, nicht jedoch im Fall der Prosa, einer Kodifizierung unterliegt. Die Unterscheidung von Prosa und Vers geht – zumindest in der französischen Tradition – so weit, dass der Rhythmus in der Metrik aufgeht und der Prosa jeglicher Rhythmus abgesprochen wird.

In diesem Sinne lässt sich sagen, dass die vorherrschende Auffassung des Rhythmus sich mit derjenigen des Zeichens deckt: Der Rhythmus ist der Rhythmus des Zeichens, und das Zeichen ist das Zeichen des Rhythmus. Zwei einander bestärkende Dualismen, die in Übereinstimmung mit intellektuellen Vorurteilen stehen. Die zu ständiger Verwechslung der eigenen Vorstellungen mit der Natur der Dinge – der Dinge der Sprache – neigen. Die Auffassungen nicht als Auffassungen erachten. Sondern als Natur der Dinge. Zwei Universalien, die auf eine einzige Universalie hinauslaufen: die gewöhnliche und unhinterfragte Vorstellung von Sprache. Der Begriff des Stils deckt sich dabei mit dem, was das Zeichen über die Literatur und die Poetik zu denken erlaubt. Ohne Bezug zum Rhythmus.

Diese Festgefahrenheit wird von der Aufgabe des Übersetzens ins Wanken gebracht. Und von jedem Gedicht, weil beide eine einseitige Gleichsetzung der Rede mit der Einzelsprache, des Kontinuums mit dem Diskontinuum ins Leere laufen lassen, sprengen sie den Begriff des Zeichens und des Rhythmus.

Durch die Begegnung mit anderen kulturellen Welten – also mit jenem Ort, an dem Übersetzung überhaupt erst stattfindet – wird evident, dass die Gleichsetzung des Zeichens mit dem Rhythmus nicht universell verallgemeinerbar ist, dass sie lediglich eine Vorstellung und eben nicht natürlich ist.

Die persönliche Auseinandersetzung mit dem Gedicht bringt mich dazu, den Rhythmus nicht mehr als (binäre) Wiederkehr zu definieren, sondern als jeweilige Gliederung der Sprechbewegung. Aus dieser Begriffsbestimmung, die sich in einer Art Kettenreaktion auch auf die Auffassungen von Sprache in ihrer Gänze niederschlägt, ergibt sich die Notwendigkeit, das Ungedachte zu denken, das – durch die Empirie bestätigt – die sicher geglaubten Gewissheiten eines Monsieur Jourdain[26] dahinschmelzen lässt.

Was einigen als Umweg über abstrakte Erwägungen erscheint, dient der Verortung des Übersetzens oder des zu übersetzenden Gegenstands in einem Raum, zu dem die dem Zeichen verpflichtete Übersetzungspraxis keinen hörenden Zugang findet. Dabei ist ihr noch nicht einmal klar, dass sie das, was sie nicht hört, auch nicht übersetzen kann.

Eine Übersetzung, die der Logik des Zeichens folgt – will sagen: die heutige Übersetzungspraxis – entspricht dem, was von jetzt an als auslöschende Übersetzung bezeichnet werden soll. Sie löscht das Kontinuum, den das Kontinuum erzeugenden Rhythmus, und sie löscht die Spuren ihrer Auslöschung. Wobei das poetische Problem darin besteht, die Auslöschungen der auslöschenden Übersetzungen auszulöschen.

Man darf nicht vergessen, dass die gesamte westliche Kultur auf der Übersetzung ihrer Gründungstexte beruht (schließlich werden Platon und Aristoteles, die Bibel und das Neue Testament größtenteils als Übersetzung gelesen); das Abendland bezieht somit seine Legitimität aus der Auslöschung seiner Ursprünge. Seiner griechischen und biblischen Ursprünge.

Es sind just diese biblischen Texte, die im Hinblick auf den Rhythmus sowohl von technischem wie auch von theoretischem Interesse sind – ungeachtet der Aufmerksamkeit, die sie in ihrer Rolle als »Great Code of Art« (William Blake) auf sich ziehen. Nicht nur, dass die biblische Anthropologie eine All-Rhythmik besitzt, die ohne metrisches Schema, ohne Diskrepanz zwischen Vers und Prosa auskommt, sie kennt noch nicht einmal den Begriff der Poesie. Unterschieden wird nur zwischen dem gesprochenen und dem gesungenen Wort.

Die Hierarchie dieser All-Rhythmik wird durch 18 trennende und neun verbindende Akzente gebildet (für die *Psalmen*, das Buch *Hiob* und das Buch der *Sprüche Salomos* gibt es zwölf bzw. neun Akzentarten), die entweder eine melodische, pausale oder semantische Wertigkeit besitzen. Diese Rhythmik, das einzige Grundmuster des biblischen Verses, war zeitweilig Gegenstand theologisch-philologischer Ablehnung: Ihre Notation habe zu einem späten Zeitpunkt stattgefunden. Einige Akzentnamen deuten auf eine sehr alte Praxis hin, da sie zur Veranschaulichung der Cheironomie diente – einer manuellen Begleitung der Kantillation, die notwendigerweise bereits vor ihrer Notation existiert haben muss. Auf diese Weise kann man der theologisch-ideologischen Debatte ein Ende setzen, auf Kosten des rein christlich geprägten theologisch-politischen Herrschaftsanspruchs. Dies ist der Kern eines Problems, das zwar für die Übersetzung zunächst nicht bedeutsam scheint, aber die Stellung des Rhythmus betrifft und damit die Wechselwirkung zwischen Rhythmik und Übersetzung.

Das auffälligste und gleichzeitig banalste Beispiel (von daher nicht nur der Bibel eigen) betrifft die Verschiebung des Gruppenakzents. Wie jeder weiß, verändert ein verschobenes Komma den Sinn. Das frappierendste Beispiel hierfür ist die Stimme eines Rufenden in der Wüste (*Jesaja*, 40,3). Doch im Text erfolgt die starke Pause nicht hinter »Wüste«, sondern: »Une voix crie // dans le désert // ouvrez le chemin d'Adonaï ///« (»Eine Stimme ruft // in der Wüste // bahnet den Weg Jehovas! ///«).

Nicht nur die trennenden, auch die verbindenden Akzente tragen zum Ausdruck des Affekts bei. Als Beispiel möge folgende Anrede aus *Gloires* (*Psalmen*) dienen: »mon dieu mon dieu«, *éli éli* (»Mein Gott mein Gott«). Eine einzige Gruppe, die sich bis zum zweiten *éli* hin steigert – ein einziger Atem. Der Sinn wird nicht verändert. Dafür wird – mit nur einer einzigen Sprechportion – der Affekt verstärkt.

Wenn man den Rhythmus als die jeweilige Bewegung des Sprechens in der geschriebenen Rede denkt (Gerard Manley Hopkins, der in einem Brief über »record of speech in writing« spricht, weiß, wovon er spricht), dann setzt dies eine Gestik des Sinns voraus, eine Rhythmik oder Semantik der

Position. Sie wird häufig einfach ausgelöscht. Wenn sie nicht mitübersetzt wird, verliert die Übersetzung ihre Stimme.

Der Rhythmus kann nicht nur eine Aufeinanderfolge von Intensitätsakzenten sein (was er auch niemals war), wenn man ihn als jeweilige Bewegung des Sprechens in der geschriebenen Rede auffasst. Er ist die jeweilige Bewegung des Kontinuums. Zum Rhythmus gehört also auch, was ja im Grunde nichts Neues ist, die syntaktische Artikulation.

Doch der Rhythmus als Kontinuum, als Bewegung des Sprechens in der geschriebenen Rede, umfasst nicht nur jene Rhythmen, die sich auf bestimmte Merkmale wie Pause, Gruppenakzent, Positionsakzent, Satzakzent und Wiederholung beziehen, er steht auch für den prosodischen Rhythmus, die Erzählung des Rezitativs, die nicht mit der Erzählung des wörtlichen Sinns identisch ist.

Somit lässt sich sagen: Mit der Theorie der Übersetzung setzt das Nachdenken über den Rhythmus ein, über das Kontinuum, dessen Konzeptualisierung mit der Zuspitzung eines wesentlichen und bisher unbekannten Konflikts einhergeht: des Konflikts zwischen dem Zeichen und dem Gedicht, dem Diskontinuum und dem Kontinuum. Die Aufgabe einer Theorie besteht in der Veränderung der Praxis, die Aufgabe der Praxis besteht in der Aufdeckung der Theorie. Die politische Dimension der Theorie – eine weitere anthropologische und poetische Notwendigkeit – besteht darin, den Übergang von der Annektierung zur Dezentrierung zu vollziehen. Darin liegt ihre Aktualität.

5
DER SINN DER SPRACHE, NICHT DER SINN DER WÖRTER

Das ganze Problem des Sinns und damit des Übersetzens besteht in diesem Gegensatz zwischen dem Sinn der Sprache und dem Sinn der Wörter und der Zeichen. Daher die

Notwendigkeit einer umfassenden Gesamttheorie, die im Gegensatz steht zur Hermeneutik und zu der ebenso vom Zeichen her gedachten Übersetzungswissenschaft. Beide aus demselben Grund.

Am Anfang meiner Überlegungen steht der von Humboldt geprägte Ausdruck *Sprachsinn*, aus dem ich eine Gesamttheorie der Sprache entwickle, die bei ihm so nicht vorhanden ist.

Das Paradoxe und unfreiwillig Komische dieses Gegensatzes besteht darin, dass man geneigt sein könnte zu glauben, ich würde – ähnlich wie Gribouille[27] – hermeneutisch vorgehen, ohne mir dessen bewusst zu sein. Schließlich vertrat bereits Aristoteles die Ansicht, dass man auch dann Philosophie betreibt, wenn man nicht philosophiert. Außerdem hat man sich bei der Übersetzung an einzelnen Wortbedeutungen zu orientieren.

Der von mir vertretene Ansatz mag unbequem und paradox erscheinen, dennoch besitzt er eine eigene Stärke. Jene Stärke nämlich, die aus dem Bewusstsein für die Kraft der Sprache und für das Unbekannte eines Gedichts herrührt. Die Hermeneutik hingegen ist auf das Bekannte gerichtet, nicht auf den Sinn, sondern auf das Zeichen.

Wenn es um die Sinnaktivität geht, greife ich, weil man es angesichts der kulturellen Unbeweglichkeit gar nicht oft genug wiederholen kann, in einer Endlosschleife auf einen kleinen Übersetzungsunfall zurück, der – scheinbar bedeutungslos – zwei Wörter Ciceros betrifft, *vis verbi, vis verborum*, deren Übersetzung – falls Wörter einen Sinn haben und gerade weil Wörter einen Sinn haben – »die Kraft des Wortes«, »die Kraft der Wörter« lauten müsste. In allen Auflagen der Budé-Ausgabe[28] werden jedoch diese beiden Wörter Ciceros durch »der Sinn des Wortes«, »der Sinn der Wörter« wiedergegeben. Und selbst in der von Guillaume Freund herausgegebenen französischen Ausgabe des lateinischen Wörterbuchs, dem besten Wörterbuch der lateinischen Sprache, findet man unter dem Eintrag *vis*, »Kraft«, die Übersetzung »der Sinn des Wortes«, »der Sinn der Wörter«.

Solcherlei Beispiele zeigen, in welchem Ausmaß die gelehrten Exegeten das Bewusstsein für die Kraft der Sprache, für den Sprachsinn, verloren haben. Das ist der Schauplatz, auf dem der Krieg der Sprache ausgetragen wird, der Krieg zwischen dem Zeichen und dem Gedicht, zwischen dem Kontinuum und dem Diskontinuum.

Denn für das durch den Sinn beherrschte Denken (»Sinn« meint hier die einzelnen Wortbedeutungen) dominiert das Zeichen. Das Diskontinuum des Zeichens wird uns seit Platon als unhinterfragbare Allmacht präsentiert. Genau wie das Diskontinuum des Rhythmus. Wobei sich beide gegenseitig bedingen.

Das Altbekannte, das Kulturelle, die gesamte Sprachwissenschaft, in der auch die Hermeneutik samt ihrer Techniken und ihres Wissens zu verorten ist – all dies trägt dazu bei, das Zeichen hervorzubringen und es zu bestätigen.

Ich aber vertrete in Anlehnung an Saussure die Auffassung, dass das Zeichen lediglich eine Vorstellung von Sprache ist, eine Vorstellung, die ihre Verortung und ihre Begrenztheit nicht offenlegt. Schlimmer noch: eine Vorstellung, die ihren bloßen Vorstellungscharakter verschleiert. Sie präsentiert sich als Natur und als Wahrheit der Sprache.

Mein Ausgangspunkt ist das Denken Saussures, wonach die Betrachtung der Sprache immer vom gewählten Blickwinkel abhängig ist. Und es gilt zu verstehen – was eine unendliche Aufgabe darstellt –, welche Systematik sich aus jedem einzelnen Blickwinkel ergibt.

Da jedoch die akademische Lehre nach wie vor von einer Kontinuitätsbeziehung zwischen Saussure und dem Strukturalismus ausgeht (was unwillkürlich eine Aufwertung des Zeichens zur Folge hat), scheint es dringend geboten, an dieser Stelle darauf hinzuweisen, dass der Strukturalismus im Hinblick auf Saussure nur mit einer Reihe von Missverständnissen aufwarten kann. Erst dann wird verständlich, dass der Sprachsinn über das Zeichen, über das Diskontinuum hinausgeht.

Denn Sprachsinn meint nichts anderes als Sinn für Rhythmus, Sinn für das Körper-Sprache-Kontinuum, während das Diskontinuum des Zeichens im gesamten Bildungswesen den alten Gegensatz zwischen Literatur und Alltagssprache, zwischen den Originalwerken und ihren Übersetzungen fortschreibt.

Und selbstverständlich bezieht sich diese herkömmliche Gegenüberstellung von Schöpfung bzw. Originalwerk und Übersetzung auf das traditionelle Körper/Geist-Paradigma. Also auf den Dualismus des Zeichens.

Es sind diese sich vervielfältigenden Dualismen, diese Gegenüberstellungen zwischen heterogenen Einheiten, zwischen dem Originalwerk und der Übersetzung (Übersetzungen durchlaufen einen Alterungsprozess, Werke halten ewig), es ist die Gesamtheit dieser Begriffspaare – und nicht nur das linguistische Zeichenmodell –, die das Zeichendenken ausmachen.

All diese Dualismen verdichten sich in der Vorstellung des Diskontinuums, das die Heterogenität der kategorialen Rationalität beherrscht.

In der Betrachtung von Sprache dominiert der Gegensatz zwischen Einzelsprache und Rede. Paradox mutet der Begriff »Einzelsprache« deshalb an, weil er uns daran hindert, die Rede zu denken. Dies aber bedeutet: Die Begriffe *Einzelsprache* und *Sinn* hindern uns daran, die Sprache zu denken. Das *Zeichen* hindert uns daran, die Sprache zu denken! Dies wurde hinlänglich durch den gesamten Strukturalismus des 20. Jahrhunderts belegt, der dem kulturellen Erbe seit 2000 Jahren, seit Platon, eine positivistische Ausprägung verleiht, gepaart mit der Tendenz, Saussure für den Strukturalismus zu vereinnahmen. Es lassen sich insgesamt neun Missverständnisse aufzählen, aus denen hervorgeht, dass der Strukturalismus in einem schroffen Gegensatz zu Saussure steht. Neun Missverständnisse, die an dieser Stelle aufgeführt seien:

1. da, wo Saussure von »System« spricht (als dynamischem Konzept), geht der Strukturalismus von »Struktur« aus (einem ahistorischen und formalen Konzept);

2. da, wo er sagt, dass alles eine Frage des Blickwinkels sei, tritt der Strukturalismus mit dem Anspruch auf, die Natur der Sprache zu beschreiben;

3. da, wo Saussure auf der Basis von Beobachtungen eine sprachtheoretisch begründete Systematik entfaltet, betreibt der Strukturalismus eine beschreibende Sprachwissenschaft;

4. bei Saussure wird die Einheit von Sprache und Sprechen (*l'unité langue parole*) als Rede (*discours*) aufgefasst, während der Strukturalismus die Dichotomie zwischen Sprache (*langue*) und Sprechen (*parole*) festschreibt;

5. des Weiteren ergibt sich bei Saussure aus der Sprachtheorie die Forderung nach einer Poetik, während der Strukturalismus von einem Gegensatz zwischen der Rationalität des *Cours*[29] und der Irrationalität von Saussures Anagrammstudien ausgeht;

6. während Saussure die Vielfalt assoziativer Beziehungen gegenüber dem Syntagmatischen betont, bleibt der Strukturalismus in einer binären Gegenüberstellung zwischen Syntagma und Paradigma;

7. für Saussure impliziert das radikal arbiträre Zeichen eine radikale Geschichtlichkeit, wohingegen der Strukturalismus Arbitrarität als Ausdruck eines reinen Konventionalismus begreift;

8. für Saussure kann der Veränderlichkeit von Sprache nur durch eine aufeinander bezogene diachronisch-synchronische Betrachtungsweise Rechnung getragen werden; der Strukturalismus hingegen geht von einer strikten Antinomie zwischen der Diachronie als Sprachgeschichte, als Sprachwandel, und der Synchronie als Sprachzustand aus;

9. neuntens und letztens: An die Stelle der Saussure'schen Kritik an den traditionellen Unterteilungen (Lexik, Morphologie, Syntax) setzt der Strukturalismus die Dicho-

tomien des Zeichens, die allesamt im Diskontinuum zu verorten sind.

Doch das Diskontinuum umfasst auch – womit ein weiterer Kollateralschaden des Zeichendenkens angesprochen wäre – den vermeintlichen Gegensatz zwischen Vers und Prosa. Dabei lässt sich das Vorhandensein von Prosametriken – wovon der lateinische *Cursus* ein beredtes Zeugnis gibt – kaum leugnen. Noch verhängnisvoller ist der Gegensatz, der zwischen lyrischem bzw. metrischem Vers und der vermeintlich rhythmusfreien Prosa gemacht wird; dabei wird die Hinfälligkeit einer rein formalistischen Definition des Gedichts deutlich, die das Prosagedicht und die lyrische Moderne schlichtweg ausblendet.

Hier trifft man auf eine poetische Universalie, auf die Mallarmé hingewiesen hat und die das poetische Problem auf den Gegensatz zwischen *Benennen* und *Andeuten* verlagert.

Wenn wir jetzt von Saussure ausgehen und besonders von jenen der Öffentlichkeit erst im Jahre 2002 zugänglich gemachten Manuskripten, von seinem Konzept der beiden Sichtweisen auf die Sprache und ihrer begrifflichen Systematik, dann wird zum einen deutlich, dass das Zeichen und seine Auswirkungen nicht die Natur der Sprache wiedergeben, sondern lediglich Auffassungen von Sprache sind, und zum anderen, dass eine Sprachauffassung denkbar ist, die die Sprache in einem Kontinuum ansiedelt, einem Körper-Sprache-Kontinuum, das seine eigene Kohärenz bedingt, seine eigene begriffliche Systematik.

Aus dem Kontinuum ergibt sich die Notwendigkeit, das Gedicht zu denken, um der Vielfalt der sprachlichen Akte gerecht zu werden. Ein weiteres Paradox besagt, dass die Gegenüberstellung von *poetischer Sprache* und *Alltagssprache* hinfällig wird (es handelt sich bei diesen beiden Essenzialisierungen kurioserweise um kulturelle Phantombilder), und dass wir fortan vom Gedicht ausgehen müssen, um die Sprachtheorie in ihrer Gesamtheit erfassen zu können: das Verhältnis zwischen Sprache, Gedicht, Ethik und Politik.

Als Gedicht[30] bezeichne ich die Verwandlung einer Sprachform durch eine Lebensform und die Verwandlung einer Lebensform durch eine Sprachform. Anders als beim Zeichendenken dient hier die vierfache Wiederholung des Wortes »Form« nicht der dualistischen Gegenüberstellung mit dem Sinn. Nein, Form wird hier als Organisation und Erfindung von Geschichtlichkeit verstanden, als Konfiguration eines Redesystems. Anders als das Gegensatzpaar Form/Inhalt versteht sich die Sprachkraft nicht als Gegenstück zum Sinn: Sie trägt und überträgt den Sinn.

Womit wir bei einer neuen Konzeption des Rhythmus angelangt wären, der nun nicht mehr als alternierender Wechsel aufzufassen ist (eine solche Betonung des formalen Aspekts bleibt dem Zeichendenken verhaftet), sondern als jeweilige Bewegung des Sprechens in der Sprache und insbesondere im poetischen Schreiben.

Dies hat zwei Auswirkungen. Zum einen wird der Begriff der Mündlichkeit umgewertet: Im Zeichendenken stehen das Mündliche und das Schriftliche geschieden einander gegenüber; im Kontinuum steht das Gesprochene dem Geschriebenen gegenüber, und die Mündlichkeit ist auf die Hörbarkeit des Subjekts bezogen.

Zum anderen erfährt der Subjektbegriff eine Umwertung. Es gibt ungefähr zwölf Subjektbegriffe, die jeweils eine bestimmte kulturelle Form der *Subjektproblematik* repräsentieren. Zum Mitzählen: das philosophische Subjekt, das psychologische Subjekt, das den Anderen erkennende Subjekt und das ihn beherrschende Subjekt, das die Dinge erkennende Subjekt und das sie beherrschende Subjekt, das Subjekt als Möglichkeit des Glücklichseins, das juristische Subjekt, das historische Subjekt, das Subjekt der Einzelsprache, das Subjekt der Rede, das Freud'sche Subjekt.

Keines dieser Subjekte hat jemals ein Gedicht geschrieben. Und sollte eines jemals ein Gedicht lesen, dann geht es ihm weniger um das Gedicht, als darum, sich selbst in dem Text wiederzufinden.

Der Rhythmus als jeweilige Bewegung des Sprechens in der Rede zieht die Forderung nach einem Subjekt des Gedichts nach sich. Unter einem poetischen Subjekt verstehe ich die vollständige Subjektivierung einer Rede, die selbst zum System wird.

Nichts anderes meinte Péguy, als er anmerkte: »Die Unterschrift wird in den Textstoff eingesponnen. Jede einzelne Faser weist die Urheberangabe auf.«[31]

Das Körper-Sprache-Kontinuum wäre demnach die Verflechtung zwischen Positionsrhythmen, Auftakt- und Endrhythmen, vorantreibenden, wiegenden und plötzlich abbrechenden Rhythmen, Wort- und Satzwiederholungsrhythmen und seriell auftretenden prosodischen Rhythmen. Es handelt sich also um eine serielle Semantik.

Selbst wenn man von weiteren Wechselwirkungen zwischen ethischen und politischen Vorstellungen in diesen Sprachhandlungen absieht, wird deutlich, dass das Übersetzen, vom Standpunkt des Gedichts betrachtet, keine vom Zeichen her gedachte Tätigkeit ist, wie uns die gängige Praxis glauben machen will. Nur auf der Grundlage der dargestellten Denkvoraussetzungen lassen sich das Übersetzen, das übersetzerische Denken, die Übersetzungspraxis und der soziale und poetische Stellenwert des Übersetzens verorten und verändern.

Mit anderen Worten: Beim Übersetzen geht es nicht nur darum, was ein Text sagt, sondern mehr noch um das, was er macht, um mehr als um den Sinn, um die Kraft, den Affekt.

Folglich ist nicht die Einzelsprache zu übersetzen, sondern das System einer Rede, nicht das Diskontinuum, sondern das Kontinuum.

Dies ist der Stoff, aus dem eine völlig neue Sprachtheorie gesponnen wird.

Doch was verbindet Sprache und Literatur miteinander? Inwiefern trägt das Kontinuum dazu bei, die Literaturtheorie durch und durch zu verändern?

Die Wirksamkeit des Kontinuums entfaltet sich jenseits oder sogar in Opposition zu der literarischen Gattungstheorie, die Gedicht, Roman, Drama, Essay und philosophische Abhandlung unterscheidet. Wenn sich das Kontinuum in der Subjektivierung eines Redesystems entfaltet, in der Selbstbekundung eines Subjekts, das seine eigene Geschichte in der Rede hervorbringt, dann erscheint jeder Versuch, eine Trennung der Gattungen herbeizuführen, obsolet. Vom Standpunkt des Kontinuums sind ein Roman, ein Theaterstück oder selbst ein sogenannter philosophischer Text gleichzeitig immer auch Gedichte – vorausgesetzt es findet die Erfindung eines Subjekts als Erfindung einer Geschichtlichkeit statt.

Aus dieser Einheit von Affekt und Intellekt entwickelt sich die Kraft des Sinns.

Ich meine sogar, dass ein Roman zum Roman (und nicht etwa zum Paperback-Bestseller) wird, wenn er gleichzeitig ein Gedicht ist, und dass ein philosophischer Text sich durch die gedankliche Erfindung auszeichnet und nicht durch einen philosophischen Diskurs.

Dieser neue Blick auf die Sprache und die Literatur, auf das Verhältnis zwischen Identität und Alterität, auf das Verhältnis zwischen dem Kontinuum des Rhythmus und dem vom Zeichen her gedachten Diskontinuum des Sinns verdankt sich dem archimedischen Punkt des Übersetzens – als theoretischer und empirischer Tätigkeit.

Dessen ungeachtet ordnet sich – wie jeder leicht feststellen kann – die gängige Praxis des Übersetzens dem Zeichen unter und passt sich damit nahtlos an die kulturelle Leitvorstellung von Sprache an.

Was wir brauchen, um diesem Modell zu entkommen, ist ein äußerer Anstoß, andernfalls werden wir den Aporien des Zeichendenkens ausgeliefert bleiben.

Durch meine poetische Tätigkeit und meine Erfahrung als Übersetzer, die ausschließlich in der Empirie begründet ist, kann ich einen solchen Denkanstoß bieten. Den theoretischen Dreh- und Angelpunkt liefert dabei die Funktionsweise des Rhythmus in der hebräischen Bibel.

Diese Funktionsweise lässt sich nur vom Kontinuum her beschreiben. Mit anderen Worten: Sie steht völlig außerhalb des griechisch-christlichen Modells, das so tief in uns eingepflanzt wurde, dass wir uns ein anderes Denken und eine andere Sprachpraxis gar nicht vorstellen können.

Sie beruht zum Beispiel nicht auf dem uns nur allzu vertraut gewordenen Unterschied zwischen Poesie und Prosa. Dies mag schwer vorstellbar sein, weil wir durch jenen Gegensatz nachhaltig geprägt sind. Aber eines müssen wir begreifen: Es geht alles im Rhythmus auf.

Von hier aus zeichnen sich drei Auswirkungen ab:

Die erste Auswirkung deckt sich paradoxerweise mit der Situation in der modernen Poesie, so wie sie sich seit dem Aufkommen des Prosagedichts um die Mitte des 19. Jahrhunderts darstellt. Es handelt sich hier um eine poetische Konsequenz, die meist kaum wahrgenommen wird und die deshalb hier an erster Stelle genannt wird. Das Übersetzen ist ein poetisches Problem, ein Problem, das nicht losgelöst von der poetischen Moderne betrachtet werden kann. Im Übersetzen zeigt sich die unauflösbare Verknüpfung von Poetik und Geschichtlichkeit. Und damit seine Ethik, seine Politik.

In historischer und konzeptueller Hinsicht beginnt alles mit einer Konstellation, die zugleich theologisch-politischer, theologisch-philologischer und theologisch-poetischer Natur ist. In ihr wird die christliche Auffassung offenbar, wonach der Bibelvers keinen Rhythmus kennt, was mit dem Hinweis begründet wird, dass mündliche Phänomene erst relativ spät aus der mündlichen Überlieferung transkribiert wurden. Tatsächlich erfolgte diese erst in der Zeit vom sechsten bis zum neunten Jahrhundert, das erste mit sämtlichen vokalischen und rhythmischen Notationen versehene Manuskript stammt aus dem zehnten Jahrhundert. Die Notation wird also in der christlichen Theologie für unauthentisch und unverbindlich erklärt, weil sie relativ spät erfolgte. Die Hauptursache für diese Ablehnung besteht darin, dass das Christentum auf der im dritten Jahrhundert vor unserer Zeitrechnung entstandenen Septuaginta begründet ist und nicht auf dem hebräischen Text.

Die zweite Auswirkung zeigt die Notwendigkeit auf, die mit dem Christentum untrennbar verbundene Hellenisierung abzuschütteln. Mit Verweis auf die Dichtung Homers und auf die Vorstellung der metrischen Natur des Poetischen wird seit dem zweiten Jahrhundert, seit Flavius Josephus, angenommen, es gebe Hexameter in der Bibel. Über Jahrhunderte suchte man nach einem griechischen Metrum, und ab dem Mittelalter hielt man nach einem arabischen Metrum Ausschau. Doch alles vergeblich. So ging Robert Lowth im Jahre 1753 dazu über, für das nicht aufzufindende Metrum einen Ersatz einzufordern, der in der Theorie des biblischen Parallelismus seinen Ausdruck fand und bis heute zu den weit verbreiteten Gemeinplätzen zählt. Das verstehe ich unter Hellenisierung des Sprachdenkens, die mit der Auslöschung des Rhythmus einhergeht, nicht nur in der Bibel, sondern auch im allgemeinen Denken der Sprache.

Ohne hier ins Detail zu gehen – aber mit Verweis auf die biblische Anthropologie, aus der hervorgeht, dass die Hebräer den Begriff »Poesie« nicht kennen, sondern nur den Gegensatz zwischen dem gesungenen und dem gesprochenen Wort –, möchte ich nun, nachdem auf den theologisch-philologischen Einwand eingegangen wurde, die Ausgangsthese einer allgemeinen Theorie des Übersetzens, der Sprache und der Literatur formulieren: Die parabolisch-prophetische Funktion der biblischen All-Rhythmik bildet den Ausgangspunkt für eine Poetik des Kontinuums, die jenseits des Einzeltextes und damit jenseits der allgegenwärtigen Herrschaft des Zeichens angesiedelt ist.

»Parabolisch«, weil diese Rhythmik eine Besonderheit mit universeller Gültigkeit ist und zugleich eine Universalie darstellt; »prophetisch«, weil sie den abgedroschenen Denkmustern entgegensteht, die mit den herrschenden Diskursen einhergehen.

Der Hinweis auf die späte Verschriftlichung verfängt nicht, galt es doch eine Praxis zu vermitteln, die bislang ausschließlich durch Mündlichkeit geprägt war: Vokale wurden nicht notiert, das Alphabet umfasste 22 Konsonantenzeichen, wobei es hier zu unterscheiden gilt zwischen der Einzelsprache mit ihren Vokalen und dem Alphabet, das nicht über die Möglichkeit verfügte, Vokalisierungen zu verschriftlichen, ganz zu schweigen von dem Vorurteil, dass das Hebräische ohne Vokale auskomme; der Vortragsrhythmus wurde schon deshalb nicht notiert, weil er gestisch und gesanglich vorgetragen wurde (nachweisbar anhand der Namensgebung für die Akzente, die der Verschriftlichung vorausgegangen sind).

Außerdem ist der hebräische Ausdruck für den rhythmischen Akzent (der Begriff des Bibelverses ist schon seit dem zweiten Jahrhundert belegt) bereits ein Lehrstück für das Körper-Sprache-Kontinuum, handelt es sich doch um das Wort *ta'am* (Pl. *te'amim*), das so viel wie Geschmack von Speisen im Mund und auf der Zunge bedeutet, wobei der sinnliche Aspekt den eigentlichen Grund des Sagens, den Sinn der Mündlichkeit bildet. Das, was aus dem Mund kommt.

Man nennt den durchgehend vokalisierten und rhythmisierten Text masoretisch, weil er von den Masoreten überliefert wurde, von jenen »Übermittlern« (*masora* bedeutet »Übermittlung«), denen die Bewahrung des mündlichen Wissens oblag.

Damit dürfte klar sein, was von jenen christlichen Transformationen zu halten ist, die – ideologisch verbrämt – Teile der Bibel in Versform und andere in Prosaform übersetzen.

Vor allem aber lässt sich daraus die – über den Einzelfall der Bibel hinausgehende – Lehre ziehen, dass der Rhythmus allgegenwärtig ist, und darin besteht die vielleicht wichtigste Lehre – die *lectio difficilior* wie die Philologen zu sagen pflegen (im Gegensatz zur *lectio facilior*, die der Hellenisierung zu verdanken ist) –, dass das poetische Übersetzen, wie ich es verstehe, nicht nur auf den Gehalt einer Aussage zielt, sondern auch und vor allem auf das Kontinuum, auf die Kraft der Rede.

Ein drittes und letztes Feld für ihre Wirksamkeit findet die Theorie in dem, was ich *Taamisierung* (in Analogie zu *ta'am*) nenne, aus der sich für den Übersetzer das Gebot ableitet, die Äußerung und den Äußerungsakt als untrennbare Einheit wahrzunehmen und anzuerkennen, dass sich der Sinnbegriff als ein erkenntnistheoretisches Hindernis erweist, wenn es um das Denken der Sprache geht. Durch das Einbeziehen der seriellen Semantik wird der Einwand überwunden, wonach das, was in der Phonologie einer Sprache geschieht, nicht auch in einer anderen Sprache möglich sei (in seinem Werk *ABC of reading* verwendet Ezra Pound in diesem Zusammenhang den Begriff »Melopoeia«). Denn es geht nicht darum, die Einzelsprache zu übersetzen, sondern das, was ein Gedicht mit einer Einzelsprache macht; für den Übersetzer besteht daher die Notwendigkeit, Rede-Äquivalenzen in der Zielsprache zu finden: eine Prosodie für die Prosodie, eine Metapher für die Metapher, einen Kalauer für einen Kalauer, Rhythmus für Rhythmus.

An dieser Stelle scheint es mir geboten, von den Vergleichen zu sprechen, die zwischen meiner eigenen Arbeit und der vielgelobten Übersetzung André Chouraquis gezogen werden.

Dass zwischen beiden Versionen eine Gegensätzlichkeit besteht, hängt mit der Unterschiedlichkeit der gewählten Perspektiven zusammen. Dennoch habe ich mehr als einmal feststellen müssen, dass der Vergleich nur allzu gerne bemüht wird – ein untrügliches Zeichen für das vollständige Fehlen jeglichen Sprachsinns.

Beim Übersetzen gilt mein Augenmerk der seriellen Bedeutungsweise, dem Rhythmus des Kontinuums. Meine Grundeinheit ist das Kontinuum. André Chouraqui übersetzt die Etymologie der Wörter. Da, wo ich eine bestimmte Zeile aus den *Psalmen* durch »Ne me refuse pas les tendresses de ton ventre« (»versage mir nicht die Zärtlichkeit deines Bauches«) wiedergebe – weil es sich um das Abstraktum *ra'hamim* (dt. »Barmherzigkeit« oder »Mitgefühl«) und um eine für das Hebräische durchaus typische Pluralform von *re'hem* (dt. »Uterus«/»Gebärmutter«) handelt und weil außerdem die Gefühle angesprochen werden, die eine Mutter ihrem eigenen Fleisch und Blut entgegenbringt –, da übersetzt Chouraqui: »Ne boucle pas tes matrices« (»verschließe nicht die Öffnungen deines Uterus«).

Ich arbeite an der Entchristlichung und an der Entfrömmelung dieses Textes. Ich bin der Einzige, der dies für sich beansprucht und auch tut. Bei Chouraqui lässt sich nichts dergleichen nachweisen. Er christianisiert mindestens genauso wie alle anderen auch, Zadoc Kahn eingeschlossen. Ein Beispiel: In seiner Übersetzung steht für *hatser*[32] (dt. »Hof vor einem Haus«) »parvis«, was zu Deutsch »Vorplatz einer Kirche« bedeutet. Alle anderen halten es ebenso.

Die Übersetzung Chouraquis ist durch eine feste Versanordnung gekennzeichnet, obwohl es in der Bibel gar keine Verse gibt; gleichzeitig vermengt er ständig die konjunktiven und disjunktiven Akzente, was einer Verleugnung der pausalen Rhythmik gleichkommt. So betrachtet, ist seine Übersetzung die schlimmste überhaupt, schlimmer jedenfalls als jede Prosaübersetzung.

Mir geht es einfach darum, die Unsinnigkeit des Vergleichs zwischen mir und Chouraqui herauszustellen. Doch eine solche Herausstellung lässt sich nur durch eine Kehrtwende in Sachen Sprachsinn bewerkstelligen. Davon sind wir noch weit entfernt. Was vorherrscht, ist das Zeichen: der Riese Goliath.

Ich habe bereits mehrfach darauf hingewiesen, dass der christlichen Exegese aufgrund ihres theologisch-politischen Herrschaftsanspruchs (inklusive der exegetischen Disziplinen der wissenschaftlichen Theologie) der Sinn für den Sprachsinn abgeht; dabei blieb aber ein Problem unerwähnt, das sich direkt aus der jüdischen Hermeneutik ergibt.

Es fehlt, soweit ich die jüdische Hermeneutik überblicke, jedes Interesse am Rhythmus, jedes Bewusstsein dafür, dass den *te'amim* eine Rolle für das Denken des Rhythmus in der Sprache zukommt.

Als Beispiel für die hermeneutische Tradition möge Raschi dienen. Sein Kommentar zur *Genesis* enthält alles in allem vier Bemerkungen zu den *te'amim*. Dabei gilt es zu bedenken, dass die jüdische Hermeneutik die *te'amim* durchaus kennt und anerkennt – im Gegensatz zur christlichen Hermeneutik, die die Existenz der *te'amim* ignoriert (also nicht kennt und nicht kennen will). Allerdings begnügt sich Raschi damit, den Unterschied zwischen phonetischem und grammatischem Akzent hervorzuheben. Es fehlt jeder Hinweis darauf, dass der Rhythmus die Bewegung des Sprechens in der geschriebenen Rede darstellt.

Es gibt im Bereich der biblischen Exegese nur zwei nennenswerte Ausnahmen, die aus dem Wust von Gelehrsamkeit, von allgemeinen und besonderen Fragen, positiv herausstechen; die eine stammt von Jehuda ha-Levi, der in seinem Buch *Kuzari*[33] (zweiter Teil, Absatz 72) die Vollkommenheit der mündlichen Kommunikation hervorhebt; diese sei durch trennende und verbindende Akzente gekennzeichnet, »die wichtige Hinweise für die Bibel-Lesung« lieferten. Und an weiterer Stelle heißt es: »Wer sich darauf versteht, muss alles Poetische außer Acht lassen, denn es gibt dafür nur eine richtige Vortragsweise. Meistens wird entgegen der Akzentuierung gelesen – verbindend, wo getrennt und trennend, wo verbunden werden muss.« Ein wertvoller und zudem seltener Hinweis, der anschaulich macht, dass Jehuda ha-Levi über einen ausgeprägten Sinn für Rhythmus und

Sprache verfügte, denn es ist der Rhythmus, der den Sinn und die Bewegung der Rede gestaltet.

Bei der zweiten Ausnahme handelt es sich um einen Satz von Abraham ibn Esra, den ich meinem Buch *Critique du rythme* vorangestellt habe (S. 395): »Du sollst auf Kommentare, die keinen Kommentar zu den Akzenten beinhalten, weder achten noch hören.«[34]

Weitere Stellungnahmen sind mir – offen gestanden – nicht bekannt. Selbst die beiden erwähnten zielen nicht einmal darauf ab, die allgemein herrschende Sprachauffassung, die sich in allen der bis dato von mir gelesenen Kommentare wiederfindet, zu revidieren.

Es gibt aber noch eine dritte Ausnahme, die zwar anders gelagert ist als die beiden erstgenannten, deren Bedeutung für die Poetik aber umso größer ist, als hier die Grenzen der Hermeneutik offenkundig werden; ich meine die Ausführung des Maimonides im *Führer der Unschlüssigen*; mit den *te'amim* hat dies allerdings nichts zu tun.

Besonders aufschlussreich ist die Passage, in der Maimonides (Zweiter Teil, Kapitel 43) erläutert, dass die prophetische Vision – »der Name des dabei sichtbar Werdenden« – »über eine Sache« evoziert wird, »die einen homonymen Namen trägt«. Ich zitiere: »Und dies ist eine der Arten der Allegorie, wie z. B. der Ausspruch Jeremias vom blühenden ›Mandelstab‹, mit welchem auf die Homonymie des Wortes *shakad* hingewiesen werden sollte, und deshalb sagt die Heilige Schrift: ›Ich wache (*shoked*) über mein Wort, um es auszuführen‹ (Jer. 1,11–12), so daß die Bedeutung weder die des Stabes, noch die der Mandeln ist, sondern die der Wachsamkeit. Ebenso sieht Amos einen Feigenkorb (*keluv kayits*), um darauf hinzuweisen, daß eine bestimmte Zeit (*kayits*) zu Ende sei (*Amos* 8,2).«[35] Doch anders als Salomon Munk, der in seinen Aufzeichnungen schreibt, dass es sich bei diesen Aussprüchen um Wortspiele handelt, meine ich, dass sich die prophetische Vision über das Hören vollzieht – das heißt in und mittels der Sprache. Mittels der Signifikanten.

Mit anderen Worten: Im Gegensatz zu Claudel, von dem der Satz stammt, »das Auge hört«, meine ich, dass das Auge taub ist, es ist das Ohr, das sieht. Zumindest im prophetischen und im poetischen Sinne. Womit wir bei der Akroamatik angelangt wären, die paradoxer-, aber logischerweise (denn wir befinden uns ja jetzt nicht mehr im Zeichen) auf der Beobachtung fußt, dass die stärkste Ausprägung der Mündlichkeit im literarischen Schreiben zu finden ist (Mündlichkeit meint wohlgemerkt das Vorherrschen des Rhythmus und nicht das gesprochene Wort), nämlich dann, wenn sich in diesem Schreiben die Erfindung einer Geschichtlichkeit, also einer Poetik ereignet. Das ist es, was mit Sprachsinn gemeint ist.

Diese Beispiele nehmen meines Wissens eine isolierte Sonderstellung innerhalb der jüdisch-hermeneutischen Tradition ein, in der den *te'amim* letztlich eine rein musikalische Funktion zugeschrieben wird, weil hier jeder Akzent – abgesehen von seiner verbindenden oder trennenden Funktion – mit einer melodischen Linie zusammenfällt. Thematisiert wird lediglich das Lesen im Gesangston, die liturgische Kantillation in der Synagoge.

Hier stoßen wir wieder auf die ebenso grundlegende wie unbekannten Tatsache, dass die Musik in keinerlei Zusammenhang mit dem Denken der Sprache steht, weil die historischen Beziehungen zwischen Text und Vertonung, zwischen Text und Gesang, zu klassischen Verwirrungen Anlass geben. Ein repräsentatives Beispiel liefert hierfür Adorno.[36]

Was die traditionelle jüdische Hermeneutik anbelangt, so wird – einem Artikel aus der *Encyclopaedia of Midrash*[37] zufolge – von ihr behauptet, dass ihre Grundprinzipien »im Kontext der griechisch-römischen Rhetoriktradition zu verorten seien« (S. 251). Hierauf kommt der Artikel sogar mehrmals zurück. In den Regeln Hillels für die Auslegung der Thora werden die *te'amim* nicht ein einziges Mal erwähnt. Die dort aufgeworfenen Fragen betreffen ausschließlich soziale Praktiken und Riten, wie sie beispielsweise in der Osterzeit gepflegt werden. Die sieben Regeln des Hillel sind von den 13 Grundsätzen des Rabbi Jischmael abgelöst worden, die dazu dienen, die Thora, das heißt die Lehre vom Allgemeinen zum Besonderen zu erklären.

Nirgendwo wird ein Gedanke auf eine Gesamttheorie der Sprache verschwendet, auf eine Gesamttheorie der Sprache als Poetik der Gesellschaft, auf eine Kritik am Dualismus des Zeichens. Ein solches Denken bleibt schlichtweg ausgeklammert. Offenbar ist die gesamte rabbinische Literatur durch Entlehnungen aus der »hellenistischen Umgebung« (S. 265) oder aus der »hellenistischen Terminologie« (ebd.) geprägt. Gleichzeitig halten sie an dem theologischen Grundsatz fest, dass »jedes Detail der Bibel bedeutsam« (S. 316) sei. Mögen einige Bedeutungen auch verborgen sein.

So haben wir es denn gleich mit zwei Theologien zu tun, einer Theologie der verborgenen Bedeutung, deren Vorreiter Philo ist, und einer apologetischen Theologie, der von Josephus Flavius.

Wende ich mich der gängigen Exegese zu und damit der gedankenlosen Übertragung von literarischen Begriffen auf die Bibel, so wie sie von Édouard Dhorme in *La Poésie biblique*[38] betrieben wird, dann stelle ich fest, dass da, wo von der »hebräischen Prosodie« gesprochen wird und die *te'amim* erwähnt werden, der »hebräische Vers« (S. 72) auftaucht, der – Dhorme zufolge – Ähnlichkeiten mit dem »lateinischen Pentameter« aufweist und dem der *Parallelismus membrorum* als »Ordnungs- und Konstruktionsprinzip« (S. 75) innewohnt. Die altbekannte Hellenisierung, die im Grunde eine Platonisierung ist, bewirkt auch hier ein Nicht-wahrnehmen-Wollen des Rhythmus und damit des Sprachsinns.

Es geht hier nicht darum, die Existenz von Parallel- und Kontrastkonstruktionen zu leugnen, die es tatsächlich überall gibt, sondern ein für alle Mal klarzustellen, dass dieses Prinzip keinesfalls geeignet ist, Poesie und Prosa einander gegenüberzustellen.

Zwar kritisiert Édouard Dhorme den Gebrauch des Begriffs *Strophe*, weil sich die Ausrichtung des Textes dabei »einseitig am *Sinn* orientiert« (S. 90). Dennoch bleibt für Dhorme der *Parallelismus membrorum* das »oberste Gesetz der hebräischen Prosodie« (S. 93).

Luis Alonso Schökel hingegen, um ein weiteres Beispiel zu nennen, verwendet in seinen *Estudios de poética hebrea*[39] Ausdrücke wie »Jambus«, »Anapäst« und »Versfuß« (S. 166), kurzum die griechische Begrifflichkeit. Begriffe wie »Vers« und »Halbvers« sollen auf den Unterschied zwischen Vers und Prosa (S. 177), zwischen Vers und »freiem Vers« (S. 163) hinweisen. Er zielt auf eine »Stilistik des Rhythmus« (S. 119), weshalb er Antoine Meillet zitiert, der in seiner Untersuchung von 1923 anmerkte: »Die Aufgabe der Metrik besteht darin, den natürlichen Rhythmus der Sprache einem stilistischen Muster anzupassen.«[40]

Ich habe bei Schökel nicht einen einzigen Hinweis auf die *te'amim* gefunden. Für ihn deckt sich der Rhythmus mit dem Sinn, dem normalen Rhythmus der Sprache, der durch stilistische Verfahren, wie Meillet sie annimmt, zum »künstlerischen Rhythmus« (S. 159) mutieren kann. Mit einem Wort: Wir haben es mit Stilistik zu tun, mit einer Begrifflichkeit, die die Poetik des biblischen Textes radikal verkennt.

Immer geht es um das Auslegen des Textes (das auf höchst fachkundige Weise mittels unterschiedlicher Techniken betrieben wird), wobei es aber auch in der Tradition kabbalistischen Schriftdenkens um den Sinn eines Wortes oder eines bestimmten Abschnitts, die Rolle dieser oder jener Figur als maßgebliche Grundeinheit geht.

Wenn ich bisher dem Rhythmus und seinen Implikationen so viel Gewicht beigemessen habe, so deshalb, weil ihm für die gesamte Theorie der Sprache, für den Sprachsinn eine emblematische Bedeutung zukommt.

Mir kommt es bei diesen Überlegungen auf den Stellenwert an, den der authentische Rhythmus innerhalb der biblischen Texte einnimmt. Als Beleg für deren Authentizität können, wie bereits erwähnt, die Akzentnamen gelten, in denen das Gestische noch bewahrt ist.

Der Sinn des Rhythmus ist zweifellos eine unabdingbare Voraussetzung, um Sprache denken zu können. Wenn in der christlichen Exegese der Sprachsinn dem theologisch-politischen Herrschaftsanspruch geopfert wird, so ist es in der jüdischen Exegese die Bedeutung der Musik, die den Zugang zu ihm verstellt.

Ziehen wir dafür ein Beispiel heran. Um zu zeigen, was das Hebräische macht und was die Übersetzungen daraus machen, die dem Zeichendenken verpflichtet sind. Die einschlägige Passage befindet sich in *Exodus* 20,18. Ich zitiere vollständig nach meiner Übersetzung:

> Et tout le peuple ils voient les voix / et les éclairs // et / la voix du chofar // et la montagne / qui fume ///
> Et le peuple voyait / et ils étaient dans des transes // et ils se tenaient / de loin[41]

Die Stelle, die hier ein Problem aufwirft, lautet: »et tout le peuple ils voient les voix«, *ve khol ha-am ro'im et ha-kolot.*

Es gibt in der hebräischen Version keinen Gleichklang, anders als die französische Wendung »ils voient les voix« vermuten lässt. Die Pointe des Beispiels liegt darin, dass sich Wort- und Sprachsinn decken.

So lautet bereits Raschis Kommentar: »Sie sahen etwas, das zum Hören gemacht ist, was ansonsten unmöglich ist.«

Tatsächlich haben die Übersetzer interpretiert. Das heißt, die Übersetzung erfolgte dadurch, dass der *Sinn* gedeutet wurde: »Or tout le monde entendait les tonnaires« (Lemaistre de Sacy, »Dabei hörten alle die Donnerschläge«), »Or tout le peuple entendait les tonnaires« (Ostervald, »Dabei hörte das ganze Volk die Donnerschläge«), »Tout le peuple entendait les tonnaires« (Louis Segond, »Das ganze Volk hörte die Donnerschläge«), »Or, tout le peuple fut témoin de ces tonnerres« (Zadoc Kahn, »Dabei wurde das ganze Volk zum Zeugen dieser Donnerschläge«), »Tout le peuple, voyant ces coups de tonnerre« (Jerusalemer Bibel, Ausgabe von 1998, »Das gesamte Volk, das dieser Donnerschläge gewahr wurde«), »Or, tout le peuple voyait les tonnerres« (Dhorme, »Dabei sah das gesamte Volk die Donnerschläge«), »Or tout le peuple voyait les voix« (Edmond Fleg, »Dabei sah das gesamte Volk die Stimmen«). Aber in der hebräischen Version steht das Präsens. Immerhin war Edmond Fleg der *Erste*, der im Jahre 1963 wiedergab, was andere auslöschten und selbst heute noch auslöschen, weil sie in erster Linie interpretieren: »Tout le peuple percevait les voix« (ökumenische Übersetzung, »Das gesamte Volk nahm die Stimmen wahr«). Eine Ausnahme bildet Chouraqui, der oft mit Edmond Fleg einig ist: »Tout le peuple voit la voix« (»Das gesamte Volk sieht die Stimme«). Er setzt allerdings alles ins Präsens, und so heißt es denn: »Das Volk sieht« statt »sah«. Zuletzt sei die Bayard-Bibel genannt, die Bibel der Schriftsteller: »Tout le peuple voit le tonnerre« (»Das gesamte Volk sieht den Donner«). Dieselbe Art von Semiotisierung wie bei den Exegeten, von denen die Schriftsteller ihn vermutlich übernommen haben.

Nicht anders sieht es bei den Übersetzungen in anderen Sprachen aus, überall fehlt es an Sprachsinn.

In der King-James-Fassung heißt es etwa »And all the people saw the thunderings – und das ganze Volk sah die Donnerschläge«; Luther schreibt: »Und alles Volk sahe den donner«, genauso; und Buber: »Alles Volk aber, sie sahn das Donnerschallen«, was mit der englischen Version nahezu identisch ist, außer dass die King-James-Übersetzer den Plural berücksichtigt haben.

Was Übersetzungen, die dem Zeichendenken verpflichtet sind, *offenlegen* (und hierin erweist sich die Unverzichtbarkeit des Übersetzens für eine allgemeine Theorie der Sprache), ist, dass die Interpretation sogar den Sinn der

Worte, oder besser gesagt die Signifikanten, auslöscht, um nur noch das Signifikat übrig zu lassen. Dies ist das eigentliche Problem im Konflikt zwischen Gedicht und Zeichen, zwischen Sprachsinn und Zeichensinn.

Darin besteht die wohl wichtigste Lektion, die der biblische Rhythmus in Sachen allgemeine Poetik zu erteilen hat.

Doch gibt es noch zwei weitere. Die eine besteht in der sowohl theoretischen als auch empirischen Wechselwirkung zwischen der Sprache einerseits und dem Gedicht, der Ethik und der Politik andererseits. Wenn nämlich das Gedicht die Tätigkeit eines Subjekts ist, dann handelt es sich um einen ethischen Akt, und weil ein ethischer Akt alle Subjekte umfasst, haben wir es mit einem politischen Akt zu tun. Das Gedicht ist demnach ein ethischer und ein politischer Akt. Folglich muss eine Poetik des Übersetzens eine Ethik und eine Politik des Übersetzens sein, um sich vom theologisch-politischen Herrschaftsanspruch christlicher Prägung zu befreien.

Die andere Lektion, die sich für eine Poetik der Gesellschaft und für eine Poetik des Lebens ergibt (und das mag, wie ich im Laufe meiner Arbeit an der Übersetzung der Bibel immer wieder feststelle, bei einem religiösen Text wie der Bibel paradox erscheinen), besteht darin, dass im Buch *Genesis* ein Phänomen zu beobachten ist, das in den Kommentaren der einschlägigen Religionen nicht ein einziges Mal erwähnt wird: das Phänomen nämlich, dass die religiösen Übersetzungen keinen Unterschied machen zwischen dem *Heiligen*, dem *Göttlichen* und dem *Religiösen*.

Doch zeigt der Text deutlich, dass das *Heilige* an vorderster Stelle steht, wobei ich darunter die symbiotische Beziehung zwischen Mensch und Kosmos bzw. zwischen Mensch und Tier verstehe. Die Schlange spricht zu Eva. Und für Augustinus stellte sich im Zusammenhang mit dem Buch *Genesis* 1,3 (»Gott sprach, es werde Licht«) die Frage, »in welcher Sprache Gott sprach«; seine Antwort lautete, dass es sich nicht um eine menschliche Sprache handle, sondern um die Offenbarung göttlichen Willens; an zweiter Stelle steht das *Göttliche*, das sich als Lebensprinzip äußert und somit in allen lebenden Wesen wirksam ist; bis hierher taucht das *Religiöse* nicht auf.

Die Steintafeln, die Moses in seinen Händen hält, als er vom Berg hinabsteigt, sind mit den Geboten einer Ethik beschriftet, einer Ethik des Göttlichen. Des Lebens.

Das Religiöse kommt erst später, im zweiten Buch Moses (*Exodus*) und vor allem im dritten Buch Moses (*Levitikus*), in dem Verbote, Beschränkungen und der Kalender des religiösen Lebens festgelegt werden. Mit anderen Worten: Das Religiöse ist Ausdruck der Sozialisation und der Ritualisierung des Lebens, die auf der Aneignung und der Verwaltung des Heiligen und des Göttlichen beruht. Außerdem wird das Religiöse zum Verwalter der Ethik. Dies bedeutet, dass es seit jeher den theologisch-politischen Herrschaftsanspruch erhebt, und die Geschichte der Religionen zeigt, dass das, was dem Göttlichen widerfahren ist, eine Katastrophe darstellt. Anders als die pseudo-etymologische Annäherung eines Lucius Lactantius nahelegt (nach der *religio* von *religare* abstammt: Gott mit den Menschen verbinden, was Durkheim erweitert zu: die Menschen untereinander verbinden), hat das Töten im Namen Gottes eine lange Tradition.

Weil ich die in der Bibel enthaltene Bedeutungsweise des Kontinuums übersetze, lässt sich meine Vorgehensweise als atheologisch beschreiben. Indem ich vom Wert-System des Gedichts ausgehe, nehme ich eine Entchristlichung der Bibel vor und lasse sowohl das Hebräische des Gedichts als auch das Gedicht des Hebräischen vernehmbar werden. Ich enttheologisiere, weil ich entsemiotisiere. Und dabei die biblische Theologie der Präfiguration entsorge.

Durch diese Kohärenz des Poetischen werden Funktionsweisen und Geschichtlichkeiten überhaupt erst wahrnehmbar. Erst so kann man aus dem Zeichendenken herauskommen, aus seinen Denkplattitüden und seinen Machtansprüchen, die für die Unzulänglichkeiten des Übersetzens und der Übersetzungen verantwortlich sind – jedenfalls dann, wenn man den Maßstab des poetischen Lesens und Schreibens anlegt.

Die Poetik ist eine Atheologie, weil Theologisierung auf Semiotisierung hinausläuft (wo die Wahrheit den Sinn bestimmt, bleibt die Form als Rückstand übrig) und damit auf eine Vereinnahmung durch das Zeichen, das nicht als historisch-kulturell bedingtes, geschweige denn als begrenztes und überholtes Modell der Sprache wahrgenommen wird.

Und wenn das Gedicht als eine Lebensform aufzufassen ist, dann als stärkste Form der Durchdringung zwischen dem Leben und der Sprache. Dann ist der theologisch-politische Herrschaftsanspruch nicht nur der eigentliche Feind des Gedichts, sondern auch des Lebens, wobei »Leben« als radikale Geschichtlichkeit zu verstehen ist, im Sinne der Definition, die Spinoza im *Theologisch-politischen Traktat* vornimmt, wenn er menschliches Leben nicht biologisch, etwa durch den Blutkreislauf bestimmt, sondern durch »die wahre Tugend und das wahre Leben des Geistes«[42].

6
ÜBERSETZEN: LITERARISCHES SCHREIBEN ODER ENTLITERARISIERUNG

Zunächst möchte ich[43] an eine berühmte Passage aus Montesquieus *Persischen Briefen* erinnern, denn man sollte nicht aufhören, sich diese Stelle immer wieder in Erinnerung zu rufen – um ihrer verkannten Aktualität willen:

> »Ich [...] muß Ihnen eine große Neuigkeit berichten: Ich habe gerade meinen Horaz veröffentlicht.« – »Wie?« sagte der Mathematiker, »der ist doch schon seit zweitau-

> send Jahren veröffentlicht.« – »Sie verstehen mich nicht«, erwiderte der andere: »Ich bringe eine Übersetzung dieses alten Autors heraus. Seit zwanzig Jahren gebe ich mich schon mit Übersetzungen ab.« – »Wie, Monsieur?« sagte der Mathematiker. »Seit zwanzig Jahren schon haben Sie das Denken aufgegeben? Sie sprechen für die anderen, und diese denken für Sie?« (Montesquieu, *Persische Briefe*, 128. Brief.[44])

Ja, diese Passage verdichtet auf idealtypische Weise eine Vergangenheit und eine Gegenwart, eine selbst heute noch festzustellende Resistenz des kulturell tradierten Vorurteils, wonach die Übersetzung in absolutem Gegensatz zum literarischen Schreiben steht: Originalwerk und Übersetzung, literarisches Schreiben und Entliterarisierung bilden unversöhnliche Gegenpole.

Ins Gegenteil schlägt das Klischee um, wenn man zu lesen bekommt, dass »literarisches Schreiben und Übersetzung auf der exakt gleichen Ebene anzusiedeln sind«, wie Michaël Oustinoff in einem *La traduction* genannten Bändchen aus der Reihe »Que sais-je?« (2003, 19) schreibt. Dabei sind die meisten Übersetzungen (wenn nicht die überwältigende Mehrheit) Entliterarisierungen. Und weil dies so ist, wird gerne behauptet (ohne zu wissen, was man da behauptet), dass Übersetzungen veralten.

Meine Überlegungen verstehen sich als theoretischer Ertrag einer vor langer Zeit begonnenen Arbeit – einer Arbeit, die keinerlei Trennungen vornimmt zwischen dem Verfassen von Gedichten und dem Nachdenken über das, was ein Gedicht macht, was ein Gedicht zum Gedicht macht; zwischen dem Übersetzen und dem Nachdenken über das, was Übersetzen bedeutet; ausgehend von dieser zweifachen Reflexion sollen weiterführende Überlegungen angestellt werden über die allgemeine Sprachtheorie und über die Möglichkeit, sie zu verändern. Und zwar durch das Gedicht und das Übersetzen.

Neu-Übersetzungen sind wahrscheinlich in noch viel stärkerem Maße auf eine solche Gesamttheorie angewiesen als Erstübersetzungen. Wobei gerade die Geschichtlichkeit des Übersetzens dafür sorgt, dass jeder Übersetzungsakt von der Geschichte des Übersetzens geprägt bleibt.

Denn es ist augenscheinlich, dass sich das Verhältnis zwischen erstmaligem und neuerlichem Übersetzen nicht in der plumpen Gegenüberstellung zwischen noch nicht übersetzten und häufig übersetzten Texten erschöpft.

Jeder sprachliche Akt setzt (wenn er denn tatsächlich ein literarischer Schreibakt ist) seine eigene Geschichtlichkeit voraus, nicht nur, weil er sich in einer geschichtlichen Situation ereignet, sondern auch weil er seine eigene Geschichtlichkeit erfindet. Nur so kann Übersetzen eine literarische Aktivität werden. Weil es eine Geschichte des Übersetzens und eine Geschichte des Sprachdenkens gibt, bleiben auch solche Texte in die Geschichte des Übersetzens eingebunden, die noch nicht übersetzt wurden.

Selbstverständlich ist das Bewusstsein hierfür in unterschiedlichem Maße ausgeprägt. Wer viel mit Übersetzungen zu tun hat, kommt erfahrungsgemäß zu der Einsicht, dass der Übersetzungsakt häufig, zuweilen gar auf schamlose Weise, gerade das offenlegt, was außerhalb seines Bewusstseinsfelds (das heißt des sprachlichen und literarischen Bewusstseinsfelds des Übersetzers) liegt. Offengelegt wird das, was die Übersetzung verdeckt, sodass am Ende schließlich die Verdeckung sichtbar wird.

Um über die übersetzerische Praxis sprechen zu können (die sich nicht ausschließlich auf die Bibelübersetzung stützt, mir geht es um die Grundsätzlichkeit der methodischen Prinzipien, um eine Gesamttheorie), greife ich – zur Veranschaulichung der Problematik – auf ein konkretes Beispiel zurück. Sozusagen als Lehrstück. Zur Veranschaulichung des Unterschieds zwischen literarischer und literarisierender Übersetzung.

Es geht um zwei Wörter, die in den *Büchern der Chronik* stehen (den sogenannten *Divrei ha-yamim* oder »Ereignissen der Tage«), und zwar im zweiten Buch, Kapitel 29, Vers 28. Zwei Wörter. Die ich jedoch ganz anders wiedergebe als andere Übersetzer.

Der Vers beginnt mit den Worten *ve khol ha-kahal / mishtahavim*, die ich durch »et toute l'assemblée / ils se prosternent« (»und die ganze Versammlung / sie verneigen sich«[45]) wiedergebe. Es folgt die Zweiwort-Äußerung *ve hashir meshorer*, die ich – Wort für Wort und Rhythmus für Rhythmus – durch »et le chant est qui chante« (»und der singt, ist der Gesang«) übersetze, gefolgt von »les trompettes« (»die Trompeten«) usw. Es ist der Gesang, der selbst singt. Nicht die Sänger. Wir sind jetzt – über einen assoziativen Sprung, der aber bereits die gesamte Poetik enthält – bei Mallarmé angelangt, der in *Crise de vers* schreibt, dass das »Gedicht« der eigentliche »Sprecher« sei! Das Gedicht bringt den Dichter hervor. Trotz alledem trägt keine Übersetzung dem poetischen Wert dieser beiden Worte Rechnung. Sie bleiben unhörbar.

Beginnen wir mit der Septuaginta: *kai hoï psaltôdoi adontes* – »und die Psalmisten singend«; daraus wird in der Vulgata: *omni autem turba adorante, cantores et hii qui tenebant turbas erant in officio suo* ... der Satz ist lang und genau dieser Satz wird bei Lemaistre de Sacy (17. Jahrhundert) so wiedergegeben: »les chantres et ceux qui tenaient des trompettes s'acquittaient de leur devoir« (»die Sänger und alle, die eine Trompete in Händen hielten, kamen ihrer Aufgabe nach«). Später, im 18. Jahrhundert, schreibt Jean-Frédéric Ostervald: »le chant retentit« (»der Gesang erscholl«), im Jahre 1830 heißt es bei Samuel Cahen: »le chant retentissait« (»der Gesang erscholl«), bei Louis Segond (1877) und Augustin Crampon: »on chanta le cantique« (»man stimmte den Lobgesang an«), bei Zadoc Kahn (1899): »les chants s'élevaient« (»die Gesänge erhoben sich«), bei Dhorme: »on chanta des cantiques« (»man stimmte den Lobgesang an«), in der Jerusalemer Bibel: »chacun chantant les hymnes« (»jeder stimmte in den Hymnengesang ein«); bei Chouraqui: »le poème poétise« (»das Gedicht poetisiert«), wobei »Gedicht« für hebr. *shir* einen Anachronismus darstellt, weil das Wort nur in der Bibel »Gesang« bedeutet, und »poetisieren« steht in direktem Gegensatz zur Poetik; Émile Ostys Version lautet: »tandis que le chant retentissait« (»während der Gesang ertönte«), und in der ökumenischen Übersetzung steht geschrieben: »le chant se prolongea« (»der Gesang setzte sich fort«). Zwölf französische Versionen, *zwölf Entliterarisierungen.*

Im Deutschen ergibt sich das gleiche Bild. Luther schreibt: »und der Gesang erscholl«, und die Buber-Übersetzung lautet: »gesungen ward der Gesang«.

Im Englischen sieht die King-James-Version »and the Singers sang« (»und die Sänger sangen«) vor und die New English Bible »the singers sang« (»die Sänger sangen«). Immer das Gleiche.

Im Spanischen heißt es in der Santa Biblia antigua versión de Casiodoro de Reina des Sociedades Bíblicas en America latina (1569, überarbeitet 1602, 1862, 1909, 1960) »Y los cantadores cantaban« (»die Sänger sangen«). Alles wie gehabt; und in der Übersetzung von Luis Alonso Schökel (Ediciones Mensajero, Bilbao 1995) wird das Pferd von hinten aufgezäumt: »Hasta que terminó el holocausto toda la comunidad permeneció postrada, mientras continuaban los cantos, y resonaban las trompetas« (»So lange das Brandopfer währte, blieb die Menge gebeugt stehen, die Kriegsgesänge ertönten und die Trompeten erschollen«): »während die Gesänge andauerten«. Nicht eine Übersetzung, die keine *Entliterarisierung* betriebe.

Meinem 1982 erschienenen Buch *Critique du rythme* habe ich als Motto ein Zitat von Mandelstam vorangestellt: »dans la poésie c'est toujours la guerre« (»in der Dichtung herrscht immer Krieg«), inzwischen glaube ich, dass sich dieser Satz erweitern lässt: In der Sprache herrscht immer Krieg, in der Übersetzung herrscht immer Krieg.

Dies bedeutet wiederum, dass Kritik nicht destruktiv, sondern konstruktiv ist. Das *Dagegen* ist im Grunde genommen die Kehrseite des *Dafür*. Wer nur das Dagegen zur Kenntnis nimmt, zeigt, ohne es zu wissen, für wen er ist.

Und der Krieg wird stets zwischen dem Zeichen und dem Gedicht ausgetragen. Zwischen dem Gedicht und der herrschenden Ordnung.

Tatsächlich spielt der biblische Text hier eine bemerkenswerte Rolle. Als religiöser Text besitzt er die Eigenschaft, die Diskussion – statt sie auf einen bestimmten Fall zu beschränken – auf das Übersetzen in seiner Gesamtheit auszudehnen, gleichgültig um welchen Text und um welche Sprache es sich handelt.

Wir stehen vor einem heiligen Berg von Paradoxien. Die Tatsache, dass die Bibel der überhaupt am häufigsten übersetzte Text ist, verschärft diesen Befund noch.

Erstes Paradox: Das Religiöse, das die größtmögliche Ehrfurcht gegen die als heilig geltende Schrift bezeugt, nimmt die Schwächung, die *Entliterarisierung* jenes Textes in Kauf, den es zu verehren vorgibt, weil sich die theologische Wahrheit wie das Zeichen gebärdet. Sie produziert eine Semiotisierung. Die Wahrheit bringt als Nebenprodukt die Form hervor. Was die Exegeten interessiert, ist allein der Sinn. Und die Hermeneutik.

Der Streit um die Frage, wer zum ›wahren Israel‹ gehört, hat zu der Weigerung geführt, auf die Rhythmik des Textes zu hören, deren Notation – so das Argument – zu einem späten Zeitpunkt erfolgte. Unberücksichtigt blieb dabei, dass jeder rhythmische Akzent (*ta'am*) einen eigenen Namen trägt (einige von ihnen verweisen auf Handbewegungen bzw. auf die nachzusingende Melodie) und somit der *Verschriftlichung* vorausgegangen sein muss.

Hieraus folgt: Der biblische Text (mit Ausnahme der dem »Great Code of Art« zugeschriebenen Texte) zeichnet sich durch ein *rhythmisches Kontinuum* aus; letzteres lässt sich nicht auf den seit Platon bestehenden Dualismus zwischen Vers und Prosa verkürzen, der durch die Generalisierung des Poesie-Prosa-Gegensatzes eine zusätzliche Verschärfung erfährt. Die Wahrheit ist, dass die biblische Anthropologie nur den Gegensatz zwischen gesungener Melodie und gesprochenem Wort, nicht aber den Begriff der Poesie kennt. Es gibt kein metrisches Pendant zur prosaischen Rede. Der *Parallelismus membrorum*, der im 18. Jahrhundert erfunden wurde, ist nur ein rhetorischer Platzhalter für die fehlende Metrik.

Ein weiteres Paradox ergibt sich daraus, dass es der Entwicklung der poetischen Moderne entspricht, wenn im 19. Jahrhundert das Prosagedicht auftaucht und die formalistische Definition der Poesie aufgegeben wird. Die sich hieraus ergebenden kulturellen Konsequenzen sind noch lange nicht erkannt, auch von einigen Dichtern nicht. Die Lehre, die ich hieraus ziehe, ist, dass der Rhythmus den führenden Part im Tanz der Sprache innehat. Und nicht die Wortbedeutung.

Nicht zu vergessen ist ein Phänomen der Sprache, das sich in das Heilige, das Göttliche und das Religiöse aufgliedern lässt – eine Differenzierung, die allerdings im religiösen Denken keinerlei Rolle spielt. Auch dies zu wiederholen ist notwendig.[46]

Die kulturelle Religionspraxis zieht eine Einebnung des Heiligen, des Göttlichen und des Religiösen nach sich – zugunsten des Religiösen.

Wenn ich auf das Gedicht der Bibel höre, dann vollziehe ich eine atheologische, das heißt eine entchristianisierte, entakademisierte, desemiotisierende Lektüre. Die Bibel ist zwar eindeutig religiös, aber sie ist nicht heilig, denn in meinen Augen (und hier befinde ich mich im Einvernehmen mit Maimonides), wird hier ein religiöses Gründungsdokument zum Heiligtum erklärt. Die Bibel ist Menschenwerk.

Meine Neuübersetzung der Bibel, die – im Unterschied zu allen mir bekannten Übersetzungen – vom Primat des Rhythmus ausgeht, vom Primat der Rhythmen und der

Prosodie, lässt das Gedicht des Hebräischen und das Hebräische des Gedichts vernehmbar werden.

Es ist ein unglaubliches, höchst unwahrscheinliches Abenteuer, das aber notwendig ist. Nach 18 oder 19 Jahrhunderten der Christianisierung, der Entwertung des Hebräischen, der akademischen Verwässerung und der Frömmelei.

In bewusster Abgrenzung zur theologischen, linguistischen, poetischen und politischen Korrektheit. Um der Wiederentdeckung der Poesie willen. Um ihr Geltung und Gehör zu verschaffen.

Bei einer solchen Entschichtungsarbeit (dies liegt in der Logik der Sache) tritt eine ganze Reihe von Neologismen zutage. Dass diese vom jubelnden Triumph der Poesie zeugen, entbehrt nicht einer gewissen Komik.

Die mir bekannten Übersetzungen haben auslöschenden Charakter, weil der Rhythmus und die Signifkanten getilgt werden. Wenn nun das Gedicht der Bibel wieder hörbar werden soll, dann kann dies nur durch Entchristianisierung, Enthellenisierung, Entlatinisierung einerseits und durch Biblisierung, Rhythmisierung und konsequente Taamisierung (von *ta'am* = Geschmack der Speisen im Mund) andererseits erfolgen; es geht darum, die rhythmischen Akzente hörbar zu machen, durch die der Text zu dem wird, was er ist. Unter »enttheologisieren« bzw. »entfrömmeln« (den Theologen sind diese Begriffe ein Dorn im Auge, weil sie nicht begreifen, dass die Kraft der Sprache durch Desemiotisierung und Entakademisierung freigesetzt wird) verstehe ich nicht nur eine Defranzösisierung, so wie sie bereits von Pierre-Jean Jouve in seinem Vorwort zu den Übersetzungen der Sonette Shakespeares gefordert wird, sondern auch und vor allem eine Destandardfranzösisierung. Wer die Bibel auf die heutige Standardsprache reduziert, trägt zu ihrer Katholizisierung bei.

Ich mache mir keinerlei Illusionen über das herrschende Sprachdenken, das seit nunmehr 2500 Jahren Bestand hat und auch noch gut zehntausend Jahre halten kann. Heißt das wie Don Quijote gegen Windmühlen anzukämpfen? Einem Wahn aufzusitzen?

Verkehrte Welt, denn es geht um die Auflösung eines Wahns. Wenn es um die Betrachtung der Sprache geht, ist alles eine Frage des gewählten Blickwinkels, wie aus Saussures Manuskript hervorgeht, das 2002 unter dem Titel *Écrits de linguistique générale* veröffentlicht wurde. Eine Frage des Blickwinkels und eine Frage der sich aus jedem einzelnen Blickwinkel ergebenden Systematik.

Von seiner Struktur her entpuppt sich das Zeichen als eine Serie von Dualismen. Lauter trennende Gegensätze. Das Bild vom toten Gerippe kommt mir in den Sinn. Humboldts Bezeichnung für Grammatiken und Wörterbücher.

Vor allem aber wird das Zeichen bestimmt durch die Beziehung zwischen Signifikant und Signifikat; dieser Beziehung eignet eine untrennbare Doppelseitigkeit. Die beiden Elemente bilden nämlich eine Ganzheit, frei nach dem Motto eins und eins ergibt alles; so kommt dem Zeichen eine Totalität zu, wo doch der Sprache Unendlichkeit innewohnt. Humboldt brachte dies auf die Formel, wonach »Sprache einen unendlichen Gebrauch mit endlichen Mitteln macht«[47]. Doch stellt sich jene innere Beziehung nicht als Relation gleichberechtigter Elemente dar. Vielmehr verhält es sich so, dass ein Element (und zwar immer dasselbe) durch das andere überdeckt und ausgelöscht wird und somit nur noch als virtuelle Möglichkeit existiert.

Und immer ist es der Signifikant, der zum Verschwinden gebracht und zugleich beibehalten wird, während das Signifikat den ganzen Raum für sich beansprucht. Das ist es, was die Übersetzung auf plastische Weise vorführt. Das Übersetzen leitet – und das ist auch der Grund, weshalb dem Übersetzen eine Schlüsselrolle innerhalb des Sprachdenkens zukommt – einen Paradigmenwechsel ein, der die Sprachauffassung und die Sprachaktivitäten nachhaltig unterschlägt.

Ein weiterer Effekt der Zeichentheorie besteht darin, dass sie nicht nur, wie allgemein angenommen, auf Zeichenprozesse im linguistischen Sinne beschränkt ist, sondern auch aus Denkmustern besteht, die die gesamte Gesellschaft durchdringen (wie die Heterogenität der Vernunftkategorien belegt, die sich direkt vom Zeichenmodell ableitet). Dies hat zur Folge, dass Sprache – wissenschaftlich gesehen – als Gegenstand linguistischer Forschung, Literatur als Gegenstand literaturwissenschaftlicher Forschung, Philosophie als Gegenstand philosophischer Forschung etabliert wird, und zwar jeweils mit Spezialisten der Ethik, der Ästhetik, der Wissenschaftstheorie und der politischen Philosophie.

Kurz und gut: Unsere Hochschulfächer bleiben in der Logik der regionalen Theorien verhaftet. Es wird also höchste Zeit, der Forderung Max Horkheimers und der Frankfurter Schule nachzukommen und dem traditionellen Theoriebegriff eine *kritische* Gesamttheorie gegenüberzustellen.

Genau aus dieser Sichtweise heraus behaupte ich, dass es keine kritische Theorie ohne Sprachtheorie geben kann. So gesehen bleibt die Frankfurter Schule selber eine traditionelle Theorie, da sie weder eine Sprachtheorie hat noch eine Sprachtheorie ist. Eine kritische Theorie der Sprache dagegen hat die Aufgabe, die Humboldt'sche *Wechselwirkung* zwischen der Sprache und dem Gedicht, der Ethik und der Politik zu denken, damit die Poetik nicht darauf beschränkt bleibt, das zu beschreiben, was Literatur ausmacht, sondern zu einer Poetik der Gesellschaft werden kann.

Das Zeichendenken bildet ein kohärentes Ganzes. Ein Ganzes, das aus sechs Paradigmen besteht. Und das alle Paradigmen gleichzeitig umfasst:[48]

- das linguistische Paradigma, das als Matrix dient für
- das anthropologische Modell: den Gegensatz zwischen Körper und Seele, zwischen Buchstabe und Geist, zwischen oraler und literaler Kultur;

- das philosophische Paradigma, das die Wörter den Dingen gegenüberstellt und seine kulturelle Ausprägung in der Logik und im mittelalterlichen Universalienstreit zwischen Nominalismus und Realismus[49] erfuhr, wobei diese Kontroverse aus ihrer mittelalterlichen Vitrine zu holen wäre, um sie in eine politische Perspektive zu überführen;
- das theologische Paradigma, das zwar nicht wie die anderen universelle Gültigkeit besitzt, sondern ein kulturelles Modell darstellt, das globale Verbreitung gefunden hat: Es stellt das Alte Testament dem Neuen Testament gegenüber und birgt dadurch eine wertvolle dualistische Spitze, weil die Präfigurationslehre die Eins-zu-eins-Beziehung zum Zeichenmodell anschaulich macht; das Alte Testament erhält erst durch die neutestamentliche Interpretation seinen Sinn, seine Wahrheit, die Wahrheit des ›wahren Israel‹;
- das soziale Paradigma, das das Individuum in einen Gegensatz zur Gesellschaft bringt; dabei wird das Individuum entweder im Kulturellen aufgelöst, oder es wird in ein Spannungsverhältnis zur Gesellschaft gebracht oder sogar als Zerstörer des Sozialen angesehen, und zwar durch den Individualismus und Hedonismus, die ihm Anthropologen und Soziologen wie Louis Dumont attestieren;
- und schließlich das politische Paradigma, das – als Aporie der Demokratie – die Minderheit in einen Gegensatz zur Mehrheit bringt.

Die Gesamtheit dieser Paradigmen macht das Zeichendenken aus und wird durch die klassische Polarität zwischen Ausgangs- und Zielsprache immer wieder bestätigt.

Wenn man sich an die Ausgangssprache hält, dann orientiert man sich an der Form. Der dabei entstehende Literalismus wird als geeignete Übersetzungsmethode für lyrische Texte gepriesen. Dabei wird angenommen, dass bestimmte Einheiten der Einzelsprache (wie das Wort, die

Wörter) Einheiten des Gedichts sind. Dagegen ist die gewöhnliche Übersetzung entsprechend ihrer pragmatischen Ausrichtung an der Zielsprache orientiert. Inhaltsorientiert. Und schon haben wir den Gegensatz zwischen dem *ausgangs-* und dem *zielsprachorientierten Übersetzen*. Zwischen dem *Ausgangstextler* und dem *Zieltextler*, mitsamt allen Begleiterscheinungen, als da sind: die Auslöschung des Übersetzers, die Forderung nach seiner Durchsichtigkeit, die die sprachlichen, historischen und kulturellen Differenzen aufheben sollen. Als wäre der Text für die Zielsprache geschrieben.

Was sich zum Beispiel auch darin zeigt, dass die landläufige Übersetzung religiöser Texte ihrer Kundschaft nachläuft.

Selbstverständlich geht es nicht darum zu leugnen, dass es eine Ausgangssprache und eine Zielsprache gibt, sondern das Augenmerk auf die Fallstricke eines Modells zu lenken, das nur den Begriff der Einzelsprache und den des Zeichens kennt.

Diese Tradition, die davon überzeugt ist, es mit der Natur der Dinge zu tun zu haben, weiß nicht, dass sie nur einer *Auffassung* der Sprache folgt, so wie auch das Zeichendenken lediglich eine Auffassung der Sprache darstellt. Das zwangsläufige Resultat ist eine vollständige Unkenntnis sowohl dem Gedicht als auch dem sprachlichen Kontinuum gegenüber. Sobald man aber die Ebene der Einzelsprache verlässt und in der Kategorie der Rede denkt, klärt sich vieles auf, die Betrachtungsweise ändert sich und die Ergebnisse ebenfalls.

Denn die Einzelsprache umfasst zunächst einmal nur eine Vielfalt von Redeakten. Dies gilt vor allem für die alten Texte, für die wir nicht auf die Standardsprache zurückgreifen können.

Hieraus leitet sich eine simple Schlussfolgerung ab: Es geht nicht so sehr um das Verhältnis zweier Einzelsprachen zueinander, um die Beziehung zwischen Identität und

Alterität, entscheidend ist, was ein Text mit der jeweiligen Einzelsprache macht, was er durch die ihm eigene Art und Weise des Sagens macht. Dies stellt eine radikale Perspektivverschiebung dar; wobei sich gerade in der Geschichte der Kunst und der Literatur beobachten lässt, wie Identität durch Alterität erzeugt wird.

Man kann einen Sinneffekt, der der einzelsprachlichen Phonologie geschuldet ist, nicht einfach aus dem fadenscheinigen Grund ignorieren, dass die Phonologie der Zielsprache eine andere ist. Denn es ist ja gar nicht mehr die Einzelsprache, die man überträgt. Selbst die klassische Definition der *Äquivalenz* stellt sich unter anderer Perspektive dar: Es gilt, mit den Mitteln der Zielsprache das zu erzeugen, was der Text an der Ausgangssprache macht.

Nur so kann der Übersetzungsakt zum literarischen Schreibakt werden. Andernfalls gerät er zu einem Entliterarisierungsakt. Wo das Zeichen übersetzt wird, nicht das Gedicht. Wird das Gedicht übersetzt, dann wird die Übersetzung zur Metapher des Textes. Zum Transfer. Bei dem es auf das ankommt, was ein Text macht, und nicht auf das, was er sagt. Bei dem es auf die Kraft ankommt, nicht mehr allein auf den Sinn.

Einige Beispiele mögen dies zeigen. Ich entnehme sie – weil ich nicht anders kann – meiner eigenen Arbeit.

Das Buch *Prediger (Kohelet)*, das ich 1970 unter dem Titel *Paroles du Sage* (*Worte des Weisen*) in *Les Cinq Rouleaux*[50] übersetzt habe, enthält in Kapitel 7, Vers 1, eine prosodische Figur. Aber was den Sinn angeht, handelt es sich um ein Sprichwort. Bei Lemaistre de Sacy liest man: »La bonne réputation vaut mieux que les parfums précieux« (»der gute Ruf ist besser als alle kostbaren Düfte«). Der Sinn stimmt. Doch im Hebräischen heißt es: *tov shem / mi shemen tov* (guter Name / besser als gut duftendes Öl). *Shem* (der Name) wird in *shemen* (duftendes Öl) eingeschoben. Einschub bedeutet: Paronomasie. Das Einfügen eines Wortes in ein anderes. Ich übersetze: »plus précieux un nom / qu'un onguent précieux« (»kostbarer wiegt ein Name / als eine kostbare Salbe«[51]).

Und so lautet der Vers in der einschlägigen Übersetzung der TOB (Traduction oecuménique de la Bible, der französischen ökumenischen Übersetzung): »Mieux vaut le renom que l'huile exquise« (»Besser wiegt der gute Name als ein erlesenes Öl«), die Jerusalemer Bibel: »Mieux vaut le renom que l'huile fine« (»Besser wiegt der gute Name als ein feines Öl«), bei Jean-Frédéric Ostervald: »une bonne réputation vaut mieux que le bon parfum« (»ein guter Ruf wiegt schwerer als ein guter Duft«), bei Zadoc Kahn: »Un bon renom est préférable à l'huile parfumée« (»Ein guter Ruf ist einem duftenden Öl vorzuziehen«). Chouraqui: »Mieux vaut bon renom que bonne huile« (»Besser wiegt ein guter Ruf als ein gutes Öl«). Man hört deutlich, dass das Spiel der aufeinander verweisenden Signifikanten sich verflüchtigt hat. In der Bayard-Bibel, der »Bibel der Schriftsteller« (in der Übersetzung von Marie Borel und Jacques Roubaud), heißt es: »Mieux vaut bon renom que huile parfumée« (»Besser wiegt ein guter Ruf als ein gutes Öl«). Auch hier eine Form der Entliterarisierung. Die in *Ecclesiastes o el Predicador* (Santa Biblia) enthaltene Version lautet: »Mejor es la buena fama que buen perfume« (»Schwerer wiegt ein guter Ruf als ein guter Duft«). *Fama-perfume* nähert sich zumindest dem prosodischen Echo an.

Ein weiteres Beispiel für einen prosodischen Einschub findet sich in *Genesis* 9,6. Der paronomatische Effekt besteht darin, dass *dam* (Blut) in *adam* (Mann) enthalten ist. Hier zunächst die hebräische Version: *shofekh / dam ha-adam // ba adam damo yishafekh*. Ich verschiebe den Echo-Effekt auf *sang* und *versant*: »versant / le *sang* de l'homme // par l'homme / son *sang* sera versé« (»Vergießend / das Blut des Menschen // durch den Menschen / sein Blut wird vergossen«[52]). *Vergießend* ersetzt *Blut vergossen*. An anderer Stelle hat sich der Effekt auf je unterschiedliche Weise verflüchtigt. So zum Beispiel in der Jerusalemer

Bibel: »Qui verse le sang de l'homme, par l'homme aura son sang versé« (»Wer Menschenblut vergießt, dessen Blut wird durch Menschen vergossen«). Bei Chouraqui: »Qui répand le sang du glébeux, par le glébeux son sang sera répandu« (»Wer das Blut des Lehmgeformten vergießt, dessen Blut wird durch den Lehmgeformten vergossen«). In der Bayard-Bibel (*Genesis* in Frédéric Boyers Übertragung): »Qui verse le sang de l'adam, l'adam son sang sera versé« (»Wer das Blut Adams vergießt, dessen Blut wird durch Adam vergossen«). Die Wiederholung bleibt zwar erhalten, nicht jedoch der paronomatische Einschub. In der Santa Biblia heißt es: »El que derrama sangre de hombre, por el hombre su sangre será derramada« (»Wer das Blut eines Mannes vergießt, dessen Blut wird durch Männer vergossen«), und in der Biblia del Peregrino lautet die einschlägige Passage: »Si uno derrama la sangre de un hombre otro hombre su sangre derramará« (»Wer das Blut eines Mannes vergießt, dessen Blut wird durch einen anderen Mann vergossen«). Überall derselbe Kräfteverfall.

In *Genesis* 11,7 (der Turmbau zu Babel) übersetze ich *hava / nerda // ve navlah sham / sefatam* durch »allons / descendons // et là embabelons / leur langue« (»Auf / steigen wir hinab // und dort werden wir einbabeln / ihre Sprache«). Bei Chouraqui heißt es indessen: »Offrons, descendons et mélons là leur lèvre« (»Wohlan, steigen wir hinab und vermischen dort ihre Lippen«), in der Jerusalemer Bibel: »Allons! Descendons! Et là, confondons leur langage« (»Wohlan, steigen wir hinab und vermischen dort ihre Sprache«), in der Bayard-Bibel: »Ah descendons tout brouiller dans leur bouche« (»Wohlan, lasst uns hinabfahren und alles durcheinanderbringen in ihrem Mund«); in der Santa Biblia: »Ahora, pues, descendamos, y confundamos allí su lengua« (»Wohlan, lasst uns also hinabfahren und ihre Sprache durcheinanderbringen«), und in der Biblia del Peregrino heißt es: »Vamos a bajar y a confundir su lengua« (»Lasst uns hinabsteigen und daselbst ihre Sprache durcheinanderbringen«). Alles dreht sich um den Sinn, im buchstäblichen Sinne.

Durch die Konzentration auf das Signifikat wird der Signifkant unhörbar, und zwar nicht nur, wenn es um besonders auffällige Effekte wie die Paronomasie geht.

Vom Signifikanten, von dessen serieller Semantik, geht die Kraft der Sprache aus. Schreibend übersetzen heißt, diese Kraft zu übersetzen.

Die Kraft steht dem Sinn nicht entgegen, wie das beim semiotischen Modell der Fall ist, vielmehr verhält es sich so, dass die Kraft den Sinn trägt und übersteigt. Dies ist die Bewegung des Sinns. Einfacher geht es nicht. Die Kohärenz des Kontinuums gegen die Kohärenz des Zeichens.

Hier wäre die Gelegenheit, einer tief verwurzelten und als gesellschaftsfähig geltenden Dummheit, wonach ein Werk die Summe seiner Übersetzungen sei, ein für alle Mal den Garaus zu machen.

Dies würde bedeuten, die kulturelle Wirkung der Verbreitung eines Werks – gesellschaftlicher Effekt – mit seiner poetischen Wirkungsweise zu verwechseln.

Noch ein Klischee: Übersetzungen seien kurzlebig im Unterschied zu den Originalwerken.

In Wahrheit aber verhalten sich, wie Ezra Pound in seinem *ABC of Reading* eindrücklich darstellt, berühmte Übersetzungen nicht anders als die Originalwerke. Weil sie altern, bleiben sie.

Während ein Großteil der Allerweltswerke einer Epoche mit ihr vergehen.

Hier gilt es an die Unterscheidung zwischen *Tätigkeit* und *Werk* zu erinnern, die ich von Humboldt übernommen habe und der zufolge die Modernität eines Werkes nicht von seinem Neuigkeitswert abhängt, sondern von der sich immer wieder erneuernden Sinntätigkeit, die in jedem Augenblick beständig neu geschaffen und artikuliert wird. Dies ist meiner Meinung nach die einzig angemessene Definition des literarischen Schreibaktes. Weil sie nicht von der historischen Sprachstufe, die unter Umständen sehr alt sein kann, abhängt.

Antoine Gallands Übersetzung von *Tausendundeine Nacht*, die King-James-Bibel von 1611 oder Baudelaires Übersetzungen der Werke Edgar Allan Poes sind nicht weniger langlebig als die Originalwerke. Es sind eigenständige Werke.

Damit aber sind wir beim Gegenteil dessen angelangt, was gemeinhin gelehrt wird. Wer Transparenz predigt und damit auf einen bloßen Effekt des Zeichens setzt, hat den Unterschied zwischen Entliterarisierung und literarischem Schreiben nicht erfasst. Und lehrt, wie man eine schlechte Übersetzung fabriziert. Darin besteht ja gerade das Paradox, dass es die Ausnahmen (das heißt die gelungenen Übersetzungen) sind, die eigentlich die Regel sein müssten.

Welche Regel? Die Regel, wonach poetische Texte (unabhängig von ihrer Gattung und einschließlich philosophischer Texte) eine maximale Subjektivierung des Redesystems darstellen – vorausgesetzt natürlich, sie sind das, was ich unter einem Gedicht bzw. unter einem Gedicht des Denkens verstehe: die Verwandlung nämlich einer Lebensform durch eine Sprachform und die Verwandlung einer Sprachform durch eine Lebensform. Darin ereignet sich der eigentliche literarische Schreibakt. In der Erfindung einer Mündlichkeit.

Eine solche Definition ist nicht auf stilistische und rhetorische Formalisierungen angewiesen, die einer bestimmten Sprachauffassung geschuldet sind. Sprache als Einzelsprache und als Zeichen.

Wer das Zeichen übersetzt und nicht das Gedicht, nimmt eine Entliterarisierung vor.

Hieraus ergibt sich die Notwendigkeit, die gesamte Sprachtheorie von der Schreibtätigkeit her neu zu denken und in der Praxis des Übersetzens den Schlüssel dazu zu finden.

Für das Übersetzen besteht die eigentliche Herausforderung darin, die gesamte Theorie der Sprache zu verändern. Und somit eine wirkliche Kulturrevolution auf den Weg zu bringen.

7
TREU ODER UNTREU, GEHUPFT WIE GESPRUNGEN, DEM ZEICHEN SEI DANK

Ich sage »dem Zeichen sei Dank«, so wie einem die Redensart »Gott sei Dank« über die Lippen kommt. Mit anderen Worten: treu oder untreu, einerlei. Wer passt sich wem an? Die ganze Angelegenheit ist eine Frage des Standpunktes.

Die folgenden Überlegungen handeln von dem, was man Übersetzungsvorgang nennt, der sich, wie bisher fälschlich allgemein angenommen, darin erschöpft, eine Einzelsprache in eine andere Einzelsprache zu überführen.

Dies bedeutet, dass wir uns zunächst auf theoretischer Ebene klarmachen müssen, dass das eigentliche Hindernis in der halbherzig eingehaltenen, metaphorischen Assimilation zwischen dem *Verstehen* und dem *Übersetzen* besteht, die Heideggers Essenzialisierung der Sprache geschuldet ist. Nach dessen Auffassung haben wir es in beiden Fällen mit Interpretation zu tun, das Verstehen ist nicht nur ein Übersetzen, sondern *vice versa* das Übersetzen auch wesentlich ein Verstehen. Mir fallen in diesem Zusammenhang einzelne Philosophen ein, ja sogar ein ganzes philosophisches Establishment, allen voran Paul Ricœur, der sich in dem von mir bereits zitierten Buch *Vom Übersetzen*[53] auf George Steiner beruft. Zu ihrer beider Spezialität gehört: der Hang, Banalitäten im Brustton der Überzeugung zu verkünden sowie abgedroschene Ideen zur Treue-Untreue-Problematik ständig neu in die Diskussion zu bringen. Vielleicht ist dies der Grund für ihren medialen Erfolg, die Erfüllung des Erwartungshorizonts. Als Novum gilt für Ricœur, dass es die Übersetzung gibt, »weil die Menschen unterschiedliche Sprachen sprechen« (S. 20). Und dass es »immer möglich [ist], *dasselbe anders zu sagen*« (S. 42). Irrtum. Ich werde an anderer Stelle noch darauf zu sprechen kommen. Für Ricœur reicht es völlig aus, »ein Wort durch ein anderes Wort derselben Lexik [zu] erklären, wie es alle einsprachigen Wörterbücher tun« (S. 43) – welch schöne Unkenntnis des Begriffs der Rede, die sich hier ausschließlich auf die Einzelsprache verlässt und Übersetzung und Metasprache krude verwechselt. Hieraus wird nun der sensationelle Schluss gezogen, dass die Losung der Unübersetzbarkeit unhaltbar sei: »Denn *die Übersetzung existiert*« (S. 54). Das nennt er »sprachliche Gastfreundschaft« (S. 17, 41). Einmal mehr werden das Haus des Seins und der Mensch des Seins bemüht.

All diese Fossilien des Denkens, die unter dem Deckmantel »Fleisch der Worte« daherkommen, wobei das Fleisch nichts anderes ist als »der Buchstabe« (S. 65), gehen ungeprüft von der Annahme aus, dass der Übersetzungsakt ein hermeneutischer Akt ist und sich somit in die kulturelle Tradition des Zeichens einschreibt.

Dies ist der Grund, weshalb ich sage: »treu oder untreu – gehupft wie gesprungen«. Die beiden Begriffe, obwohl verschieden, tun genau dasselbe: Sie bleiben dem Gegensatz zwischen Form und Inhalt verhaftet, das heißt dem Zeichendenken. Ob treu oder untreu übersetzt wird, letztlich läuft es immer wieder aufs Gleiche hinaus; es ist das Zeichen, das übersetzt wird, und nicht das Gedicht des Denkens (sofern dieses überhaupt vorhanden ist). Wo die Poetik die Rede offenlegt, das System der Rede, da nehmen der hermeneutisch geprägte Übersetzer und der Philosoph das Zeichen in den Blick – den Finger, der auf den Mond weist, nicht den Mond selbst.

Die Hermeneutiker übersetzen lediglich, was eine Aussage sagt oder zu sagen vorgibt, und nicht, was ein Redesystem macht, was es mit ihnen macht. Dabei ist das, worum es geht, nichts Geringeres als das Zutagetreten eines Subjekts.

Bleibt der Übersetzer einseitig auf das Verstehen konzentriert, ist ihm noch nicht einmal bewusst, dass er lediglich einen Etikettenwechsel vornimmt und ein Denken, eine

Theorie der Sprache, durch die modische Idee der Kommunikation und Information ersetzt. Es ist sicherlich kein Zufall, dass gerade die Übersetzer ein Faible für die Metapher des Fährmanns haben und am liebsten in einem Binsenboot über den Fluss setzen.

Auf dem heutigen Jahrmarkt des Denkens stehen sich Identität und Alterität, Einverleibung und Dezentrierung der Sprache, Ausgangstext und Zieltext, Wörtlichkeit und Natürlichkeit unversöhnlich gegenüber, wobei meist unbemerkt bleibt, dass das, was man für natürlichen Wildwuchs hält, nichts anderes ist als eine Form des kulturellen Auswuchses. Im Gewand des einzelsprachlichen Transfers.

Erst vor diesem Hintergrund lässt sich überhaupt verstehen, dass die uns umgebende Hermeneutik auslöschenden Charakter hat, dass die dem Zeichen verhaftete Übersetzung auslöschenden Charakter hat – aus demselben Grund; es ist demnach an der Zeit, dass wir radikal Kritik an den Konzepten und übersetzerischen Verfahren üben, die in der Hochschulausbildung als wesensgemäß und somit als notwendiges Übel gelehrt werden. Es ist an der Zeit, einen anderen Standpunkt einzunehmen.

Angesichts der Allgegenwart eines Denkens, das sich in erster Linie durch seine Abwesenheit bemerkbar macht – eine Abwesenheit, die tunlichst verleugnet wird und zugleich mit einer starken Einflussnahme einhergeht –, musste ich mich, um die vermeintliche Seriosität festgefügter Ansichten aufzudecken, auf ein Spiel einlassen, das in der Aufzählung der noch zu begleichenden Rechnungsposten besteht. Um des Übersetzens willen. Um des neuerlichen Übersetzens willen. Um endlich zu erfahren, was Reden bedeutet, was Reden alles kann.

Ich teile neun Schläge aus und zähle mit:

Schlag eins, eine gute Nachricht: Es gibt kein Übersetzungsproblem, keine Unübersetzbarkeit, problematisch ist nur die Theorie der Sprache oder der Sprachauffassung. Das Zeichendenken ist dafür verantwortlich, dass die Sprache nicht gedacht werden kann – ein erstes Paradox –, wo doch das Zeichendenken sich als die Natur der Sprache ausgibt. Weil das Zeichendenken das Sprachdenken verhindert, muss auch das Denken des Gedichts ausbleiben, es sei denn, ein solches Denken findet im Gedicht selbst statt. Wenn man also ein Gedicht mit den Maßstäben des Zeichendenkens übersetzt, dann wird nicht das Gedicht, sondern das Zeichen übersetzt. Das Zeichen hindert uns also daran, zu denken, was Übersetzen bedeutet. Um es noch einmal zu wiederholen: Ein Gedicht ist die Erfindung einer Lebensform durch eine Sprachform und die Erfindung einer Sprachform durch eine Lebensform, wobei das eine immer durch das andere bedingt ist. Damit einher geht die Möglichkeit, dass ein Denken zum Gedicht wird, sodass man von einem Gedicht des Denkens sprechen kann. Wenn es aber ein Gedicht des Denkens gibt, dann gilt es, eben dieses Gedicht zu übersetzen, nicht das Zeichen. Legt man die Maßstäbe des Zeichendenkens zugrunde, übersetzt man nicht das, was es zu übersetzen gilt, sondern seine eigene Sprachauffassung – in der vom Zeichendenken abgeleiteten Begrifflichkeit. So betrachtet, entpuppt sich die von mir angekündigte gute Nachricht als schlechte Nachricht, denn das Problem, das sich angesichts eines zu übersetzenden Textes stellt, ist weitaus komplexer als man vielleicht meinen könnte. Es geht ja nicht nur darum, die Frage der Übersetzung zu klären. Es geht vielmehr um das Problem einer Sprachauffassung, die von vornherein so angelegt ist, dass es aus ihr kein Entrinnen gibt.

Schlag zwei erfolgt deshalb durch den Nachweis, dass das, was wir für die Natur der Sprache erachten, lediglich eine Sprachauffassung ist. Möglich ist ein solcher Nachweis durch eine dezidiert anthropologische Perspektive, gekoppelt mit der Erfahrung des Gedichts (das uns erlaubt, das Goldfischglas der allgemeinen Wahrnehmung zu verlassen); – notwendig ist ein solcher Nachweis, um sich der Auswirkungen des Zeichendenkens und seiner Begrenzungen bewusst zu werden. Es geht darum, eine Kritik des Zeichens vorzunehmen, wobei die Verknüpfung dieser beiden Substantive bereits darauf hindeutet, was unter dem Begriff *Kritik* zu verstehen ist: eine Auseinandersetzung mit der Funktionsweise und den Auswirkungen der Theorie. Eine solche Kritik ist demnach konstruktiv (ich erwähne dies, weil manche glauben, sie sei destruktiv, wenn nicht gar polemisch, während andere sie für typisch jüdisch halten); des Weiteren lässt die Besinnung auf die theoretischen Effekte in der Praxis Rückschlüsse darüber zu, was eine gute und was eine schlechte Theorie ausmacht. Eine Frage der Ergiebigkeit.

Das Zeichendenken ist ein allgegenwärtiges kulturelles Gesamtgefüge – und dies immerhin seit zweitausendfünfhundert Jahren. Seine Stärke liegt in der Gewohnheit, unterstützt vom bisherigen Erkenntnisstand der Linguistik. Mal taucht es als Form-Inhalt-Dualismus auf, mal als Gegensatz zwischen Geist und Buchstabe, wodurch die Vorstellung wesensmäßiger Unterschiede zwischen den Einzelsprachen legitimiert wird. Die es möglichst zu übersetzen gilt. Dafür gibt es dann Grammatiken und Wörterbücher. Auch dieser Dualismus spricht Bände über die an den Einzelsprachen orientierte linguistische Auffassung. Beim Übersetzen geht es dann einfach um die Übertragung von einer Einzelsprache in die andere. So einfach ist das.

Hier lassen sich zwei theoretische Auswirkungen ausmachen. Die eine besteht darin, dass die Dinge der Sprache – genauer: die Auffassung, wonach sich Sprache in Zeichen fassen lässt – ein linguistisches Modell darstellen. Diese Auffassung ist charakteristisch für die akademische Linguistik, für die allgemeine Sprachwissenschaft und für die Linguistik der Einzelsprachen. Die andere Auswirkung beruht darauf, dass das Signifikant-Signifikat-Modell, so wie es von den Linguisten gedacht wird, sich damit begnügt, Laut und Sinn als heterogene Größen einander gegenüberzustellen.

Nun macht aber die Kritik des Zeichendenkens deutlich, zumindest von meinem Standpunkt aus gesehen, dass das Zeichen nicht nur als linguistisches Modell, sondern auch als Modell für sechs Paradigmen herhalten muss, die alle binären Charakter haben, was zunächst nichts anderes bedeutet, als dass dem Zeichen eine einfache Multiplikation entspricht: sechs mal zwei gleich zwei; und was außerdem zur Folge hat, dass erfahrungsgemäß die eine Konstituente des Zeichens auf wundersame Weise verdrängt und gleichzeitig beibehalten wird. Alle sechs Paradigmen unterliegen demselben Homologie-Prinzip.[54]

Nur das Zeichen selbst gewährt keinerlei Einblick in dieses Prinzip.

Die vom linguistischen Modell ausgehenden Auswirkungen laufen auf die Unterscheidung zwischen einem wörtlichen und einem übertragenen Sinn hinaus, auf die Etymologisierung, vorzugsweise von Leuten praktiziert, die den ursprünglichen Sinn für den wahren Sinn erachten (so etwa Chouraqui in seiner Bibelübersetzung), und auf den Gegensatz zwischen Prosa und Poesie, den Percy Shelley in *A Defence of Poetry* als vulgären Irrtum bezeichnet hat. Saussure sprach in diesem Zusammenhang von »traditionellen Unterscheidungen« und ging hart mit ihnen ins Gericht: Lexik, Morphologie, Syntax. Das Primat der Einzelsprache erweist sich als Hindernis, um die Rede zu denken. Die poetische Sprache wird hier als eine von der Alltagssprache abweichende Sprache bestimmt, was die altbekannte Unterscheidung authentisch/inauthentisch (Heidegger lässt grüßen) nur noch verstärkt (Malinowski hatte mit seiner »phatischen Funktion« immerhin das gemeinschaftsstiftende Moment im Sinn). So wie ich die Dinge sehe, werden poetische Sprache und Alltagssprache als real existierende Entitäten aufgefasst – und erweisen sich deshalb als Denkphantome. Solche wundersamen Blüten treibt die Sprache, dass der Sprachrealismus Gespenster gebiert.

Das philosophische Paradigma stellt den Dingen die Wörter gegenüber und handelt sich damit ein altes Problem ein, dessen ethisch-politische Auswirkungen andernorts noch zu erörtern sind: den Gegensatz zwischen Realismus und Nominalismus. Nehmen wir Hegel als Beispiel: Der Begriff ist der Tod oder gar die Tötung des Dings. Auch die Frage nach dem Ursprung mutet wie eine Hanswurstiade an. Die derb-komische Figur treibt jedoch ihr Unwesen noch weiter: Nehmen wir Merritt Ruhlen als Beispiel: *The Origin of Language* (1994), das im Jahre 1997 unter dem Titel *L'origine des langues. Sur les traces de la langue mère*[55] ins Französische übertragen wurde.[56] Verwechselt werden hier Ursprung und Funktionsweise, Arbitrarität und Konvention. Dies ist der eine komische Effekt. Ein weiterer wird dadurch ausgelöst, dass man sich nur an die Ähnlichkeiten erinnert. Dabei kommt es aber in erster Linie auf die Unterschiede an: Nehmen wir die Synonyme als Beispiel.

Das anthropologische Paradigma trennt die Sprache und das Leben, das Allgemeine und das Besondere, oder gar, wie bei Lévy-Bruhl, die Denkweisen der »Zivilisierten« und die Denkweisen der »Primitiven«. Auch hier wird man sich eingestehen müssen, dass nicht Sprache und Leben einander gegenüberstehen – wie dies bei Wittgenstein, wie dies bei Adorno der Fall ist –, sondern eine Auffassung der Sprache und eine Auffassung des Lebens. Dies hat nicht nur für das übersetzerische Denken, sondern auch für die übersetzerische Praxis Konsequenzen. Und für die Verwechslung zwischen dem Wort und seinem Begriff.

Doch damit nicht genug. Die Akademisierung schreitet immer weiter voran. Lévy-Bruhl stellt dem »normalen weißen Mann« nicht nur den »Naturmenschen« gegenüber, sondern auch ein ethnokulturelles Konglomerat, bestehend aus der »Frau«, dem »Geisteskranken«, dem »Kind«, dem »Wilden« und dem »Dichter«. In diese Logik ist die Abweisung von Fremden einzuordnen, wovon nicht nur die

Namensgebung der Stämme ein beredtes Zeugnis gibt, sondern auch die *Gender Studies*, die mit der essenzialistischen/realistischen Opposition Mann/Frau und der Gleichsetzung zwischen biologischem und grammatischem Geschlecht Gaumenfreuden der besonderen Art bereiten.

Ich komme jetzt auf das theologische Paradigma zu sprechen, das kulturelle Paradigma schlechthin, wobei alle Paradigmen kulturelle Auswirkungen haben. Hier wird die gleichzeitige Verdrängung und Beibehaltung des Signifikanten bewusst inszeniert. Aus der Perspektive der christlichen Präfigurationslehre fungiert das Alte Testament als Signifikant für das Neue Testament. Hier haben wir es erneut – Hegel sei Dank – mit dem doppelten Prinzip der Religion der Liebe und der Religion des Hasses zu tun und mit dem theologisch-politischen Anspruch auf das ›wahre Israel‹. Eine siebzehn Jahrhunderte währende Gewohnheit wird als solche schon gar nicht mehr wahrgenommen: Als Beweis möge die nahtlose Aufeinanderfolge von Antijudaismus und Antisemitismus dienen und das Heranziehen der *Protokolle der Weisen von Zion* und von Hitlers *Mein Kampf* im Zuge der Islamisierung des israelisch-palästinensischen Konflikts – ein Tatbestand, der von (dezidiert links gerichteten) Konformisten gerne übersehen wird.

Das wohl schönste Beispiel auf der Ebene der Ideologismen stellt der »Dieu des armées« (»Gott der Heerscharen«) dar, *adonai tseva'ot*, den ich durch »Dieu des multitudes d'étoiles« (»Gott der unzählbar vielen Sterne«) wiedergebe. Dies ist der eigentliche Sinn, nachzuschlagen im Wörterbuch von Koehler-Baumgartner.

Die Übersetzung »Gott oder Herr *der Streitkräfte*« geht auf die Vulgata zurück, *Dominus exercituum, Deus exercituum.* Im Französischen ist sie bei Lemaistre de Sacy anzutreffen: »le Seigneur des armées« (»der Herr der Heerscharen«), der zuweilen die ursprünglich auf die Septuaginta zurückgehende Version (*Kurios tôn dunameôn*) vorzieht: »le Seigneur des puissances« (»der Herr der Mächte«). Sie findet sich bei Jean-Frédéric Ostervald, »l'Éternel des Armées« (»der ewige Gott der Streitkräfte«), und bei Louis Segond genauso; bei Augustin Crampon, »Yahweh des armées« (»Yahwee der Streitkräfte«), bei Émile Osty, »Yahvé des armées« (»Yahwee der Streitkräfte«) und bei Dhorme (genauso). Sie ist in der King-James-Version anzutreffen, »The Lord of hosts« (»der Herr der Streitkräfte«), in der Übersetzung der *Neuen Welt*, »Jéhovah des armées« (»Jehova der Streitkräfte«), in der spanischen *Biblia del peregrino*, »El señor de los Ejércitos« (»der Herr der Streitkräfte«), und in der lateinamerikanischen Version, »Jehová de los Ejércitos« (»Jehova der Streitkräfte«).

In der Bayard-Bibel ist die Übersetzung vom jeweiligen Text abhängig, und so heißt es in *Jesaja* »YHWH des Troupes« (YHWH der Truppen), in Amos dagegen »YHWH des Armées« (»YHWH der Streitkräfte«).

Es kann einem wirklich schlecht werden.

Das Zeichen versteht sich aber auch als soziales Paradigma, als Gegensatz zwischen dem Individuum und der Gesellschaft. Ideologismen sind hier im Gewand von Theologismen anzutreffen: Hierunter fällt beispielsweise das zerstörerische Individuum der westlichen Gesellschaft, das in die sozio-theologischen Schriften eines Gilles Lipovetski oder eines Louis Dumont Eingang findet. Als Bezugsrahmen gelten dabei das traditionelle Indien mit seiner Kastengesellschaft und die fabelhafte Erzählung um Adams Rippe in der *Genesis*.

Da dieses Paradigma auch im literarischen Bereich nicht ohne Auswirkungen blieb, stellt es sowohl ein Paradigma der Sprache als auch ein Merkmal des Übersetzens dar.

Das letzte Paradigma des Zeichendogmas ist eine Aporie des Politischen, wie sie in Rousseaus *Gesellschaftsvertrag* als Unterscheidung zwischen der Minderheit und der Mehrheit sinnfällig wird – einer Unterscheidung, die das Prinzip der verdrängenden Beibehaltung der Minderheit mustergültig vorführt. Hier liegt ein politischer Konventionalismus vor. Genau dieser Logik folgt der literaturwissenschaftliche Mythos des Erwartungshorizonts, der die Frage der Verstehbarkeit gegenwärtiger Texte ebenso wenig zu deuten vermag wie das Phänomen der unvorhersehbaren Vergangenheit. Besonders bezeichnend für die Macht der Mehrheit über die Interpretationsstereotypen sind bestimmte verzögerte Übersetzungen: Die französische Übersetzung von Victor Klemperers *LTI* (*Lingua Tertii Imperii*), erschienen 1996 unter dem Titel *La langue du IIIè Reich* mit einer Verspätung von 49 Jahren, obwohl das Werk in Deutschland seit 1947 ein buchhändlerischer Erfolg war. Ein typisches Beispiel für die Politik des Übersetzens: die verfrühten bzw. verspäteten Übersetzungen.

All das gehört in den Radius des Zeichendenkens und ist eng miteinander verzahnt. So weit reicht seine Macht, seine Allgegenwart, die für die zunehmende Dekadenz des Denkens verantwortlich ist: Dekadenz des sprachlichen, des poetischen, des ethischen und des politischen Denkens.

Nun wirkt aber das Übersetzen durch die ihm eigene Geschichtlichkeit an der Kritik des Zeichendenkens mit. Das Übersetzen ist keine isolierte, nur von Verfahren abhängige Tätigkeit. Die Veränderung der Verstehensmodelle (Entkolonisierung und europäischer Primitivismus) und die dem Begriff der Rede geschuldeten Veränderungen des Sprachdenkens haben dazu beigetragen (bzw. tragen dazu bei), das Übersetzen in einem anderen Licht erscheinen zu lassen.

Man kommt allerdings kaum um das Eingeständnis herum, dass die Übersetzung von der Linguistik dominiert wird, wie der Erfolg der von Eugene Nida in Umlauf gebrachten Begriffe der formalen und dynamischen Äquivalenz belegt. Das hat zur Folge, dass die Form auf die Ausgangssprache und der Inhalt auf die Zielsprache projiziert wird. Dem bereits vorhandenen Form-Inhalt-Dualismus fügt die Pragmatik einen Stimulus-Response-Dualismus hinzu. Empirismus und Hermeneutik tragen dazu bei, dieses

Modell zu verstärken. Der Tatsache ungeachtet, dass es dem Übersetzen schadet.

Ich möchte deutlich machen, dass das Altvertraute, das vermeintlich Vernünftige, dass das als natürliche Wahrheit gelehrte Zeichendenken eine Verirrung, eine Schizophrenie der Sprache ist. Sie werden es vielleicht vergessen haben, aber dies ist der *dritte Schlag*. Das Paradox besteht darin, man denke nur an Tristan Tzara, an Antonin Artaud, dass das Verhältnis zwischen der Sprache und dem Körper bzw. dem Schrei nah an der Schizophrenie angesiedelt ist. Dabei besteht der Wahnsinn vielmehr darin, dass die Sprache aufgespalten wird in zwei radikal entgegengesetzte Seiten. Woraus dann wiederum die Notwendigkeit entsteht, behelfsmäßige Übergänge zu schaffen: den Lautsymbolismus, der als Emanation der Dinge, als natürliche Ausdruckssemantik, als »ein verlängertes Zögern auf der Schwelle von Klang und Bedeutung«[57] (Paul Valéry) ausgegeben wird. Geht man jedoch vom Gedicht aus, von der ihm eigenen gedanklichen Erfahrung, jenseits von Experimentalismus und Mystik, dann wird augenscheinlich, dass die Sprache im selben Maße durch das Kontinuum geprägt wird wie durch das Diskontinuum. Aber das Zeichendenken weiß davon nichts und setzt alles daran, nichts darüber zu wissen.

Das Zeichendenken ist ein Beispiel dafür, dass jedes Wissen ein je spezifisches Nichtwissen erzeugt, dies aber nicht weiß und deshalb verbirgt, dass das Verborgene verborgen wird.

Das Zeichendenken stimmt in dieser Hinsicht exakt mit der gängigen übersetzerischen Vorgehensweise überein, der ich einen auslöschenden Charakter bescheinige.

Die Aufgabe besteht darin, ausgehend von der Erfahrung des Gedichts und von der Erfahrung seiner Übersetzung, eine Krise des Zeichens auslösen. Krise des Zeichens – eine direkte Anspielung auf Mallarmés *Krise des Verses*. Dabei kommt es vor allem darauf an, über ein Unbehagen an der Epoche hinauszugehen. Es geht um die

Anerkennung einer Universalie und eines Zusammenhangs, der bislang verdeckt wurde.

Es geht darum, das Zeichendenken wahnsinnig zu machen – weil es jener Wahnsinn ist, der die Sprache ist, der die Sprache als sozialen Wahn erscheinen lässt. Wenn es gelingt, die Verlogenheit aufzudecken, die dem Anspruch auf Unbegrenztheit eigen ist (sprich: die Grenzen des Zeichendenkens aufzuzeigen), dann liegt darin das utopische und prophetische Moment der Sprachtheorie: utopisch, weil die Sprachtheorie sich ständig weiterentwickelt und keinen festen Ort hat; prophetisch, weil sie sich überkommenen Denkmustern verweigert. Dies sind die beiden Bedingungen für ihre Verwirklichung.

Das Zeichen vom Sockel stoßen. Ohne dem Irrwitz zu verfallen, der in den 1960er Jahren Konjunktur hatte und den Traum von einem Austritt aus dem Zeichendenken propagierte. Dieser literarische Nietzscheanismus fand im Dekonstruktivismus seinen ebenbürtigen Nachfolger. Höchste Zeit also, die Stärken und die Schwächen des Zeichendenkens aufzudecken. Höchste Zeit, dem Zeichen eine Tracht Bibel zu verpassen. Eine Tracht Rhythmus, eine Tracht Gedicht. Das Zeichen zerbricht am Gedicht – seinem härtesten Prüfstein. Höchste Zeit für eine derbe Tracht Geschichtlichkeit wider die Essenzialisierung, wider die unablässigen Dualisierungen. Höchste Zeit, eine Abspaltung vorzunehmen und das Zeichen von seinen Paradigmen zu befreien, so wie die Bücher in den Zeichnungen des Humoristen Ronald Searle von ihren Buchstaben befreit werden. Um anderen Paradigmen Platz zu machen.

Um dem Wahnsinn vielleicht auf andere Weise zu huldigen. Das i-Tüpfelchen einer solchen Utopie? Sich nicht außerhalb von allem zu verorten, sondern den Mut zu haben, die längst akzeptierte Inkompetenz anzuprangern.

In diesem Sinne sind die Grenzen der Hermeneutik aufzuzeigen; nicht, dass wir gänzlich auf sie verzichten könnten, aber um zu zeigen, dass sie sich dem Zeichen untertänig macht, wenn sie glaubt, alles über den Sinn zu wissen und über das, was sich mit ihm machen lässt. Daher rührt die Schwäche eines eindimensional gefassten Übersetzungsbegriffs.

Hier bietet sich erneut die Gelegenheit, zum Schlag auszuholen, zum *vierten* von insgesamt neun Schlägen. Er zielt auf die nach wie vor währende Augenwischerei, die in der landläufigen Gleichsetzung zwischen dem Strukturalismus mit Ferdinand de Saussure besteht. Dabei wird Saussure zum vermeintlichen Begründer des Strukturalismus, dessen Denken in direkter Kontinuität zum Strukturalismus steht. Doch der Strukturalismus ist, wie sich anhand der spät veröffentlichten *Écrits* (2002) nachweisen lässt, eine Ansammlung von sage und schreibe neun Missverständnissen über Saussure – ein Berg von Missverständnissen.[58]

Bei alldem geht es um die Systematik des Sprachdenkens, das von Saussure ausgeht und das ich mir zu eigen gemacht habe. Eben deshalb meine ich, dass Humboldt neu zu denken ist. Und dies umso mehr, als der Strukturalismus die vermeintlich wissenschaftliche Autorität des Zeichens verstärkt, was für den Übersetzungsakt und dessen Resultat nicht ohne theoretisch-praktische Folgen bleiben kann.

Dies ist der Moment, um zu einem *fünften* Schlag auszuholen: Wie kann der Kohärenz des Zeichens die Gegen-Kohärenz des Kontinuums entgegengesetzt werden? Das kann hier nur in groben Zügen skizziert werden:

Ich wage zu behaupten, dass das erste Kontinuum durch das Körper-Sprache-Kontinuum gegeben ist. In einem Gedicht wird man weder Fleisch noch Wurstwaren noch Neuronen finden. Will man das Körper-Sprache-Kontinuum denken, muss man unter Rückgriff auf Spinoza das Verhältnis zwischen Sprache und Leben neu denken, wobei das menschliche Leben nach Spinoza nicht vom »Blutkreislauf« her gedacht werden kann, »sondern in erster Linie von der Vernunft her, die eine Tugend des Geistes ist – *sed quae maxime ratione, vera mentis virtute et vita, defini-*

tur«[59] (*Theologisch-politischer Traktat*, V,V). Da Sprache hier als Voraussetzung mitgedacht ist, widersetzt sie sich der klassischen Gegenüberstellung von Sprache und Leben.

Unter dem System einer Rede verstehe ich jene innerhalb einer Rede wirksam werdende serielle Semantik, die aus drei kontinuierlichen Aspekten (Rhythmus, Syntax und Prosodie) besteht. Als Bewegung des Sprechens in der Rede umfasst der Rhythmus eine Vielzahl von Rhythmen: Rhythmus der Wortstellung, Rhythmus des Sprecheinsatzes, rhythmisierende Kadenz, Wiederholungsrhythmus, syntaktischer Rhythmus und prosodischer Rhythmus. Bei dieser Sichtweise sind weder die Wörter noch die Zeichen die einzigen Einheiten. Dies bedeutet in der letzten Konsequenz, dass es keine Muttersprachen, sondern nur Mutterwerke gibt. Deshalb wiederhole ich auch, was ich schon oft gesagt habe, dass nämlich die Bibel die hebräische Sprache (und nicht die hebräische Sprache die Bibel) hervorgebracht hat. Dies als Beispiel unter vielen.

Daraus leiten sich unausweichliche Konsequenzen für den Akt des Übersetzens ab. Aber auch für den Akt des Lesens. Zwei Beispiele mögen dies veranschaulichen:

In *Poétique du traduire*[60] habe ich zwei Verse aus Homers *Odyssee* (*Iliade* VIII, 64-65) herangezogen, in denen die Wörter *zeigen*, was nicht gesagt wird, in denen die Wörter die Gleichheit zwischen dem Schmerzensschrei der Ermordeten (*oïmôguè*: 3 Längen) und dem Triumphschrei der Mörder (*eukhôlê*) zeigen. Und diese rhythmische Gleichheit, die in der Metrik des Hexameters aufgeht, spiegelt die Entdeckung der homerischen Anthropologie.

Bei Spinoza findet sich ein ausgesprochen amüsantes Beispiel, zumindest von meinem Standpunkt aus gesehen. Der *Theologisch-politische Traktat* Spinozas beginnt mit den Worten: *Affectus, quibus conflictamur concipiunt Philosophi* ... ich übersetze mit: »Die Affekte, durch die wir in die Macht des Konflikts geraten, verstehen die Philosophen als Sünde ...«[61] *Affectus* ist das erste Wort des Satzes, das erste Wort des Buches. Dies ist ein wesentlicher Gedanke in der Spinoza'schen Lehre. Doch die Übersetzung Pierre-François Moreaus lautet: »Die Philosophen beurteilen die leidenschaftlichen Regungen, durch die wir bestimmt werden ...«[62] Da, wo der Denker »die Affekte« in die erste Position rückt (Rhythmus der Wortstellung), platziert der Philosoph seine »Philosophen«. Dies ist ein subtiles Indiz dafür, dass der Philosoph den Körper nur als Körper von Philosophielehrern kennt. Des Weiteren übersetzt er *affectus* einmal durch »Zärtlichkeit«, das andere Mal durch »Leidenschaft«. Nicht nur die Kohärenz im Denken Spinozas wird durchbrochen, auch die Sprache Spinozas kann nicht gedacht werden.

Wenn man die Rede denkt, denkt man den Rhythmus als jeweilige Bewegung des Sprechens in der Rede. Dies ist der erste Sinn, den man dem Kontinuum zuschreibt. Darüber hinaus gibt es drei weitere Konsequenzen.

Die erste Konsequenz ist, dass es in anderen Dimensionen als in der des Zeichens zu denken gilt. Sechs gegen sechs. Nicht auf den inneren Dualismus des Zeichens, auf die Verbindung von Form und Sinn kommt es an, sondern darauf, das Kontinuum als Kraft der Sprache zu denken.

Nicht auf den Gegensatz zwischen Wörtern und Dingen, zwischen Konvention und Natur kommt es an, sondern darauf, die radikale Geschichtlichkeit der Sprache, ihren inneren Zusammenhang und die Frage des Blickwinkels zu denken.

An die Stelle einer binären, mythologisierenden Anthropologie tritt die Pluralität und Diversität des Denkens, an die Stelle der Opposition zwischen Identität und Alterität tritt der Gedanke, dass Identität durch Alterität erzeugt wird.

Nicht auf das theologische Paradigma des Alten und des Neuen Testamentes kommt es an, sondern auf ein Paradigma, das dem theologisch-politischen Herrschaftsanspruch eine allgemeine Enttheologisierung vorzieht. Ich komme später noch darauf zu sprechen.

Nicht auf das soziale Paradigma zwischen Individuum und Gesellschaft kommt es an, sondern auf das Denken des Subjekts. Der Subjekte.

Und an die Stelle des binären politischen Paradigmas, wonach die Mehrheit der Minderheit, die Stärke der Freiheit gegenüberstehen, treten ein Denken und eine Praxis der Pluralität.

Eine weitere Konsequenz ist, dass es den inneren Zusammenhalt dieses Kontinuums zu bedenken gilt, dessen Reichweite sowohl das Körper-Sprache-Kontinuum als auch das Sprache-Gedicht-Ethik-Politik-Kontinuum erfasst. Daher kann ein Gedicht auch nur ein Gedicht sein, wenn es ein ethischer Akt ist; wenn es aber ein ethischer Akt ist, dann ist es auch ein politischer Akt. Für das Zeichendenken hingegen beschränkt sich die Sprache auf eine Reihe von sprachlichen Fertigkeiten, die Poetik auf einen Formalismus, die Ethik auf ein Gedankenkonstrukt von Werten, die Politik auf den Triumph der zynischen Vernunft.

Das Übersetzen ist ein ethischer Akt, denn es gilt, die poetische Ethik des Gedichts zu übersetzen.

Der Kontinuitätsgedanke macht es notwendig, die Frage nach dem Subjekt neu aufzuwerfen und damit zum *sechsten Schlag* auszuholen. Auch diese Situation entbehrt nicht eines gewissen Reizes, da wir es statt mit einem Subjekt – diesem blassen Oberbegriff – mit einem bunten Strauß von Subjekten zu tun haben, zwölf an der Zahl.

Bisher hatte ich mich auf deren Aufzählung beschränkt.[63] Ich gehe jetzt zu einigen Details über: das philosophische Subjekt, das sich selbst gewisse Ich-Bewusstsein, das sich auf das Gedichteschreiben besser nicht einlassen sollte, weil es weiß, was es tut, und weil es tut, was es weiß; das psychologische Subjekt, das beim Gedichteschreiben Emotionen hat und daher nur das aussprechen, benennen und beschreiben kann, was es fühlt; es sollte ebenfalls vom Schreiben die Finger lassen, auch wenn die Buchläden voll sind von seinen Vermächtnissen; des Weiteren gibt es das

Subjekt als Träger der Kenntnis von Dingen, das Subjekt der Naturwissenschaft, das Subjekt als Träger der Beherrschung von Dingen, das Subjekt der Technik – sie alle gehen ihren Beschäftigungen nach, mit dem Gedicht hat dies alles nichts zu tun; dann wäre da noch das Subjekt als Träger des Wissens über die Anderen, das als Erfinder der Ethnologie wenig gemein hat mit dem Subjekt als Träger der Herrschaft über die Anderen, das als Erfinder der Sklaverei und der Kolonisierung gilt; hernach das Subjekt als Träger des Rechts – ein besonders wichtiges Subjekt aufgrund des Artikels 1 der Menschenrechtserklärung von 1789: »Die Menschen werden frei und gleich an Rechten geboren ...«; das stimmte nicht, es stimmt auch heute nicht, aber es handelt sich um einen kategorischen Imperativ, um eine Universalie, die beispielhaft vorführt, was passieren kann, wenn eine Universalie für die Universalisierung des westlichen Modells gehalten wird und aus eben diesem Grunde als ein von den »Weißen« geprägtes Modell abgelehnt wird; auch Diderot hat in seinem Vorwort zur *Enzyklopädie* ein Subjekt erfunden, das Subjekt als Träger des Glücks – während Heidegger und seine Anhänger sich ganz auf die Herrschaft und die Frage-nach-der-Technik verlegt haben, wobei das Subjekt im Grunde genommen keine Rolle spielt, da der Mensch nur spricht, wenn er auf die Einzelsprache antwortet; es gibt natürlich auch das Subjekt als Träger der Geschichte, das sowohl passiv als auch aktiv sein kann; den Realisten zufolge sind die Masse oder die Nation die einzig möglichen Subjekte, während das Individuum nur als Nummer existiert – zuweilen als eine im Arm eintätowierte Nummer; zu erwähnen wäre noch das Subjekt als Sprecher der Einzelsprache, das sich in ein Subjekt der Rede verwandelt, sobald es den Mund öffnet; davon weiß es nichts, doch dies ist ohne Bedeutung, es ist ebenso Subjekt in der Sprache wie durch sie; schließlich wäre da noch das Freud'sche Subjekt; allerdings sind wir alle Freud'sche Subjekte, und sobald man in einem literarischen Text nach ihm sucht, wird man es finden, aus zwei Gründen nämlich, erstens weil es in der Literatur so selbstverständlich ist wie die Buchstaben in einem Wort oder die Wörter in einem Satz, und zweitens weil die Suche nach dem Freud'schen Subjekt die Anwendung tiefenpsychologischer Techniken voraussetzt; man erntet, was man zuvor gesät hat, was im Übrigen auch für die Grammatiker gilt, die einen literarischen Text nach Verben, Adjektiven und adverbialen Bestimmungen absuchen (etwas anderes wird ihnen gar nicht zugestanden, schon gar nicht, wenn es sich um ein Gedicht oder um eine Nachahmung handelt). Ohnehin weist sich ein Gedicht nicht deshalb als Gedicht (oder als Nachahmung eines Gedichts) aus, weil es ein Freud'sches Subjekt enthält, das dem Grammatiker – sei er nun ein Mann oder eine Frau – eine Projektionsfläche bietet.

Nach dieser Aufzählung, die keinerlei Anspruch auf Vollständigkeit erhebt, sehe ich mich also gezwungen, den Schluss zu ziehen, dass nicht eines dieser Subjekte ein Gedicht geschrieben hat. Ich werde daher auf ein dreizehntes Subjekt zurückgreifen müssen, das ich als Subjekt des Gedichts bezeichne. Unter diesem Begriff verstehe ich weder den Autor (der eine psychologisch-juristische Kategorie darstellt), noch das Individuum, dem man von hinten auf die Schulter klopft, sondern die maximale Subjektivierung eines Redesystems, mit der eine Oralität einhergeht, die nicht nur durch den Klang transportiert wird. Es ist das Subjekt, das zum Hören gebracht wird. Es ist das Subjekt, das bearbeitet und verändert wird. Die Erfindung einer Spezifizität und einer Geschichtlichkeit.

Von hier aus gilt es das Subjekt zu übersetzen, es zu Gehör zu bringen.

Dies bedeutet mit anderen Worten, und damit wurde soeben der *siebte Schlag* vollzogen, dass die Bestimmung des Übersetzens das Hören ist, das darin besteht, auf das zu hören, wovon man nicht weiß, dass man es hört (vgl. hierzu, wie in *Poétique du traduire* dargestellt, die Strahlkraft des Namens *Ophelia* auf die umgebenden Wörter); die Grenzen der Hermeneutik tun sich an der entsemiotisierenden Bedeutungsweise auf. Dies schafft wiederum die Notwendigkeit (welch ehrgeiziges Programm), all das neu zu übersetzen, was bisher vom Zeichen her übersetzt wurde. Das impliziert natürlich eine Kritik an der Transparenzforderung und an der Lehnübersetzung; es geht nicht mehr darum, Alterität und Identität gegenüberzustellen, sondern eine Alterität zu Gehör zu bringen, die eine Identität zu verändern vermag.

Und hier spielt der Rhythmus (spielen die Rhythmen) eine grundlegende Rolle. Dabei geht es weder um Form noch um Atmung (diese Metapher ist besonders schwach auf der Brust). Beispiele gibt es zuhauf. Ich habe bereits den Fall *Jesaja* (40,3) erwähnt, die Stimme in der Wüste[64], wo der Gruppenakzent – wie bei Lemaistre de Sacy der Fall – lange Zeit verschoben wurde: »On a entendu la voix de celui qui crie dans le désert: Préparez la voie du désert« (»Man vernahm die Stimme desjenigen, der in der Wüste ruft: Bereitet den Weg des Herrn« für *kol kore // bamidbar panu derekh adonai*). Die King-James-Fassung übersetzt wie folgt: »The voice of him that crieth in the wilderness, Prepare ye the way of the Lord« (»Die Stimme, die die seine war, rief in der Wildnis, Bereitet den Weg des Herrn«); nach der Septuaginta, nach Matthäus (3,3), Johannes (1,23). Seit zwei Jahrhunderten wird in nahezu allen Übersetzungen derjenige Rhythmus restituiert, der sich mit dem Sinn deckt; so heißt es beispielsweise in der Jerusalemer Bibel: »Eine Stimme ruft: Bahnt für YHWH einen Weg durch die Wüste ...« Ich hingegen würde wie folgt übersetzen: »Une voix crie // dans le désert // ouvrez le chemin d'Adonaï« (»Eine Stimme ruft // durch die Wüste // öffnet den Weg Adonais ...«) Doch hat die heimtückische Übersetzung Anlass zu einer Redensart gegeben: *ein Rufer in der Wüste* ist »ein vergeblich Mahnender«. Und so behält die Übersetzung von Lemaistre de Sacy, die manch Katholik als schönste französische Fassung betrachtet und die 1990 in der Reihe *Bouquins* neu aufgelegt wurde, die fehlerhafte Wendung bei.

Sobald man bei den theoretischen Effekten des biblischen Textes verweilt, stellt sich sowohl ein Doppeleffekt als auch ein Einzeleffekt ein. Dies ist der *achte Schlag*. Ein Schlag Bibel.

Der erste Effekt ergibt sich aus dem Panrhythmus des Textes, der Organisation der *te'amim* (Pl. von *ta'am*, Geschmack / Geschmack der Speisen im Mund) – allein dieser Begriff steht als Metapher für Oralität und Körper-Sprache; den Rhythmus betrachte ich als theoretischen Hebel, mit dessen Hilfe sich der Schwerpunkt der gesamten Sprachtheorie verlagern lässt.

Bezeichnenderweise weigert sich bis heute ein theologisch programmiertes Gegenargument, auf einen Rhythmus zu *hören*, der sich nicht in den griechischen Kategorien des Denkens aufnehmen lässt. Der Kampf um den Rhythmus wird somit zu einem Kampf gegen eine Theologie oder gegen die Theologie überhaupt.

Der zweite Effekt, der sich aus der *Genesis* selbst und vom Standpunkt des Gedichts ergibt, besteht darin, dass es eine Unterscheidung vorzunehmen gilt (eine Unterscheidung, die von den religiösen Übersetzungen nicht gemacht wird, obwohl es sich im kulturellen Sinne um einen religiösen, um einen religionsstiftenden Text handelt), die Unterscheidung nämlich zwischen dem Heiligen, dem Göttlichen und dem Religiösen. Der Text gibt diese Unterscheidung eindeutig vor.[65]

Ausgehend von diesem Text, definiere ich das Heilige als Symbiose des Menschen mit dem Kosmos. Der Mensch ist in die Schöpfung eingebunden, die Tiere können sprechen, wie die Schlange zu Eva spricht. Hieran schließt sich die Unterscheidung zwischen dem Heiligen und der Nostalgie des Heiligen. Wenn Heidegger Hölderlins Gedichtzeile »Das Heilige sei mein Wort« indikativisch auffasst und nicht als imperativisch gebrauchten Konjunktiv, dann liegt hier eine Verwechslung der Modi vor, was im Hinblick auf die Ethik nicht ohne Konsequenzen bleibt.

Das Göttliche ist der Übergang vom schöpferischen Prinzip bis hin zu den kleinsten lebendigen Kreaturen. Das Religiöse spielt hier noch keine Rolle. Das Göttliche selbst ist hier mit dem Heiligen verwoben.

Das Göttliche trennt sich vom Heiligen in *Exodus* 3,14, als Gott mit einem Verb antwortet und nicht mit dem von Moses geforderten Namen. Ich übersetze durch »Je serai / que je serai« (»ich werde sein / was ich sein werde«), wodurch eine Anspielung an Vers 12 gegeben ist. Der Wegfall des Namens bedeutet den Bruch der Symbiose mit dem Heiligen und damit die absolute Transzendenz des Göttlichen im Gegensatz zur Immanenz des menschlichen Daseins. So schnell findet man sich in der negativen Theologie wieder. Und das Paradox besteht darin, dass das solchermaßen verstandene Göttliche für die Unbegrenztheit der Geschichte und für die Unbegrenztheit des Sinns verantwortlich zeichnet.

Das Religiöse taucht später auf, in den Büchern *Exodus* und *Levitikus*, in denen bestimmte religiöse Aspekte wie Sozialisation, Ritualisierung und die Aneignung des Heiligen und des Göttlichen zur Einheit verschmelzen.

Dies ist der Grund, weshalb die religiösen Übersetzungen nicht die Unterscheidung vorgenommen haben, die ich vornehme. Vom Standpunkt des Gedichts aus halte ich es, und ich befinde mich hier in Übereinstimmung mit Maimonides, für übertriebene Ehrerbietung, von einem »heiligen Text« und einer »heiligen Sprache« zu sprechen – das Hebräische spricht lediglich von einer »Sprache der Heiligkeit«, *leshon ha-kodesh*.

Wir haben es hier mit einem vierfachen Effekt zu tun. Der erste Effekt ist ein Paradox: Je mehr der Übersetzer in dem von ihm verehrten Text eine Wahrheit zu erkennen glaubt, umso mehr besteht die Gefahr, dass er den Text abschwächt, weil die Wahrheit – ähnlich wie der Sinn – stets einen Rückstand, nämlich die Form, hervorbringt. Und das Kontinuum, die eigentliche Kraft des Textes, wird zum Diskontinuum, zum Zeichen. Die konfessionellen Übersetzungen führen diese widersprüchliche Konsequenz vor, doch sie sehen sie nicht und schaffen keine Abhilfe. Die religiöse Übersetzung sieht nur sich, genau wie das Zeichen.

Der zweite Effekt besteht in der von mir erhobenen Forderung, diesem Text, der durch die religiösen Übersetzer ausgelöscht und instrumentalisiert wurde, durch Entchristlichung Gehör zu verschaffen und durch Hebraisierung in den Status eines Gedichts zu heben.

Es gilt drittens anzuerkennen, dass das Religiöse das Gegenteil dessen macht, was Lucius Lactantius nahezulegen schien.[66] Denn nichts entzweit die Menschen mehr als der theologisch-politische Herrschaftsanspruch. Man denke nur an die Geschichte der Religionen. Mörderinnen sind sie. Ich sehe mich also gezwungen, den Schluss zu ziehen, dass der politisch-theologische Herrschaftsanspruch der Hauptfeind allen menschlichen Lebens ist.

Dies führt viertens zu der Erkenntnis, dass die Arbeit des Gedichts, von der sich die Arbeit des Gedicht-Übersetzens ableitet, darin besteht, das Göttliche zu enttheologisieren.

Das theologische Paradigma wird somit zum Kampf der niemals enden wollenden Enttheologisierung der Sprache, des Gedichts, der Ethik und der Politik gegen den politisch-theologischen Herrschaftsanspruch.

Gleichzeitig führt das Übersetzen die engmaschige Interaktion zwischen der Sprache, dem Gedicht, der Ethik und der Politik vor.

Natürlich ist es nicht dasselbe, Shakespeare, Dante oder Kafka zu übersetzen. Wenn ein Text in den kulturellen Kanon eingegangen ist, den sogenannten »Great Code«, fallen seine Effekte umso schärfer aus. Wirklich interessant wird die Übersetzung durch ihre aufdeckende Funktion.

Je bedeutender die Texte sind, desto mehr wird ihnen diese Rolle zuteil, zumal sie ja ständig neu übersetzt werden.

Durch diese Texte wird das Übersetzen nicht nur zu einer experimentellen Poetik, sondern auch zu einer experimentellen Ethik des Gedichtsubjekts und zu einer experimentellen Politik der Sprache.

Zu guter Letzt steht uns noch ein Schlag bevor, der letzte und *neunte* Schlag, der stellvertretend für alle anderen steht: Es gilt, diese Interaktion zwischen der Sprache, dem Gedicht, der Ethik und der Politik als zusammenhängende Einheit zu begreifen. Hier entfaltet sich das Übersetzen in seiner ganzen Bedeutung. Es ist nicht mehr die Rede davon, dass Übersetzungen nur etwas übertragen oder den Übergang von einer Einzelsprache in die andere herstellen sollen, wodurch man unwillkürlich an das erinnert wird, was Montesquieu in den *Persischen Briefen* über den Übersetzer schreibt: dass er nicht denkt. Die Rede ist auch nicht von Übersetzungswissenschaft. Gegenstand der Gesamttheorie der Sprache ist das »menschliche Leben«.

8
AUSGANGSTEXTORIENTIERT, ZIELTEXTORIENTIERT, DAS BLEIBT SICH GLEICH

Ausgangstextorientiert, zieltextorientiert. Ausgangszielorientiert? Zielausgangsorientiert?

Ich möchte hier eine Geschichte erwähnen, die sich im Vorwort zu Lewis Carrolls *The Hunting of the Snark* befindet. Sie erzählt von einem Mann, der während des englischen Bürgerkriegs im 16. Jahrhundert zwischen die Fronten der William-Anhänger und der Richard-Partisanen gerät; als er gefragt wird, zu welchem Lager er gehört (es geht um Leben und Tod), antwortet er, von Angst getrieben: Rilchiam.

Kann man mit den Begriffen »Ausgangstext« vs. »Zieltext« ähnlich verfahren? Eine dramatische Zuspitzung verhindern? Oder vielleicht eine komische? Alles eine Frage des Blickwinkels.

Ich weiß, dass ich in dieser Frage als »Ausgangstextler« gelte, da aber das Wort »Ziel« eng mit dem Wort »Zielscheibe« zusammenhängt, gilt es, ins Schwarze zu treffen, und ich frage mich, ob es sich dabei tatsächlich um unvereinbare Gegensätze handelt.

Mein einziger Einwand bezieht sich auf die Frage nach der Spezifik des Übersetzens, die manch einer zum Gegenstand einer eigenen Disziplin erhebt: der Übersetzungswissenschaft. Ich stehe einer solchen Autonomie skeptisch gegenüber, vom Standpunkt der Sprachtheorie her, der internen Spezifik des Sprachlichen.

In puncto Aufteilung der Geisteswissenschaften stehe ich auf Humboldts Schultern.

Ich bin ganz einfach skeptisch gegenüber der von den Linguisten vertretenen Auffassung, wonach eine direkte Übereinstimmung zwischen Saussure und dem Strukturalismus besteht, wo doch der Strukturalismus als Quelle von Fehldeutungen zu Saussure zu sehen ist.[67] Bestätigt wird dies durch die 2002 erfolgte Veröffentlichung der *Écrits*.[68]

Es geht also darum, die Theorie und Praxis des Übersetzens in einer Gesamttheorie zu verorten.

Meine Frage ist allerdings folgende: Welches Subjekt wird dabei vorausgesetzt? Das Subjekt des Gedichts, weil es zugleich fehlt und notwendig ist.

Ansonsten schaue ich mir an, was mit der Sprache geschieht, und jedes Mal sehe ich mich mit einer Marionette konfrontiert, einem hölzernen Adler[69]: dem Zeichen.

Es ist das Zeichen, das die Ausgangssprache auf die Form zurechtstutzt und die Zielsprache auf den Sinn. Das Übel ist alt und sitzt tief. Sich auf den gesunden Menschenverstand berufen (wie es die Sprachwissenschaftler tun), erscheint mir schizophren. Man kann es gar nicht oft genug wiederholen.

Die Sprache ist krank. Dies ist hinlänglich bekannt, denn es wird weithin gefordert, die Sprache zu pflegen und darauf zu achten, was sprechen bedeutet. Die Sprache ist ein Kranker, der sich für gesund hält, was man ja auch gerne von Menschen behauptet, die gesund sind. Ein Symptom des Übels besteht gerade darin, dass es nicht zur Kenntnis genommen wird. Manchmal beschleicht einen allerdings eine leise Ahnung, was man daran sieht, wie über die Übersetzung, über das Übersetzen gesprochen wird.

Genau das passiert – und es ist schon überraschend, dass das nichts Überraschendes mehr hat –, wenn das Übersetzen von Heidegger her gedacht wird, der die Spezifik des Übersetzens so lange verwässert hat, bis nur noch das Verstehen übrig blieb, der Akt des Verstehens, sprich: die Hermeneutik, die Paul Ricœur sagen lässt, dass das »Verstehen ein Übersetzen sei«[70]. Zu diesem nebulösen Gedanken passt, dass es »immer und zu jeder Zeit möglich ist, *dasselbe auf je unterschiedliche Weise zu sagen*«[71]. Das ist die Wahrheit der Einzelsprache, nicht die der Rede. Und es liegt eine doppelte Verwechslung vor: mit der Metasprache und der Synonymie. Dabei schreibt Bernard Lafaye, Autor des nach wie vor besten Wörterbuchs der französischen Synonyme, in seinem Vorwort von 1858, dass er sein Werk Lexikon der *Anti-Synonyme* nennen wollte. Tatsache ist, man kann nicht dasselbe anders sagen, man sagt etwas anderes anders. Und was derlei Banalitäten mehr sind.

In Madame Tussauds Kabinett der überkommenen Vorstellungen kommt man an der Wachsfigur Walter Benjamins und seiner Theologie der »reinen Sprache« überhaupt nicht vorbei; von dieser ist nicht viel mehr übrig geblieben als die produktive Forderung nach Hebraisierung (und damit nach einer Entgrenzung statt nach einer Vereinnahmung) der deutschen Sprache, was aber auch heißt, dass Benjamin im Denken der Einzelsprache bleibt, statt die Übersetzung von Rede zu Rede zu denken. So trägt die »Sehnsucht«, von der Benjamin spricht, lediglich dazu bei, den babylonischen Mythos fortzuschreiben.

Dies gibt der modischen Vorstellung Nahrung, wonach die Übersetzungen eines Textes Teil des Textes sind, was allerdings nur dann zutrifft, wenn man die großen Werke auf ihren kulturellen Effekt reduziert, das Gedicht auf das Zeichen zurechtstutzt und die unhinterfragte Kluft zwischen Form und Inhalt aufrechterhält. Dabei weiß jeder, dass – von einigen wenigen bedeutenden Ausnahmen abgesehen – alle Übersetzungen eines literarischen Textes Entliterarisierungen sind.

Es ist blanker Unsinn, wieder und wieder die alberne Behauptung aufzustellen, dass ein Text die Summe seiner Übersetzungen ist. Sobald man genauer hinsieht, stellt man fest, dass Shakespeares Sonette, dass die *Göttliche Komödie*, dass Kafka (um nur einige Beispiele zu nennen) in der übersetzten Fassung nur noch ein Schatten ihrer selbst sind. Anders verhält es sich mit einem religiösen Text: Von ihm bleibt nur das Religiöse. Die Sakralisierung hat ihn als Text auf unmerkliche Weise zum Verschwinden gebracht.

Greift man das erste Nomen von Benjamins Aufsatztitel *Die Aufgabe des Übersetzers* auf, ein Wort, das in Jacques Derridas *Babylonischen Türmen* aus *Psyche* im Zusammenhang mit dem Gedanken der »Bringschuld«[72] (dette) reflektiert wird, dann stellt man fest, dass es tatsächlich darum geht, etwas von dem *wiederzugeben*, was der Text uns *geschenkt* hat, wobei dieses Etwas sich nicht auf den Sinn der Wörter beschränkt, sondern auch seine Kraft umfasst, sein rhythmisches Kontinuum. Wenn man also nicht den Rhythmus übersetzt, dann übersetzt man auch nicht den Text, sondern lediglich das Zeichen. Es geht um so viel mehr als um die »Wiedergabe des Sinns«, wie Derrida in wörtlicher Anlehnung an Benjamin hervorhebt (S. 131).

Es geht um den Rhythmus *als Bewegung des Sprechens in der Sprache*, um das Kontinuum, um die Kraft der

Sprache, die sich der traditionellen Definition entzieht, wonach der Rhythmus ein Alternieren, eine Wiederkehr von stark und schwach betonten Silben, die Gegenüberstellung einer Form und eines Inhalts ist. Und von eben dieser Form spricht Benjamin, auf den sich Derrida bezieht: »Die Übersetzung ist eine Form« (vgl. S. 137), die das Pendant zum »*Gehalt*« (auch hier hat Benjamin Pate gestanden) bildet.

Vorherrschend bleibt diese dualistische und semiotische Vorstellung der Sprache, die ihren poetischen Anstrich aus der Häufung der Metaphern gewinnt; so heißt es zum Beispiel bei Benjamin im Zusammenhang mit Hölderlins Sophokles-Übersetzungen, dass der »Sinn nur noch wie eine Äolsharfe vom Winde von der Sprache berührt wird« (zitiert bei Derrida, S. 146). Das Zeichen hält das Zepter in der Hand. Die Metaphorisierung ist ein Effekt der theoretischen Prämissen, zumal wenn das Verhältnis eines Textes zu seinen zukünftigen Übersetzungen mit dem Begriffspaar »Leben« und »Fortleben« beschrieben wird (zitiert bei Derrida S. 134). Was Derrida ebenfalls von Benjamin übernimmt. Dabei müsste eine Entmetaphorisierung des Begriffs »Fortleben« erfolgen, wenn man in den Begriffen der Rede, der Poetik, das heißt des Wertes denkt. In den Begriffen der *Tätigkeit*, nicht des *Produkts*. Oder unter Rückgriff auf Humboldt: in den Begriffen der *enérgeia*, nicht des *ergon*.

Das ist die einzige Möglichkeit, um die Verwechslung von kulturellem Effekt und Wert (der Tätigkeit des Gedichts) zu vermeiden. Führt man dagegen jene pseudopoetische, theologisch-mythologische, babelisierende Auffassung fort, wonach das Original die Übersetzung »verlangt« (S. 137), so wird man auch der Mär Glauben schenken, dass das Original »mit dem Trauern und Flehen um sie [die Übersetzung] noch nicht aufgehört hat«; diese Worte, die tatsächlich auf Derrida zurückgehen (S. 140), erinnern unweigerlich an andere Tränen, nämlich an jene, die – wie einer Passage des Talmud zu entnehmen ist – von den Engeln vergossen wurden, als die Bibel ins Griechische übersetzt wurde. Eine Mär jagt die andere.

Doch eben diese Mär wird als »Sprach-Vertrag zwischen den Sprachen« (S. 141) weitertradiert. Für Walter Benjamin ist der Zweck der Übersetzung im »Ausdruck des innersten Verhältnisses der Sprachen zueinander« (S. 143) gegeben. Was hier evoziert wird, ist das, was Benjamin die Möglichkeit einer »reinen Sprache« nannte.

Und genau hier tritt die nahtlose Symbiose zwischen der Sprache und dem Heiligen in Erscheinung: »das Wesen des Literarischen oder des Heiligen«, »ihre gemeinsame Wurzel«, um mit Derrida zu sprechen (S. 143). Eine gewisse Zweideutigkeit schleicht sich in diese Formulierungen: Man weiß nicht, ob er weiterhin von Benjamin spricht oder ob er hier selbst spricht. Doch wenn man genau hinschaut, ist die Zweideutigkeit schnell behoben. Derrida spricht in seinem eigenen Namen: »Begleiten wir diese Bewegung der Liebe, die in der Übersetzung sich auswirkt, folgen wir der Geste, die mit dem ›liebend‹ gemeint ist« (S. 146). Derrida macht sich Benjamins metaphorische Sprache zu eigen: »das Gefäß [ist] mit sich eins und zugleich nach außen offen« (S. 147). An anderer Stelle ist vom »Hymen« und vom »Hochzeitskleid« die Rede (S. 147). Benjamin sprach vom »Königsmantel in weiten Falten« (zitiert auf S. 148).

Das Verhältnis zum Heiligen drückt sich hier im Primat der Benennung aus, das als eigenes Sprachdenken ausgegeben wird: Der Ausflug ins Märenhafte erfolgt unter Ausblendung der theoretischen Konsequenzen: unter Weigerung, die Rede zu denken. Das heißt die Poetik.

Dem fügt Derrida eine juristisch gefärbte Interpretation zum Urheberrecht des Übersetzers hinzu, der zufolge eine Übersetzung »nur aufgrund des Ausdrucks den Charakter eines Originals« hat (vgl. Derrida, S. 155). Womit wir erneut bei der Unterscheidung zwischen Form und Gehalt angelangt wären, die gerade dazu dient, den Juristen zu widerlegen: »einzig die Form zum Eigentum werden kann, nicht die Ideen, Themen, die Inhalte« (ebd.). Im Unterschied zu dem, was Derrida zu sagen glaubt, erhalten die Übersetzungen hierdurch ihre Bestimmung: Sie dienen der Übermittlung eines Inhalts. Überdies begegnet man dem »Genius jeder Sprache« (ebd.), wenn auch unter Federführung eines anderen Juristen.

Alles in allem sieht es danach aus, als mache Derrida sich die babelisierende Mythologie Benjamins zu eigen, wenn er schreibt: »Die Übersetzung verspricht ein Königreich (im Augenblick) der Versöhnung der Sprachen« (S. 157). Wieder stößt man auf den Gedanken, dass es um »die Wahrheit als ›Authentizität‹ geht (S. 158); dieser Begriff der Wahrheit stellt für die Philosophen eine Hürde dar, wenn es das Gedicht zu denken gilt. Dies haben sie mit den Theologen gemein. Und Derrida fügt noch hinzu: »Die religiöse Schlüsselsprache erweist sich als wesentlich« (S. 160).

Bezeichnend ist auch der Satz, wonach »nur eine Übersetzung [...] sie [die reine Sprache] hervortreten lassen« kann: vom »Kern« loslösen könne (S. 160). So wird jede Möglichkeit ausgeschlossen, den Wert, also die Kritik zu denken, die Kritik der Übersetzungen und des Übersetzens. Das, was ihre Geschichtlichkeit ausmacht.

Die definitive Hinwendung zum Heiligen gibt einem gewissen Hang zur Mystik nach: »Es gibt einzig den Buchstaben, das Wörtliche – das ist die Wahrheit der reinen Sprache, die Wahrheit als reine Sprache« (S. 162). Dies ist eine vermeintlich neue Form der ältesten Akademisierung, und zwar eine sehr verbreitete.

Um das zu denken, was man beim Übersetzen tut, muss man sich eingestehen, dass das Zeichen nicht die Sprache, sondern ein Modell der Sprache ist; dass der Begriff der Einzelsprache, so paradox dies klingen mag, uns daran hindert, die Sprache zu denken; dass der Begriff des Sinns eine erkenntnistheoretische Hürde darstellt, wenn es zu denken gilt, was die Sprache macht, was man aus ihr macht und was sie mit einem macht. Form, Inhalt: Es ist an der Zeit, diese fatale Paarbeziehung aufzulösen. Dabei ist es vergleichsweise einfach: Es gilt zu verstehen, dass das Kontinuum des Gedichts sich im Diskontinuum des Zeichens entfaltet, dass die Einzelsprache ihre Wirkung nicht aus der Einzelsprache bezieht, sondern aus der Rede; dass die Einzelsprache nur aus Reden besteht; dass der unbekannte Anteil der Sprache größer ist als der bekannte. Und dass dieser bekannte Anteil uns daran hindert, den unbekannten zu erforschen.

Es gilt, die Paradoxien zu erkunden und die Binsenwahrheiten von morgen vorwegzunehmen.

So lange man nur die Einzelsprache betrachtet, stellt man zwei Einzelsprachen einander gegenüber; eine einzelsprachliche Einheit wird in eine andere einzelsprachliche Einheit übertragen, man übersetzt nur die Einzelsprache (oder vielmehr man glaubt, nur dies zu tun). Man stellt unreduzierbare Bereiche einander gegenüber: die Phonologie einer Einzelsprache der Phonologie einer anderen Einzelsprache. Selbst Ezra Pound vertrat zu Recht in seinem *ABC des Lesens* die Auffassung, dass sie unübertragbar seien. Die Melopöie, wie er es nannte, sei in der Einzelsprache beheimatet. Und die Grammatiken unterscheiden sich, die Bedeutungsumfelder der Wörter unterscheiden sich. Dies alles lässt sich nicht leugnen. Die logische Konsequenz hieraus ist der Begriff der Unübersetzbarkeit oder der teilweisen Unübersetzbarkeit, ein Begriff, der sich oftmals mit dem ebenso verbreiteten Topos des Unsagbaren deckt. Ich behaupte, dass sowohl der eine als auch der andere Begriff Akademisierungen des Denkens sind.

Gleichzeitig wird erkennbar, dass die Gegenüberstellung zweier Einzelsprachen eine weitere Gegenüberstellung zur Folge hat: nämlich die von Sprache und Leben. Das Ganze bildet ein kohärentes System von Vorstellungen. Ein klassisches, schulgemäßes, akademisch und politisch korrektes System.

Dabei ist als erstes festzustellen, dass dieses System von Vorstellungen nicht als ein solches aufgefasst, sondern für die Natur der Dinge erachtet wird.

Das Zeichen gilt als eigentliche Natur der Sprache. Ich betone dies, weil die kulturellen Denkmuster taub sind. Von der Auffassung des Zeichens leitet sich ein Denkfaden aus heterogenen Begriffskategorien ab, die für sprachkonstituierend gehalten werden und somit die Bedingungen einer jeden Übersetzung diktieren.

Diese Feststellung regt dazu an, eine völlig andere Kohärenz zu schaffen und zu erkunden, eine völlig andere Systematik.

Das vorherrschende Modell der Sprache entspricht nicht der Natur der Dinge, der Dinge der Sprache, sondern stellt ein System von Vorstellungen dar. Und wie jedes Vorstellungssystem ist auch dieses sowohl historisch als auch kulturell geprägt und begrenzt. Es geht nicht darum, so zu tun, als würde man es beseitigen. Es geht darum, seine Grenzen anzuerkennen. Darum, das Ungedachte zu denken.

Eine erste Überraschung, die die Übersetzung, diese Wundertüte an Überraschungen, bereithält, liefert die Erfahrung des Übersetzens. Diese führt unvermeidlich zu der Erkenntnis, dass sich aus dem Übersetzen eine Anfangsparadoxie ergibt, aus der sich alle anderen ableiten: Das Übersetzen führt vor, dass wir von der Sprache lediglich Vorstellungen haben. Durch den Vergleich unterschiedlicher Arten des Sagens: *il traversa la rivière à la nage*, er schwamm durch den Fluss. Und nicht: »Er durchquerte schwimmend den Fluss.«

Was in Saussures posthum veröffentlichten *Écrits de linguistique générale* (2002) deutlich wird, ist, dass es in puncto Sprache nur Standpunkte gibt. Keine naturgemäße Wahrheit. Dadurch erhält, nebenbei gesagt, der Streit zwischen Realismus und Nominalismus (den einige für mittelalterlich erachten) neuen Zündstoff.

Zweite Konsequenz: Wenn es in Bezug auf die Sprache nur Standpunkte gibt, ist die Theorie der Sprache oder das Nachdenken über den inneren Zusammenhang der Sprache eine unvermeidliche Notwendigkeit, die in der Theorie und Praxis des Übersetzens enthalten ist.

Diese Wechselseitigkeit bedeutet, dass es keine Theorie der Sprache ohne Theorie des Übersetzens, dass es keine Praxis des Übersetzens ohne Theorie des Übersetzens und keine Praxis bzw. Theorie des Übersetzens ohne Theorie der Sprache geben kann.

Die vermeintliche Autonomie einer aus sich selbst lebenden Theorie des Übersetzens entpuppt sich schnell als ein Denken, in dem das Zeichen und die Einzelsprache die einzig bekannten und anerkannten Vorstellungen der Sprache sind. Dies ist die Situation, wie sie sich in der augenblicklichen Gemengelage zwischen Empirismus, Eklektizismus und vortheoretischer Wissenschaftsgläubigkeit darstellt – einer Gemengelage, die sich ganz der Hermeneutik verschreibt, den Fragen des Sinns und also denjenigen des Zeichens.

Das Resultat: Man weiß nicht, was man tut, und man weiß nicht mehr, dass man nicht weiß, was man tut; und obendrein möchte man am liebsten nichts davon wissen.

Dabei hat Humboldt bereits vor langer Zeit darauf hingewiesen, dass die Wörterbücher und die Grammatiken ein totes Gerippe der Sprache sind; dass die Wörter der Rede nicht voraus-, sondern aus ihr hervorgehen und dass wir es historisch gesehen immer mit dem wirklich sprechenden Menschen zu tun haben.

Bereits aus diesen drei Humboldt-Zitat-Fragmenten lässt sich ersehen, dass das Problem, auf seinen Kern reduziert, lösbar wird, wenn man in den Begriffen der Rede und nicht der Einzelsprache denkt; nur so kann das System der Sprachauffassungen verändert werden, inklusive der Praxis und Theorie des Übersetzens.

Vom Standpunkt des Redekontinuums aus geht es um die Beziehungen zwischen dem Rhythmus, der Syntax und der Prosodie, wobei die Prosodie durch alle Wörter hindurchläuft, und zwar umso mehr, je ausgeprägter das Redesystem ist. Und der Rhythmus besteht aus einer *Vielzahl* von Rhythmen: Rhythmus der Unterbrechung und Rhythmus der Kontinuität (Rhythmus der Sprechgruppe), Rhythmus der Betonung, Akzentrythmus im Sprecheinsatz oder auf der Gruppenendsilbe, Rhythmus der Wiederholung, prosodischer Rhythmus und syntaktischer Rhythmus. Dabei ist die Verknüpfung zwischen all diesen Elementen weder im Sinne der Rhetorik, noch im Sinne der Ästhetik oder der Stilistik, sondern als Poetik aufzufassen.

Denn die Rhetorik – oder das, was aus ihr geworden ist – vertritt die Auffassung, dass jene Elemente sich von der Einzelsprache und nicht von der Rede ableiten lassen und dass die Rhetorik eine Rhetorik der Figuren ist und nicht – wie bei Aristoteles – eine Rhetorik des sprachlichen Handelns, die ein anderes Verhältnis zwischen Sprache und Leben voraussetzt als die zum Formalismus erstarrte Taxonomie der Figuren.

Noch weniger handelt es sich um eine Ästhetik, da die Ästhetik sich durch die Geschichte ihrer eigenen Disziplin in Fragen der Schönheit und der Wahrnehmung verliert und nicht über jene Begrifflichkeit verfügt, die der Poetik, wie ich sie verstehe, eigen ist; durch diese Begrifflichkeit, die auf die radikale Geschichtlichkeit des Redesystems als Wert ausgerichtet ist, kann eine Reformulierung jener Fragen der Ästhetik stattfinden. Die Poetik ist von diesem Standpunkt aus eine Neuübersetzung der Ästhetik.

Es handelt sich auch nicht um eine Stilistik, denn der Stilbegriff umfasst nur das, was das Zeichen über die Sache der Literatur zu denken erlaubt, das heißt die Dichotomisierung von Form und Inhalt.

Und wenn das Hören auf das Kontinuum sich über das Hören auf das vollzieht, was ein Redesystem macht (ich verstehe unter einem *Redesystem* ein Werk, die Erfindung eines Denkens, das sich als Gedicht des Denkens realisiert), bedeutet dies, dass eine dem Zeichen verpflichtete Übersetzung das Kontinuum auslöscht, und zwar sowohl die Rede als auch das Redesystem. Ich schlage daher vor, diesen Übersetzungstyp, der im Großen und Ganzen der gängigen Übersetzung entspricht, mit der Bezeichnung *auslöschend* zu versehen.

Wenn wir also nochmal auf jene berühmte, nicht lösbare Kopplung zwischen Ausgangs- und Zieltext, Ausgangstextler und Zieltextler zurückkommen, dann löst sich diese doppelte Sehstörung, dieser Widerspruch, wie von selbst.

Ob Ausgangstextler oder Zieltextler, das bleibt sich gleich. *Doppelt gleich*. In dem vom Zeichen vorgegebenen Rahmen weisen beide Zielrichtungen auf das Zeichen. Ob Form oder Inhalt, die Gegensätze sind eins. Wenn man sie aber auf das Redesystem überträgt, dann ist der *Ausgangstext* das, was der zu übersetzende Text *macht*, die von ihm ausgehende Aktivität, die er erfindet; es geht nicht um das, was er sagt, sondern um das, was er tut. Und *das Übersetzungsziel ist immer dasselbe*: tun, was auch er tut, nicht nur mit den Mitteln, die die Einzelsprache bereithält, sondern auch mit den Mitteln des Redesubjekts, jenes Subjekts, das mit seiner Sprache, dieser spezifischen Einzelsprache, etwas macht, was vorher womöglich noch nie mit ihr gemacht wurde. In dem Sinne, in dem ich einen Text als das auffasse, was ein Körper mit der Sprache, mit seiner Einzelsprache macht, und als das, was womöglich noch nie mit ihr gemacht wurde.

Für einen Treffer ins Schwarze reicht es nicht aus, den Effekt zu wiederholen oder nachzuahmen, es geht darum, ihn hörbar zu machen, ihn neu zu schaffen.

Anzuerkennen gilt es dafür zunächst, dass ein Text insofern ein Redesystem ist, als er mit seiner Einzelsprache etwas macht, das noch nie zuvor mit ihr gemacht wurde. In diesem Zusammenhang ist darauf hinzuweisen, was ich hiermit nochmals tue, dass nicht von Muttersprachen, sondern nur von Mutterwerken die Rede sein kann. Wenn ich sage, dass nicht das Hebräische die Bibel hervorgebracht hat, sondern die Bibel das Hebräische, so meine ich damit, dass das Tun unvollendet bleibt, dass die Schöpfung sich fortsetzt, und zwar in dem Sinne, wie im *Psalm* 115,15 geschrieben steht: »lui qui fait / le ciel et la terre« (»Er der macht / den Himmel und die Erde«). Mit anderen Worten: *er hat sie nicht gemacht,* wie im ersten Vers der *Genesis* gesagt wird, sondern er macht sie weiterhin. Dadurch definiert sich jedes echte literarische Werk: Es bleibt aktiv, und in diesem Sinne macht es sich selbst.

Natürlich lassen sich noch andere Beispiele anführen: Es ist der Koran, der weiterhin das Arabische hervorbringt, mehr als das Arabische den Koran hervorgebracht hat. Auch wenn das theologisch nicht ganz korrekt sein mag.

So sind die mit dem Übersetzen verbundenen Konsequenzen weitreichender als man denkt, selbst wenn die Zeiten, in denen William Tyndale oder Étienne Dolet verbrannt wurden, der Vergangenheit angehören – der eine wegen einer Bibelübersetzung, die übrigens 1611 das King-James-Team übernahm, der andere, weil er unvorsichtigerweise einen Platon-Dialog unter Hinzufügung zweier Wörter so übersetzte, dass nach dem Tod »die Seele überhaupt nichts mehr sei«.

Allgemein gesprochen gilt, dass die Literatur andere Konsequenzen nach sich zieht als ein religiöser Text.

Dennoch lässt sich nicht leugnen, dass die Sache der Literatur oder des Gedichts die gesamte Vorstellung der Sprache in Frage stellt. Dies ist der Krieg zwischen dem Zeichen und dem Gedicht. Für das Zeichen ist das Gedicht eine Form, eine »poetische Form«, wie in einer Umfrage der Zeitschrift *Action poétique* unlängst behauptet wurde. Hier schwingt wohl die Sorge mit, dass sich die Form auflösen könnte. Für das Zeichendenken ist diese Sache eine Frage der Form, womit wir bei der Heterogenität der Vernunftkategorien wären. Eine schwache Ausgangsposition. Für das Gedicht ist die Sache der Sprache eine Frage der Ethik, das Gedicht ist zuvörderst ein *ethischer Akt*, und wenn das Gedicht ein ethischer Akt ist, dann ist es nicht nur ein poetischer, sondern auch ein politischer Akt, weil es Subjekte miteinbezieht. Ein Gedicht ist eine Handlung, die sich auf die Subjekte auswirkt. Seine Überzeugungskraft bezieht dieser Ansatz aus seinem hohen Erklärungspotenzial und aus seiner starken sprachtheoretischen Ergiebigkeit.

Es gibt also sowohl eine Ethik als auch eine Politik des Übersetzens. Das zeigt sich empirisch darin, dass in bestimmten Ländern Übersetzungen bestimmter Texte zeitlich verzögert oder rasch erscheinen – in Abhängigkeit von den jeweiligen Interessen und Leitbildern. So lässt sich zum Beispiel erklären, warum es so lange gedauert hat, bis die Schriften der Frankfurter Schule ins Französische übertragen wurden. Und warum die russischen Formalisten zunächst in italienischer und danach erst in französischer Sprache erschienen sind.

Hieraus entsteht ein dreifacher Effekt. Zunächst gilt es, vom Standpunkt der Ethik des Gedichts und gegen den Strom des auslöschenden Übersetzens zu übersetzen; es gilt also, das zu übersetzen, was die auslöschende Übersetzung auslöscht, dem Rezitativ (*récitatif*) vor der Narration (*récit*) den Vorrang zu geben. Zweitens gilt es das zu übersetzen, was möglicherweise aus Gründen der gerade herrschenden philosophischen oder poetischen Correctness nicht übersetzt wurde. Hierdurch ergibt sich der dritte Effekt, der sich in einem vollkommen anderen Verhältnis von Sprache und Leben niederschlägt. Wir haben es nicht mehr mit einer akademischen Gegenüberstellung zu tun, sondern mit der Erkenntnis, dass ein Gedicht gleichermaßen die Verwandlung einer Lebensform durch eine Sprachform wie die Verwandlung einer Sprachform durch eine Lebensform ist. Wer dies weiß, wird Verse nicht mit Poesie gleichsetzen, was schon Aristoteles nicht getan hat, was aber einige Zeitgenossen noch immer tun. Und es gilt diese *Subjekt-Form* zu übersetzen, diesen einen übergreifenden Spannungsbogen, der Ausgangs- und Zieltext überwölbt und der den Literalismus dem Zeichendenken überlässt.

Da ich mir die vollständige Übersetzung der Bibel vorgenommen habe – beginnend 1970 mit *Les Cinq Rouleaux*, dann 1981 *Jona et le signifiant errant*, 1982 *Ovadia* in der Zeitschrift *Esprit*, 2001 *Gloires* (*Die Psalmen*), 2002 *Au commencement* (*Genesis*), 2003 *Les Noms* (*Exodus*) – werde ich, um nicht auf die Beispiele zurückgreifen zu müssen, die ich in *Un coup de Bible dans la philosophie* analysiere oder in *Poétique du traduire* (1999) dargelegt habe, die folgenden Beispiele dem Buch *Et il a appelé* entnehmen (so lautet der hebräische Titel des Buches *Levitikus*).[73]

Mein Anliegen ist, dass die fünfte Regel Étienne Dolets, die in der Abhandlung *La manière de bien traduire d'une langue en l'autre* (*Von der Art und Weise, gut von einer Sprache in die andere zu übersetzen*) aufgestellt wird, zur Anwendung gelangt: »Die Berücksichtigung syntaktischer Perioden setzt eine Verknüpfung oder Verflechtung der Wortgruppen voraus, die von so zarter Art ist, dass nicht nur die Seele erquickt wird, sondern auch die Ohren hieran Gefallen finden.« Und weiter heißt es: Ein großer Schriftsteller, der keinen Sinn für »die Verkupplung der Wörter«, für »die syntaktischen Perioden« hat, »ist von keinerlei Wert«.[74] Dies sagt er im Jahre 1540.

Die Regel entspricht dem, was ich als Rezitativ bezeichne und worunter ich die im Kontinuum der Rede enthaltene serielle Semantik verstehe; diese durchläuft die gesamte Narration, aus der die sprachliche Äußerung besteht.

So bietet der hebräische Text von *Et il a appelé* (*Levitikus* 15,4) vier identische Endsilben, die leicht zu hören sind: */ kol ha-mishkav // asher yishkav alav ha-zav*, eine betonte Sequenz. Ich übersetze durch eine dreifache Füllung der vier Akzente: »*toute couche // où couche / celui qui coule / sera impure*« (»Jedes Lager // worauf liegt / derjenige, der fließt / ist unrein«). Von den elf französischen

Übersetzungen, die ich zum Vergleich herangezogen habe, weisen nur zwei eine Wiederholung auf; bei Cahen liegt eine dreifache Füllung vor, doch es fehlt der Rhythmus: »toute couche sur laquelle couchera l'homme aux écoulements, sera impure« (»Jedes Lager, worauf der Mann mit dem Ausfluss liegt, ist unrein«). Bei Dhorme liegt eine zweifache Füllung vor, doch auch hier fehlt der Rhythmus: »toute couche sur laquelle se sera couché celui qui éprouve un flux est impure« (»Jedes Lager, auf dem derjenige liegt, der einen Ausfluss hat, ist unrein«). Bei den anderen nichts davon. Dabei handelt es sich außerdem um eine etymologische Figur. So leicht ist es, den Rhythmus zu beachten, alles eine Frage der Programmatik.

Das nun folgende Beispiel zeichnet sich durch rhythmische Steigerungsmomente aus, die dadurch zustande kommen, dass ein disjunktiver Akzent eine minimale Dramatisierung auslöst; dieser Erwartungseffekt entspricht sicherlich nicht den Konventionen des Französischen. Des Hebräischen allerdings auch nicht. Es handelt sich um eine punktuelle Wirkung der Rede, die der syntaktischen Logik zuwiderläuft, eine Intensität des Sagens. Ich bringe dies, wie sich gleich zeigen wird, anders zum Ausdruck (Kapitel 8, Vers 2). Der Effekt beruht ausschließlich auf den Unterbrechungsrhythmen, die für eine Trennung der logischen Wortfolgen (Artikel-Nomen-Verbindung) sorgen und somit für die Intensität des Sagens verantwortlich zeichnen: »prends Aaron / et ses fils avec lui // et les / habits // et l' / huile de l'onction /// Et le / taureau de l'expiation // et les / deux béliers // et le / panier de galettes.«[75]

Ich habe eine winzige Trennung zwischen dem Artikel und dem Nomen hinzugefügt, um den disjunktiven Akzent auf *ve'et* wiederzugeben, insgesamt sechs Mal.

Es zeigt sich hier ein markanter Moment, entgegen dem Verlauf der Äußerung. Diese Effekte sind nicht selten. Dennoch werden sie von den Ich-laufe-dem-Alltagsfranzösisch-hinterher-Übersetzern getilgt. Ich jedenfalls laufe den

Ich-laufe-der-Standardsprache-hinterher-Übersetzern nicht hinterher.

Pierre-Jean Jouve hat bereits im Vorwort zu seiner Übersetzung der Shakespeare-Sonette darauf hingewiesen, »dass es bei der Herstellung eines französischen Gedichts« gerade nicht um »Französisierung« geht; »vielmehr gilt es die Grenzen französischer Poesie gegen die poetischen Möglichkeiten einer anderen Sprache hin auszudehnen und die beiden Sprachen in ein Konkurrenzverhältnis zu bringen.«

Es geht weder um Literalismus noch um Wort-für-Wort-Klauberei: Denn die Übersetzungseinheit ist nicht das Wort, sondern die Vernetzung der Wörter untereinander.

Um zu demonstrieren, wie mit lexikalischen Vernetzungen umgegangen wird, zitiere ich, um es kurz zu machen, lediglich vier Übersetzungen. Dhorme sagt: »prends avec toi Aaron et ses fils, ainsi que les habits, l'huile d'onction, le taurillon de l'expiatoire, les deux béliers et la corbeile d'azymes« (»Nimm Aaron und seine Söhne sowie die Kleider, das Salböl, den Farren zum Opfer, die beiden Widder und den Korb mit ungesäuertem Brot«).

Während der biblische Text nicht nur elf Trennungen mit einfacher, zweifacher und dreifacher Abstufung aufweist (die in meiner Version typografisch kenntlich gemacht wurden), sondern auch eine sechsfache Wiederholung des sogenannten biblischen Wortes »und«, greift Dhorme auf vier Kommata zurück, was zur Folge hat, dass nur zwei »und« übrigbleiben (aus dem einen »und« ist ein »sowie« geworden, vier wurden getilgt).

In der Jerusalemer Bibel heißt es: »prends Aaron, ses fils avec lui, les vêtements, l'huile d'onction, le taureau du sacrifice pour le péché, les deux béliers, la corbeille des azymes« (»Nimm Aaron, seine Söhne mit ihm, die Kleider, das Salböl, den Farren zum Opfer für die Sünden, die beiden Widder, den Korb mit dem ungesäuerten Brot«). Sechs Kommata. Kein einziges »und« mehr. Von einem biblischen »und« kann hier wohl nicht mehr die Rede sein.

Bei Chouraqui heißt es: »prends Aaron et ses fils avec lui, les habits, / l'huile de messianité, le bouvillon défauteur, / les deux béliers, la corbeille d'azymes« (»Nimm Aaron und seine Söhne mit ihm, die Kleider, / das messianische Öl, den Jungochsen zur Entsühnung, / die beiden Widder, den Korb mit dem ungesäuerten Brot«). Fünf Kommata. Ein einziges »und« ist übriggeblieben. Die Anordnung erfolgt in drei Zeilen. Die anderen Versionen vermitteln durch die Typografie, dass es sich um Prosa handelt. Die Tatsache, dass der Zeilenumbruch durch einen unerheblichen disjunktiven Akzent ausgelöst wird, hat zur Folge, dass der eigentlich wichtige zäsurbildende Akzent – der Akzent *atnah*, der einen Zeilenumbruch nach »messianische« bewirken müsste – in der zweiten Zeile untergeht. So lässt diese Übersetzung – allen marktschreierischen Anpreisungen zum Trotz – erkennen, dass sie den Rhythmus verfälscht, und zwar in einem noch höheren Maße als die anderen, weil sie Pseudo-Verse anbietet.

In der ökumenischen TOB (der Name suggeriert auf subtile Weise, dass die Fassung gut ist, weil *tov* im Hebräischen *gut* heißt) liest man: »prends Aaron avec ses fils, les vêtements et l'huile d'onction, le taurillon du sacrifice pour le péché et les deux béliers, et la corbeille des pains sans levain« (»Nimm Aaron mit seinen Söhnen, die Kleider und das Salböl, den Farren zum Opfer für die Sünden und die beiden Widder, und den Korb mit den entsäuerten Broten«). Was bleibt, sind drei Kommata und drei »und«. Und zuletzt füge ich, weil es mir eine Freude ist, an der Zerstörung eines Idols mitzuwirken, eine vermeintlich schöne Übersetzung hinzu, die aus rein ideologischen Gründen auf dem Bibelmarkt neu erschienen ist; gemeint ist natürlich die Übersetzung von Lemaistre de Sacy: »prenez Aaron avec ses fils, leurs vêtements, l'huile d'onction, le veau qui doit être offert pour le péché, deux béliers et une corbeille de pains sans levain« (»Nehmt Aaron mit seinen Söhnen, ihren Kleidern, dem Salböl, dem Kalb, das zum Opfer für die Sünden dargebracht werden soll, zwei Widdern und einem Korb mit entsäuerten Broten«).

Vier Kommata, ein »und«. So banal kann korrektes Französisch klingen. Nichts weiter. Die Geschwätzigkeit und die unfreiwillige Komik dieser Übersetzung zeigt sich noch in vielen anderen Beispielen, so im 15. Kapitel des Buchs *Levitikus*, das von »legalen Unreinheiten« und »verbotenen Gräueln« zu berichten weiß. Aber nicht nur das.

Keine einzige Version dieser Variationen über das Thema des korrekten Französisch vermag die Atmosphäre des Textes wiederzugeben, die der Rhythmus erzeugt.

Doch zum Rhythmus, zur Kraft des Sagens, gehören nicht nur Trennungen oder prosodische Elemente. Auch syntaktische Verstöße können Teil des Rhythmus sein.

Syntaktische Verstöße sind nicht nur das, was Jean Paulhan in seinem Buch über die *Hain-tenys* als eine aus dem Kontrast zweier Sprachen sich ergebende »fehlgeleitete Annahme des Übersetzers« bezeichnete. Sie stellen gezielte und gewollte Sprachhandlungen dar.

Nimmt man diesen Standpunkt ein, gilt es, das zu Gehör zu bringen, was bisher noch keine Übersetzung hörbar gemacht hat.

Ein solcher syntaktischer Verstoß ist im *Psalm* 18, Vers 41 vorhanden: »et mes ennemis // tu me les a donnés la nuque« (»Und meine Feinde // ihren Nacken kehrtest du mir zu«). Durch die Apposition. Dies hat zu so unterschiedlichen Deutungen Anlass gegeben wie: »tu les fais fuir devant moi« (Zadoc Kahn: »Du schlägst sie vor mir in die Flucht«), oder: »tu me fais voir leur dos« (Jerusalemer Bibel, »Du lässt mich ihren Rücken sehn«).

Ein besonders starkes und schwieriges Beispiel findet sich in *Levitikus* 15,18: »Et une femme // que / couche un homme / une couche de semence ///« (»Und eine Frau // bei der / ein Mann liegt / ein Samenerguss ///« – *ve isha // asher yishkav ish / otah / shikhvat zera ///*).

Die Wendung ist komplex: Sie enthält einen doppelten Akkusativ. Wörtlich heißt es: »Et une femme // que / la / couchera un homme / une couche de semence« (»Und eine Frau //

die / ein / Mann niederlegt / ein Samenlager«). Gemeint ist hier der Beischlaf, aber die Verbalkonstruktion »schlafen mit« wird an späterer Stelle, im Vers 33, verwendet: »pour un homme // qui couche / avec une impure« – »für einen Mann // der liegt / mit einer Unreinen« – *asher yishkav / im teme'ah*. Es handelt sich hier um eine gezielte Sprachhandlung, um einen Verstoß, der aus dem Mann ein Subjekt, aus der Frau das erste Objekt und aus dem Samen das zweite Objekt macht.

Diese Art von Wendung ist auch woanders gang und gäbe: *to teach someone something*. Ein doppelter Akkusativ.

Des Weiteren lässt sich eine etymologische Figur für den Ausdruck »couche de semence«, *shikhvat zera*, nachweisen: Es handelt sich um eine Variable des Verbs *shakhav*, »schlafen«, und *mishkhav*, »ein Lager«. Jean-Frédéric Ostervald, Cahen und Louis Segond übersetzen dieses Phänomen durch »Verunreinigung« und die ökumenische Übersetzung (TOB) durch »Samenverlust«. Und bei Lemaistre de Sacy lautet der Vers 16: »der Effekt des Ehevollzugs«.

Lemaistre de Sacy übersetzt an besagter Stelle: »la femme dont il se sera approché« (»die Frau, der er sich nähert«), Jean-Frédéric Ostervald: »Et quand une femme et un homme coucheront et auront commerce ensemble« (»Und wenn eine Frau und ein Mann miteinander schlafen und eine Beziehung miteinander haben«), Zadoc Kahn: »et une femme avec laquelle un homme aurait habité charnellement« (»und eine Frau, der ein Mann beiwohnt«), die Jerusalemer Bibel, die sich um den Erhalt gesellschaftlich akzeptierter Formen bemüht: »quand une femme aura couché maritalement avec un homme« (»wenn eine Frau ihr Eheversprechen einlöst«), die ökumenische Übersetzung: »quand une femme a eu des relations sexuelles avec un homme« (»wenn eine Frau sexuelle Beziehungen mit einem Mann hat«).

Ich füge keine weiteren Beispiele hinzu. Ich habe dieses Beispiel aufgrund seiner Anstößigkeit gewählt, die rein grammatischer Natur ist ... Freilich kann sich das Ganze auch anders darstellen.

Die unsichtbare und unhörbare Komik, die dieser Affäre eigen ist, rührt von dem Kontrast her zwischen der weihevollen Aura, die diesen als religiös geltenden Texten verliehen wird, und der Nachlässigkeit, mit der die Signifikanten behandelt werden.

Der Kontrast erklärt sich eben dadurch, dass diese Literatur religiösen, das heißt erbaulichen Charakter hat und dass sie behandelt wird, als ließe sich das Material beliebig konvertieren.

Die Gründe sind nicht immer dieselben, je nachdem, ob es sich um Kafka, Dante oder Sonette und Stücke von Shakespeare handelt. Aber das Hauptproblem bleibt immer dasselbe: Wird das Zeichen übersetzt oder das Gedicht? Und das Gedicht ist sowohl Ausgangs- als auch Zieltext. Das Zeichen setzt alles daran, das Ziel zu verfehlen. Und dann bleibt nichts mehr übrig, weder der Ausgangs- noch der Zieltext. Was bleibt, sind die heuchlerischen Tränen, die dem Anspruch auf Identität gelten.

9
DIE ÜBERSETZUNG RELIGIÖSER TEXTE, GOTT ODER ALLAH

Ich sage ganz bewusst »religiöse Texte« und nicht »heilige Texte«.

Meine Arbeit zeigt ganz generell – in einer über die religiösen Texte hinausgehenden Weise –, dass die eigentliche Herausforderung des Übersetzens darin besteht, die gesamte Sprachtheorie umzugestalten. Und dadurch auch den gesamten Begriff des Religiösen – des religiösen Textes und des Heiligen, des Göttlichen und des Religiösen – einer radikalen Umwandlung zu unterziehen.

Es handelt sich hier tatsächlich um eine Revolution, die umso dringlicher ist, als niemand oder fast niemand von ihrer Notwendigkeit überzeugt zu sein scheint.

Um die durch die zeitgenössischen Moden eingelullten Sinne zu wecken und um eine Begegnung zwischen Subjekten zu ermöglichen, möchte ich einen kleinen Sieben-Punkte-Katalog unterbreiten:

1. Arbeit an der Erkenntnis, dass dem, was wir – ohne zu wissen, was wir damit sagen – die Modernität nennen, eine Verworrenheit anhaftet; und dass man niemals sicher sein kann, sie zu erreichen, geschweige denn sie hinter sich zu lassen; und dass das Universale nicht identisch ist mit der Universalisierung des Abendlandes – wobei der Begriff Abendland, genau wie der des Orients, ein mythischer Begriff ist.

2. Arbeit an der Erkenntnis, dass wir auch nicht wissen, was wir sagen, wenn wir der Tradition die Erfindung gegenüberstellen und dass es ergiebiger ist, den Vorgang und das Ergebnis gegeneinanderzuhalten;

3. Arbeit an der Erkenntnis, dass wir nicht wissen, was wir sagen, wenn wir Einzelsprache und Sprache, Einzelsprache und Kultur, Einzelsprache und Literatur, Einzelsprache und Rede durcheinanderwerfen;

4. dies berücksichtigend, geht es bei der Übersetzung von literarischen Texten nicht darum, die Einzelsprache wiederzugeben, das, was im Text ausgesagt wird; es geht um das, was er macht;

5. und an der Erkenntnis, dass das Denken der Einzelsprache ein Denken des Zeichens, ein Denken des Diskontinuums ist, unfähig, die doppelte Ausrichtung des Kontinuums zu konzeptualisieren: zum einen das Körper-Sprache-Kontinuum und zum anderen das Sprache-Gedicht-Ethik-Politik-Kontinuum, wobei hier von einer wechselseitigen Durchdringung und einer dadurch bedingten Transformation dieser vier Aspekte auszugehen ist; ich wähle einen Standpunkt, der die Frage nach dem Wie in den Vordergrund stellt, die Frage nach dem Wie des Machens und nicht die Frage nach dem Was des Sagens (denn das Wie gerät in Vergessenheit, wenn man nur auf das Was

des Sagens schaut, wohingegen die Frage nach dem Wie die Frage nach dem Was immer schon beinhaltet); von diesem Standpunkt aus – dem Standpunkt der Kraft, nicht des Sinns – gilt es zu betonen, dass nicht die hebräische Sprache die Bibel hervorgebracht hat, sondern die Bibel die hebräische Sprache, und dass die arabische Sprache nicht die heutige arabische Sprache hervorgebracht hat, sondern der Koran die heutige arabische Sprache – mögen die Vertreter der theologischen Correctness es auch anders sehen wollen;

6. und dass in dem Bereich, den man literarisches Schaffen nennt, endlich Schluss sein sollte mit der binären Gegenüberstellung zwischen einer Form und einem Inhalt, zwischen Spontaneität und Planung, zwischen Identität und Alterität;

7. und die Universalien insofern eine Rolle spielen, als die Identität aus der Alterität hervorgeht, aus der Erfindung ihrer eigenen Geschichtlichkeit. Die Kunst wird hierbei zur Voraussetzung, um die Ethik und das Politische zu denken.

An dieser Stelle drängt sich ein achter Punkt zwingend auf: die Einbeziehung des Humors als Garant gegen jenes vermeintlich seriöse Gebaren, das die Starre der eigenen Haltung für die Bewegung des zeitgenössischen Denkens hält; das Komische im Denken wiederentdecken. Eine gemeinnützige Arbeit.

Der Clou: dass die ganze Geschichte durch einen Text aufgerollt wird, den jedermann als religiös erachtet – weil das Religiöse der Tempel der Akademisierungen ist. Und der Heuchelei.

Ich werde es an dieser Stelle bei einer kleinen Anzahl von Beispielen belassen. Für den Koran ist das nicht schwer, ein einziges Beispiel reicht hier aus. Weitere Beispiele habe ich an anderer Stelle untersucht: In dem Kapitel *Dieu absent, Dieu présent dans le langage* (aus: *L'utopie du Juif*, 2001) bin ich der Frage nachgegangen, wie sich die negative Theologie in der Bibel und im Koran auswirkt.

Ausgehend von *La ilaha ill 'allah* (es gibt keinen Gott außer Gott), einer Formel, die den Namen Gottes auf die gesamte arabische Sprache ausweitet.

Ich beschränke mich hier auf ein Wort, auf einen Namen, den Namen Gottes, der an erster Stelle im ersten Vers der ersten Sure genannt wird: *bismi`llahi`r-rahmani`r-rahimi.* Das poetische Problem, das sich hier stellt, besteht in der doppelten Attribuierung Gottes. Auf dieses Problem werde ich als erstes eingehen. Die Oralität der aus fast identischen Wörtern bestehenden Wiederholung ist hörbar.[76] Ich zitiere elf französische Übersetzungen.

Die ersten drei stellen unterschiedliche – ausschließlich auf den Sinn gerichtete – Variationen dar: »clément et miséricordieux« (Claude-Étienne Savary 1751, »sanftmütig und barmherzig«), »Le Très miséricordieux, le Compatissant« (Édouard Montet 1925, »der sehr Barmherzige, der Mitleidsvolle«), »le Bienfaiteur miséricordieux« (Régis Blachère 1949, »der barmherzige Wohltäter«). Ähnlich verfährt Michel Orcel: »le Miséricordieux, le Tout-Compatissant« (2005, »der Barmherzige, der überaus Mitleidsvolle«), dem es lieber ist, »zu solchen Experimenten und Suchaktionen auf Distanz zu gehen« (S. 171). Die verbleibenden Übersetzungen zeichnen sich durch die Wiederkehr desselben Signifikanten aus: »le Très Miséricordieux, le Tout Miséricordieux« (Muhammad Hamidullah 1959, »der sehr Barmherzige, der ganz Barmherzige«), »celui qui fait miséricorde, le Miséricordieux« (Denise Masson 1967, »derjenige, der Barmherzigkeit ausübt, der Barmherzige«), »le Miséricordieux plein de miséricorde« (Jean Grosjean 1979, »der Barmherzige voller Barmherzigkeit«), »le Matriciant, le Matriciel« (André Chouraqui 1990, »das Gebärende, die Matrix«), »le Maître de miséricorde, la Source de miséricorde« (René Khawam 1990, »der Meister der Barmherzigkeit, die Quelle der Barmherzigkeit«), »le Tout miséricordieux, le Miséricordieux« (Jacques Berque 1990, »der überaus Mitleidsvolle, der Mitleidsvolle«), le Tout-

Maternant, le Clément (Youssef Seddik 2002, »der überaus Mütterliche, der Sanftmütige«). Drei von ihnen fügen eine Fußnote zur Etymologie hinzu: Denise Masson, André Chouraqui, Jacques Berque. Der Einzige, der versucht, die etymologische Bedeutung von *rehem* (die Gebärmutter) wiederzugeben, ist Chouraqui. Wobei hier anzumerken ist, dass das mathematisch konnotierte Wort »Matrix« als *Terminus technicus* im Bereich der Verwaltung gebraucht wird und daher kaum geeignet ist, die auf fruchtbare Weiblichkeit gründende göttliche Kraft zu beschreiben. In nahezu identischer Form stellt sich das Problem bei seinem – wenn ich so sagen darf – hebräischen Vetter *rahum* dar. Es geht um die Gefühle, die eine Mutter für ihr leibliches Kind empfindet. Es geht also um sehr viel mehr, als um den (von der christlichen Kultur geprägten) Begriff der »Barmherzigkeit«. Als vorläufige Lösung bietet sich »le maternant, le maternel« (»der Bemutternde, der Mütterliche«) oder »la tendresse le tendre« (»die Sanftmut der Sanfte«) an.

Doch die eigentliche Herausforderung liegt woanders. Es geht um die Art und Weise, wie *bismi'llahi* zu übersetzen ist. Acht der oben genannten Übersetzer haben sich für »au nom de Dieu« (»im Namen Gottes«) entschieden (Savary, Hamidullah, Masson, Grosjean, Khawam, Berque, Seddik, Orcel). Drei von ihnen haben »au nom d'Allah« (»im Namen Allahs«) beibehalten (Montet, Blachère, André Chouraqui). Mit anderen Worten: Sie haben nicht übersetzt. Sie haben den arabischen Namen stehen lassen: *Allah*. Hieraus ergibt sich eine theologische Problematik, eine aktuelle theologisch-politische Problematik mit dramatischen Folgen. Wenn man von »Gott« spricht (egal in welcher Sprache), ist dieses Sprechen auf der universalen Ebene angesiedelt: »Gott« bedeutet, dass es nur einen Gott gibt, den »Herrn der Welten« (Vers 2), den »Herrscher am Tag des Gerichts« (Vers 4). Es handelt sich hier um eine Universalie. Diese umfasst definitionsgemäß die ganze Welt und zugleich jeden einzelnen Menschen. Egal um welche Übersetzungssprache es sich handelt.[77]

Aber wenn man mit »Allah« übersetzt (oder vielmehr Allah unübersetzt beibehält), dann wird der Islam zur Universalie erhoben. Und diese Nicht-Übersetzung ist vom theologisch-politischen Standpunkt des Islam eindeutig die beste – eingedenk der damit einhergehenden Konsequenzen für das Kontinuum zwischen Islam und Islamismus. Und für das Kontinuum zwischen Humanismus und *Ummanismus*, von *umma*, der religiösen und politischen Gemeinschaft. »Gott« ist die Verleugnung Allahs. Olala. Es ist eben nicht dasselbe, ob man »Gott ist der Größte« oder *Allahu akbar* sagt. Es braucht nicht viel, damit alles kippt. Es reicht der Name Gottes.

Dieses erste Beispiel eignet sich hervorragend, um hörbar zu machen, was die Übersetzung entweder zeigt oder verbirgt (meistens geschieht Letzteres): dass nämlich ein sogenannter »heiliger Text« Fragen aufwirft, die andere Texte in dieser Weise nicht aufwerfen. Um allerdings hören und auseinanderhalten zu können, was in jenem Begriff verschmilzt – und dies kann paradoxerweise nur anhand des sogenannten »heiligen« Textes erfolgen –, ist es von entscheidender, ja von existenzieller Bedeutung, dass man den (vom Religiösen verschleierten) Unterschied zwischen dem Heiligen, dem Göttlichen und dem Religiösen erkennt.

Und erneut wende ich mich der *Genesis*, dem ersten Buch der Bibel, zu. Ich habe bereits an anderer Stelle dargelegt,[78] dass das Heilige – vom Standpunkt der Sprachtheorie aus – die Verschmelzung zwischen dem Menschlichen und dem Kosmischen einschließlich des Animalischen bedeutet. Das Heilige geht also der menschlichen Sprache zeitlich voraus und stellt sich als logischer Realismus dar. Ich möchte dem hinzufügen, dass das poetische Problem in der Verwechslung zwischen dem Heiligen und der Sehnsucht nach dem Heiligen besteht. In diesem Sinne ist meine in *Le langage Heidegger* (1990) vorgebrachte Kritik an

Heidegger zu verstehen, der Hölderlins Vers *Das Heilige sei mein Wort* im Sinne von »das Heilige ist mein Wort« begreift. Dabei handelt es sich lediglich um einen Wunsch.

Die von mir vorgenommenen Unterscheidungen sind grundsätzlicher, ja existenzieller Natur. Das Göttliche offenbart sich als schöpferisches Prinzip in allen lebendigen Kreaturen – bis hin zu den kleinsten Lebewesen. Und in der *Genesis* sind das Göttliche und das Heilige untrennbar miteinander verschmolzen. In dieser Legendenerzählung vom Anfang der Welt spielt das Religiöse noch keinerlei Rolle.

Doch dann erfolgt der Bruch, im Buch *Exodus* (3,14), als Moses Gott nach seinem Namen fragt und dieser die Frage mit einem Verb beantwortet, das ich durch »je serai / que je serai« (»ich werde sein / was ich sein werde«) wiedergebe. Weiterführung des in Vers 12 enthaltenen Versprechens: »Je serai avec toi« (»Ich werde mit dir sein«). In dem Augenblick, in dem ein Verb das Substantiv verdrängt, setzt nach meinem Dafürhalten die negative Theologie ein: Das Göttliche löst sich radikal vom Heiligen; es lässt als absolute Transzendenz jede Zauberei obsolet werden (einen Namen konnte man noch beschwören) und eröffnet den unbegrenzten Horizont der Geschichte und den ebenso unbegrenzten Horizont des Sinns.

Bislang spielt das Religiöse keine Rolle. Vor dem Hintergrund dieser Definitionen des Heiligen und des Göttlichen zeichnet sich das Religiöse als kodifizierendes und organisierendes Prinzip ab, das im Buch *Exodus* und vor allem im Buch *Levitikus* wirksam wird. Das Heilige und das Göttliche werden durch das Religiöse sozialisiert und ritualisiert. Es nimmt sie in Beschlag, sie werden von ihm absorbiert – bis hin zur völligen Vereinnahmung, zur völligen Verschmelzung. Das Religiöse ist ihr Totalitarismus. Mit anderen Worten: Das Religiöse ist eine allgemeine Theologisierung der Werte, der Ethik und des Politischen. Das Religiöse verkörpert demnach den theologisch-politischen Herrschaftsanspruch. Die Vertreter der Ethik – also jene, die, wie Spinoza, das Göttliche vom Religiösen trennen – werden zu Atheisten erklärt.

Man bleibt – ohne Vorstellung dessen, was man sagt – innerhalb des Religiösen, wenn man die Ausdrücke »heiliger Text« oder »heilige Sprache« in den Mund nimmt. Im biblischen Hebräisch gibt es eine interessante Redewendung, die ich bereits erwähnt habe;[79] es wird nicht gesagt, dass die Sprache heilig ist, vielmehr heißt es: *leshon ha-kodesh*, »Sprache der Heiligkeit«. Unter »Heiligkeit« verstehe ich das Göttliche in seiner Transzendenz, während die Sprache in Beziehung und nur in Beziehung zur Transzendenz steht. Dies ist, wie mir scheint, der Standpunkt des Maimonides, der das kultische Handeln des Menschen als Götzendienst bezeichnete. Und die Sprache ist eine menschliche Erscheinung.

Im Übrigen spreche ich nicht vom Standpunkt des Theologen, sondern vom Standpunkt des Hörens auf die Sprache.

Gilt es nun den Unterschied zu erfassen, der zwischen einem religiösen Text (das heißt einem Text, der eine Religion begründet) und einem literarischen oder philosophischen Text besteht, so trägt das Religiöse paradoxerweise nicht zur Klarheit bei.

Denn das Religiöse ist notwendig, ja grundsätzlich dualistischer Natur, da es den religiösen Text als Wahrheit erachtet und nicht zu erkennen vermag, dass der Begriff der Wahrheit die gleiche Funktionsweise aufweist wie der Begriff des Sinns: Beide hinterlassen einen Rückstand, nämlich die Form. Dies ist auch der Grund, warum das Religiöse in erster Linie eine Hermeneutik ist.

Das Paradox hat immense Auswirkungen, denn je mehr das Religiöse in dem religiösen Text eine Kraft zu erkennen glaubt, desto mehr schwächt es ihn. Weil es das Kontinuum der Sprache – und damit gerade die Kraft der Sprache – in das Diskontinuum des Zeichens überführt.

Dies macht die unglaubliche Schwäche der konfessionellen Übersetzungen der Bibel aus. Und die Schwäche der Philosophie und der Hermeneutik, die sich beide auf der Suche nach dem Ursprung wähnen (hierin liegt ja die eigentliche Bestimmung der christlichen Hermeneutik) – ohne auch nur die geringste Ahnung von dem zu haben, was Saussure wusste, dass nämlich der Ursprung einer Sache ihre Funktionsweise ist.

Hierin kommt, und zwar losgelöst von seiner biblischen Provenienz, der Rhythmus zum Tragen, der im Hebräischen durch das Wort *ta'am*, »der Geschmack«, bezeichnet wird: eine körperliche, geschmackliche und mundräumliche Metapher für die Sprache, die meines Erachtens eine Kettenreaktion auslöst. Denn die rhythmische Organisation der biblischen Texte schafft eine Situation, die unsere gewohnten Denkmuster in Sachen Sprache, unser globalisiertes dualistisches Denken infrage stellt: die vermeintlichen Gegensätze zwischen Laut und Sinn, Form und Inhalt, Vers und Prosa und (als Tüpfelchen auf dem i) den Gegensatz zwischen Gedicht und Prosa.

All dies hat angesichts der biblischen Rhythmik keinerlei Bestand mehr. Deshalb arbeitet seit 17 Jahrhunderten die christliche Hermeneutik, die ihre griechische oder vielmehr neo-platonische Herkunft verkennt, daran, diese Rhythmik zu verleugnen. Während die jüdische Hermeneutik mit ihr nur musikalische Gestaltung und eine Form der logisch-grammatischen Zeichensetzung assoziiert.

Dies ist es also, was das Religiöse nicht zu erfassen vermag. Was es versteckt und vor sich selbst versteckt – ohne sich darüber im Klaren zu sein, dass es nichts anderes tut als zu verstecken, ohne sich auch nur einzugestehen, dass es das auslöscht, was durch seine Auslöschung ausgelöscht wird.

Darum ist es eine ganz besondere Freude, den Rhythmus aufzuspüren, ihn zu Gehör zu bringen.

Den Rhythmus also, aber den, der in der Bibel enthalten ist. Den biblischen Rhythmus. In seiner Unreduzierbarkeit auf die griechischen Kategorien des Sprachdenkens, die die unsrigen sind. Die vom Dualismus, vom Zeichen geprägten Kategorien. Die Kategorien des Philosophielehrers des Monsieur Jourdain.[80] Die Kategorien der sich taub stellenden Exegeten, die in ökumenischer Eintracht den Rhythmus überhören. Denn ihre Ignoranz ist ihrem exegetischen Wissen geschuldet, ihrem exegetischen Gelehrten-Wissen. Und je größer die Gelehrtheit, desto größer die Schwerhörigkeit gegenüber dem Rhythmus.

Es ist der alte Kampf zwischen dem Zeichen und dem Gedicht.

Die Bibel als Parabel und als Prophezeiung des in der Sprache enthaltenen Rhythmus. Als Parabel, weil dieser besondere Fall für alle Sprachen, für alle Texte und für alle Zeiten gilt. Als Prophezeiung, weil mit der Zurückweisung die Forderung erhoben wird, das Ungedachte zu denken – und zwar gegen den Strom der Traditionen, gegen den Strom des theologisch-politischen Herrschaftsanspruchs: Ja, es geht um eine Kulturrevolution. Sie kommt ruhig daher, keiner – oder fast keiner – hört sie. Umso mehr stellt sie einen Fall besonderer Dringlichkeit dar. Und einen Fall für die Komik des Denkens.

Der biblische Text realisiert eine semantische Rhythmik des Kontinuums. Wir hingegen denken die Sprache in den Kategorien des griechischen Dualismus, des Semiotischen.

Der Begriff der Prophezeiung deckt sich nahezu mit dem Begriff der Utopie, sind doch beiden nicht nur die Zurückweisung und Neubesetzung überkommener Vorstellungen, sondern auch der unbeugsame Wille gemeinsam, das Noch-nicht-Gedachte zu denken.

Dies gilt zunächst für die Bibel, für die Art, sie zu verstehen und zu übersetzen. Dann aber auch über die Einzelsprache und ihre kulturellen Beziehungen hinaus für die gesamte Konzeption der Sprache – all dies freilich unter der Voraussetzung, dass es sich nicht nur um den Sinn der Wörter handelt, sondern um die Kraft und die kontinuierliche Aktivität eines Textes. Und die Kraft denken, bedeutet etwas anderes als den Sinn denken.

Die Reduzierung der Sprache auf den Sinn ist das genaue Gegenteil dessen, worum es hier geht. Darin ist die Hermeneutik – so sinnvoll und unverzichtbar sie sein mag – immer eingedämmt geblieben und darin dämmt sie auch weiterhin das Sprachdenken ein.

Daraus ergibt sich eine doppelte Dringlichkeit und Notwendigkeit: Die erste Notwendigkeit besteht darin, das Gedicht zu denken, um die gesamte Sprache, um alle sprachlichen Aktivitäten denken zu können – einschließlich solcher, die nicht auf das Gedicht bezogen sind. Das Gedachte hängt nämlich im selben Maße vom Ungedachten ab wie der Sinn von der Sinnbewegung.

Eine weitere Notwendigkeit besteht darin, dem Übersetzen seine Rolle als Prüfstein für die Theorie und Praxis der Sprache zu geben oder zurückzugeben. Es geht darum, deutlich zu machen, dass das, was übersetzt wird, manchmal nicht der Text ist, sondern die dem Übersetzungsakt zugrundeliegende sprachliche Auffassung. Diese wird umso mehr verkannt, als die Sprache mit einer an Sicherheit grenzenden Wahrscheinlichkeit auf die Einzelsprache, auf das Zeichen hin verengt wird. Hier ist im Übrigen die Arroganz der Philologie und der Hermeneutik anzusiedeln. Die Genügsamkeit der sie charakterisierenden Selbstgenügsamkeit.

Von dem Moment an, in dem man versteht, dass es das zu übersetzen gilt, was ein Text mit seiner Einzelsprache macht. Von diesem Moment an setzt eine Kettenreaktion ein, die durch nichts aufzuhalten ist.

Wenn sich die Rhythmustheorie, die notwendigerweise ein Nachdenken über das Unbekannte impliziert, ändert, dann ändert sich die gesamte Sprachtheorie. Wenn sich die Sprachtheorie ändert, dann ändert sich die gesamte Vorstellung der sprachlichen Kraft, um dem genauen Hinhören Raum zu geben. Wenn das Hinhören zum Sinn und zur Kraft der Sprache wird, dann ändert sich, jetzt oder in der Zukunft, nicht nur die Praxis des Übersetzens, sondern auch die Praxis des Lesens. Und die des Schreibens.

Die Kritik des Zeichens (die von den Taubstellern als Ausdruck einer destruktiven Haltung gewertet wird) erweist sich damit als ein auf Vielseitigkeit und Unbegrenztheit des Sinns gerichtetes Denken, als ein Denken, das sich auf die in der Sprache enthaltene Unendlichkeit und Kraft des Sinns richtet.

Sinnbildlich ausgedrückt, ließe sich zunächst einmal sagen, dass es beim Denken der Sprache darauf ankommt, von der Seite Descartes' auf die Seite Spinozas zu wechseln, von der Seite des kanonischen Semiotismus auf die Seite Humboldts, für den die Kategorien der Einzelsprache, die in den Grammatiken und Wörterbüchern ihren Ausdruck finden, lediglich »ein totes Gerippe der Sprache« sind.

Es geht also um eine radikale Umwandlung der denkerischen Gepflogenheiten.

Um auf diese Weise die zwischen dem Heiligen, dem Göttlichen und dem Religiösen bestehenden Unterschiede besser zu erkennen, die normalerweise eingeebnet und ausgelöscht werden.

Und um das Denken einer Enttheologisierung zu unterziehen. Und um die Ethik zu enttheologisieren, indem ihr die Notwendigkeit zuerkannt wird, die radikale Geschichtlichkeit der Werte zu denken.

Diese Arbeit ist eine Entschichtung. Alte Gemälde werden auch vom Schmutz gereinigt, der sich auf der Leinwand abgelagert hat. Hier haben wir es mit mehreren kulturellen Ablagerungen zu tun.

Es gilt, jenen stillschweigenden und feigen Pakt aufzukündigen, der die sogenannte »Standardsprache«, die Standard- oder Basissprache, zur Richtschnur erhebt – ohne offenzulegen, dass es darum geht, den Text für die Missionierung zu instrumentalisieren. Diese Praxis gibt es – soviel ich weiß – im Französischen, im Spanischen und im Englischen.

Sie erzeugt zwei Arten von Lesern, denen zwei Arten von Übersetzungen zuzuordnen sind: Für die vermeintlich gebildeten Leser gibt es eine Extraportion Stil, bei den anderen geht man davon aus, dass hierfür kein Bedarf besteht.

Für mich bedeutet »Entfranzösisierung« auch, die kanonisierte und gefestigte Dummheit auszutreiben, wonach die sogenannte poetische Sprache der sogenannten Alltagssprache gegenübersteht. Zwei reale Entitäten – also zwei Illusionen.

Mit anderen Worten: Die noch zu leistende und ungedachte Arbeit besteht darin, in allen Sprachen das Ungedachte zu denken, und dies ist eine ethische Arbeit: Es geht darum, deutlich zu machen, dass die Trennung zwischen Texten für *lectores eruditos* und umgangssprachlichen Texten für *lectores ineruditos* eine ethische und politische Schande ist, die zudem von poetischer Armut zeugt. Ein menschliches Debakel: Ein Debakel der Menschlichkeit für den Siegeszug des theologisch-politischen Herrschaftsanspruchs. Von diesem Standpunkt aus macht sich die poetische Correctness zu dessen Komplizin.

Diese ganze Entschichtungsarbeit dient zu nichts anderem als dazu, das Hebräische des Gedichts und das Gedicht des Hebräischen zu Gehör zu bringen. Für die Bibel. Es geht nicht mehr um den »Herr der Heerscharen«, sondern um den »Gott der unzählbar vielen Sterne«. Hier tritt sogleich der jahrhundertealte ideologische Ballast zutage, der bei Hegel in den Gegensatz zwischen einer Religion des Hasses und einer Religion der Liebe mündet.

Besser als anhand dieses kleinen Beispiels lässt sich nicht zeigen, dass das Gedicht eine ethische und politische Herausforderung darstellt.

Um nochmals hervorzuheben, dass Übersetzungen, die den Umgang mit der Umgangssprache suchen, eine auslöschende Wirkung entfalten (und dies umso mehr, als sie das Hebräische umgehen), verweise ich auf »und der singt, ist der Gesang«, ein Beispiel, das für alle Texte der Bibel als Parabel gilt und das ich an anderer Stelle, nämlich in dem

Kapitel *Übersetzen: literarisches Schreiben oder Entliterarisierung* analysiert habe. Ich verweise auf die einschlägige Passage.

Die Parabel von »Und der singt, ist der Gesang« hat eine doppelte, ja dreifache Bedeutung. Sie veranschaulicht all das, was ungehört bleibt und von der Übersetzung ausgelöscht wird; sie stimmt mit Mallarmés Denken des Gedichts überein und mit der wichtigen theoretischen Aussage, wonach nicht der Dichter das Gedicht, sondern das Gedicht den Dichter macht.

Es ist der Rhythmus, der das Warum schafft. Das Warum und das Wie.

Deswegen muss man neu übersetzen. Das Wie und das Warum sind untrennbar. Aber das Warum wirkt in das Wie.

Im neutralen Wertverständnis ist eine Übersetzung entweder gut oder schlecht. Im evaluativen Wertverständnis kommt es zu einer absoluten Deckungsgleichheit zwischen dem Wert und der Definition. Dies war beispielsweise bei Claudel der Fall, den die Lektüre der Vulgata zu der Bemerkung veranlasste, dass alle französischen Übersetzungen bei ihm Übelkeit hervorrufen. In diesem Sinne meine ich: Die Bibel wurde ins Englische, sie wurde ins Deutsche übertragen, aber noch nie ins Französische.

Die einzige Rechtfertigung für diese uneingeschränkte Behauptung ist die Feststellung, dass sich im Denken der Sprache, im Denken des Rhythmus, im Denken des Gedichts, im Denken über die Beziehungen zwischen dem Göttlichen und dem Religiösen etwas gewandelt hat.

Gegen die alte und neue Herrschaft der auslöschenden Übersetzung.

Die Natürlichkeitsprämisse (die so tut, als sei der Text in der Zielsprache verfasst worden) löscht nicht nur den Übersetzungsakt als solchen aus, sie bemüht sich auch darum, die sprachlichen Besonderheiten auszulöschen. Mit dem Ergebnis, dass die Übersetzung zur Auslöschung wird.

Mit anderen Worten: Die Ideologie des Natürlichen ist alles andere als *natürlich*. Sie ist in erster Linie *kulturell* bedingt.

Der Glaube, dass der Literalismus für die Übersetzung lyrischer Texte geeignet sei und der Poesie gerecht werde, ist ein grober und zudem uneingestandener Fehler, weil Gedichte nicht nur aus Wörtern bestehen.

Weil ohnedies die Worteinheit keine Einheit der Rede bildet, sondern eine Einheit der Einzelsprache. Man wähnt sich dem Text treu. Doch die Treue wird dem Zeichen zuteil.

All jene, die fest daran glauben, dass der gesunde Menschenverstand sich auf der Seite des Zeichens befindet, machen sich nicht klar, dass sie Rede und Einzelsprache verwechseln und nichts anderes kennen als die Linguistik der Einzelsprache. Dies ist ein um 70 Jahre verspätetes Denken. Und weil sie sich dessen wahrscheinlich noch nicht einmal bewusst sind, lässt sich sagen, dass sie nicht wissen, was sie tun. Und dass sie noch lange so weitermachen werden.

Was die Verwechslung zwischen Poesie und Form betrifft (die sich insbesondere beim Vers oder beim *Parallelismus membrorum* nachweisen lässt), so ist auch hier eine Rundumerneuerung fällig.

Neuübersetzungen bedeuten nur dann einen Änderungs- oder Umwandlungsprozess, wenn in ihnen ein Hören auf das Kontinuum zwischen Rhythmus und Prosodie, zwischen Körper und Sprache, zwischen Einzelsprache und Denken erfolgt. Allein darin liegt ihre Legitimation. Wenn Neuübersetzungen dagegen in einer Endlosschleife lediglich das wiederholen, was das Zeichen seit eh und je macht, müssen sie sich die Frage gefallen lassen, ob der Begriff »Neuübersetzung« überhaupt noch auf sie zutrifft.

Es ist an der Zeit, das Übersetzen – sofern es der Erfindung eines Denkens dient – nicht mehr innerhalb des theoretischen Fossils einer Trennung zwischen allgemeiner Theorie der Sprache und Theorie der Übersetzung zu belassen. Jede Übersetzung nimmt notwendigerweise Bezug auf eine Vorstellung der Sprache, jede literarische Übersetzung nimmt Bezug auf eine Theorie des literarischen Akts, das heißt auf eine Poetik – andernfalls stützt sie sich lediglich auf eine Hermeneutik (und bleibt in ihr eingeschlossen), und jede Hermeneutik kennt und erhebt ausschließlich das Zeichen (die Frage nach dem Sinn) zum Dreh-und Angelpunkt.

Wenn in einer Übersetzung eine Poetik artikuliert werden soll, dann gilt es, nicht mehr die Einzelsprache zu übersetzen, sondern ein Redesystem. Die Begriffe ändern sich. Es geht nicht (nur) darum, was die übersetzten Wörter *sagen*, es geht um das, was eine Rede *macht*. Es geht nicht mehr nur um den Sinn, sondern um die Kraft.

Unter dem Vorzeichen der Neuübersetzung ändert sich die gesamte Theorie und Praxis der Sprache, unter dem Vorzeichen des Rhythmus (der selbst von einer durch Gleichmaß bestimmten Form zu einer Sprechbewegung geworden ist) ändern sich die gesamte Theorie und die sprachliche Praxis. Es gilt, das Denken in ein Hören zu verwandeln. Das Zeichen aber versenkt sich in Selbstbespiegelung. Wie auch das Religiöse.

Und die religiösen Texte treiben in einem sehr viel stärkeren Maße denn die als literarisch und philosophisch geltenden Texte die mit dem Übersetzen verbundene ethische und politische Herausforderung auf die Spitze. Denn sie stellen per Definition den theologisch-politischen Herrschaftsanspruch aus, die politische Dimension eines jeden Übersetzungsaktes. Ob man »Gott« oder »Allah« übersetzt, ist eine politische Entscheidung.

10
WARUM ICH DIE BIBEL NEU ÜBERSETZE

Ich übersetze die Bibel neu, um das zu Gehör zu bringen, was alle anderen Übersetzungen – ich sage wohlgemerkt alle – auslöschen. Es bereitet mir eine unsägliche Freude, die

Akzente oder *te'amim*, das heißt die Rhythmen, die Prosodie und die grammatischen Verstöße für französische Ohren vernehmbar zu machen. Auf diese Weise rhythmisiere ich die französische Sprache. Am meisten Freude bereitet mir das Rezitativ, dort, wo andere nur die Narration übersetzen. Mein Ansinnen ist, das Gedicht (dies ist etwas anderes als der Sinn der Wörter) hörbar zu machen.

Wenn ich mich zu den anderen Übersetzungen auf Distanz halte (was nicht dasselbe ist wie nur Kritik zu üben), dann nicht, um sie schlechtzureden. Nicht Ab-, sondern Zuneigung ist hier im Spiel. Meinen ersten Essay, der zeitgleich mit *Les Cinq Rouleaux* erschienen ist, habe ich *Pour la Poétique* genannt.

Seitdem arbeite ich unermüdlich an einer Vertiefung dieser Zuneigung. Um des Gedichts willen. Das nicht zu trennen ist von der symbiotischen Verbindung zwischen dem Sagen und dem Leben, von der ständigen Vertiefung des Körper-Sprache-Kontinuums, von der Bildung eines Gedicht-Kontinuums, das ich – ich komme erneut darauf zu sprechen, weil es notwendig ist – als Verwandlung einer Sprachform in eine Lebensform und als Verwandlung einer Lebensform in eine Sprachform definiert habe. Es handelt sich um eine Arbeit, die nicht nur durch meine Gedichte – durch meine Gedichte in meinem Leben und durch mein Leben in meinen Gedichten – hindurchgeht, sondern auch mit jenen Vorstellungen, die mit dem Übersetzen und dem Denken des Gedichts, mit dem Denken des Übersetzens zusammenhängen. Daher geht es um einen Kampf, einen Kampf des Gedichts gegen das sogenannte Zeichen, gegen jene über zweitausend Jahre alte Vorstellung der Sprache, wonach die Sprache eine Trennung zwischen Form und Inhalt, Buchstaben und Geist, Körper und Seele darstellt. *Das Zeichen ist der Tod.* Der Tod des Gedichts, bedingt durch die Trennung zwischen dem Leben und der Sprache. Deshalb bedeutet Zuneigung auch Abneigung gegen die Einheit des Sagens und des Lebens. Und die Übersetzungen? Sie werden von Leuten erstellt, die über ein immenses Wissen und einen starken Glauben verfügen. Durch meine Arbeit am hebräischen Text und durch die Beobachtungen an anderen Übersetzungen habe ich allerdings gelernt, dass das gesamte Wissen der Exegeten, und zwar auch ihnen selbst, eine unvergleichliche Ignoranz des Gedichts verdeckt – und je größer der Glaube, desto größer die Verlogenheit. Mit dem Resultat, dass die Übersetzungen auf skandalös leichtfertige Weise das behandeln, was sie zu verehren vorgeben. Das Gedicht ist verschwunden. Wenn das Standardfranzösisch als Standard gilt, wird die Kundschaft kurzerhand standardisiert. Konvertiert. Dies ist der doppelt perverse Effekt des Religiösen.

Die Bibel ist ein Gründungstext, doch Gründungstext ist ein zweideutiger Begriff, weil er von vornherein im Religiösen angesiedelt ist. Es verhält sich eher so, dass sich in der Bibel, zumal der hebräischen, eine einzigartige Arbeit an der Sprache vollzieht. Sie wird zur Parabel der Sprache, zu ihrem theoretischen Wendepunkt, zu ihrer Prophezeiung. Es ist der Rhythmus, den – bildlich gesprochen – das Wort *ta'am* aufgreift, das zunächst auf die Körperlichkeit der Sprache verweist, um später als Begründung zu dienen. Hieraus leitet sich die von den *te'amim* gestaltete Organisation der Sprechbewegung ab, die den gesamten Bibeltext durchzieht und die der im griechischen Denken verankerten Unterscheidung von Vers und Prosa zuwiderläuft. Dieses Kontinuum des Rhythmus markiert einen theoretischen Wendepunkt, mit dem sich die Heterogenität der Vernunftkategorien so verwandeln lässt, dass die Sprache, das Gedicht, das Ethische und das Politische als Interaktion gedacht werden können. Was eine Kulturrevolution einleitet. Und zwar umso mehr, als sie von theologisch-politischer Seite her verkannt und angefeindet wird.

Unsere Vorstellung der Sprache wird durch den theologisch-politischen Herrschaftsanspruch programmiert. So führt die vermeintlich wissenschaftliche Orientierung am

Originaltext zur Zerstörung des Textes. Den Ursprüngen wird hinterhergelaufen, weil die Theologie unserer christlichen Welt von einem Identitätsproblem im Allgemeinen durchdrungen wird: der Frage nach dem ›wahren Israel‹. Vom Religiösen lässt sich sagen, dass es politisch voreingenommen ist, weil es das Heilige und das Göttliche zu seinen Gunsten vereinnahmt.[81]

Im Schlepptau des Religiösen befinden sich die Frömmelei und die Akademisierungen. In den französischen Übersetzungen haben wir es mit Christianismen in dem Sinne zu tun, wie man auch von Barbarismen spricht. Ein schönes Beispiel stellt das Wort »parvis« (Vorplatz einer Kirche) dar, das für *hatser* (Hof vor einem Haus) verwendet wird. Doch das schönste Beispiel ist der »Herr der Heerscharen« für *adonai tseva'ot*, das ich durch »Gott der unzählbar vielen Sterne« wiedergebe. Zwei Beispiele, die von unverhohlener Heuchelei zeugen.

Der Gegensatz zwischen Vers und Prosa kandiert im Saft der Hellenisierung; und diesem Gegensatz ist der heillose Unsinn zuzuschreiben, wonach die Poesie der Prosa konträr gegenübersteht. Bereits Aristoteles wusste, dass dies ein Fehler ist. Da man meist nicht weiß, worüber gesprochen wird, wenn von Poesie die Rede ist, und da man meist nicht weiß, dass man es nicht weiß, kommt es zu einer weiteren Akademisierung des Denkens, der die Form der »biblischen Poesie« annimmt. In der Bibel taucht der Begriff nicht auf. Wenn hiermit ausgedrückt werden soll, dass das *Hohelied Salomos* »poetischer« ist als der *Levitikus*, dann liegt hier nichts weiter als eine Verwechslung zwischen dem Gefühl und der Poesie vor – ein Lektüreeffekt, der der zeichengesteuerten Übersetzung geschuldet ist. Robert Lowth setzte im Jahre 1753 mit seinem *Parallelismus membrorum* noch eins drauf, als er eine Ersatzrhetorik auf die unauffindbare Metrik übertrug.

Der hellenische Einfluss ist auch deshalb so stark, weil der Septuaginta als Nährboden des Christentums seit

Jahrhunderten der Vorzug gegenüber dem masoretischen Text eingeräumt wird; dies birgt allerdings den (weithin geleugneten) Nachteil, dass ein Mangel an Unterschieden nichts beweist, und zwar deshalb, weil der Ausgangstext (auf dessen Grundlage die Übersetzungen erstellt wurden) nicht mehr existiert. Das Problem ist dadurch entstanden, dass die Christen den masoretischen Text unter dem Vorwand ablehnten, die Notation der Vokale und der *te'amim* sei erst zu einem späten Zeitpunkt (sechstes bis neuntes Jahrhundert) erfolgt. Doch die hebräische Schrift war zunächst eine reine Konsonantenschrift. Und die Namen der *te'amim* bezeichneten nicht nur eine grafische Form, sondern auch eine Gestik und eine Oralität, was beweist, dass die Notation die Verschriftung einer Oralität darstellt, die notwendigerweise schon bestanden hat.

Das Resultat ist, dass die meisten Übersetzer die Poetik des Textes auslöschen. Nein, nicht die meisten: alle. So unglaublich dies auch erscheinen mag, ich gelange immer wieder zu demselben Schluss. Und wenn man eine vermeintlich versifizierte Typografie antrifft, dann fällt sie schlimmer aus als jede Prosa-Übersetzung, weil die zwischen den Kräften der *te'amim* waltende Hierarchie gestört wurde. Gemeint sind hier nicht nur die Disjunktionen und die Junktionen, sondern auch die syntaktischen Verstöße, die Effekte der seriellen Semantik. Dies ist genau das, woran ich in meinen Übersetzungen arbeite. In der Welt des Zeichens wird für gewöhnlich die »Form« der Ausgangssprache überlassen, während die in der Zielsprache formulierte Mitteilung auf den Sinn ausgerichtet ist, den rhetorisch aufgepeppten Sinn. Ja, die hebräische Bibel erteilt eine Lektion in Rhythmus und verwandelt gleichzeitig den gängigen, den griechisch geprägten Rhythmusbegriff.

Und selbst die von Onkelos erstellte aramäische Übersetzung der Thora (zweites Jahrhundert) nimmt eine Entrhythmisierung vor, weil Onkelos nicht zwischen dem Übersetzen und dem Paraphrasieren unterscheidet. Andere

Epoche, andere Haltung. Es gibt dennoch einige schöne Stellen – so etwa, wenn er *nefesh haya* durch *ruah memalela*, »lebendige Seele« durch »sprechender Atem« wiedergibt.

Doch nirgends ist es so schlimm wie in *Exodus* 3,14, wo Zadoc Kahn »Je suis l'Être invariable« (1899, »Ich bin das unveränderliche Wesen«) übersetzt; das Problem ist nicht nur, dass er, wie dies häufig der Fall ist, die Fassung von Lazare Wogué abschreibt, die aus dem Jahr 1862 stammt; es besteht auch darin, dass er nicht die Thora, sondern die Septuaginta übersetzt (*ego eimi ho ôn*), die ausgerechnet Wogué kritisierte, weil »ich bin der, der ist« mit dem Hebräischen nicht konform ist. Die Herausforderung besteht nicht nur in der unvollendeten Form des Verbs »sein«, sondern auch in dem grammatischen Drehpunkt *asher*, den Wogué gar im Sinne von »weil« deutete. Ich meinerseits übersetze: »Je serai / que je serai« (»Ich werde sein / was ich sein werde«). Und bei mir wird der disjunktive Akzent auf dem ersten *ehyeh* realisiert. In der langen Anmerkung, die ich der Übersetzung beigegeben habe, erkläre ich, dass der Satz die wörtliche Wiederaufnahme des in Vers 12 enthaltenen Versprechens darstellt, eines in der Zukunft angesiedelten Versprechens, in dem die Unabgeschlossenheit der Geschichte und die Unabgeschlossenheit des Sinns gegenwärtig sind.

Wenn aber die Übersetzungen auslöschenden Charakter haben, könnte man geneigt sein zu glauben, dass sich der Rhythmus im hebräischen Original vernehmen lasse. Aber auch hierfür gibt es keinerlei Garantie. Aus drei Gründen. Erstens: Wer die Bibel auf Hebräisch liest, kann trotzdem in den Akademisierungen verharren und gegenüber der Theorie der Sprache und des Rhythmus taub sein (während ich die Bibel als deren Ausgangspunkt betrachte).

Zweitens: Mein Anliegen ist nicht nur, die Übersetzung so zu *taamisieren*, dass sie zum Gedicht wird, sondern auch die hebräische Bibel als Ausgangspunkt zu nehmen, um den gesamten Übersetzungsvorgang, die gesamte Theorie der Sprache zu *taamisieren* und damit aufzuzeigen, dass eine Poetik der Gesellschaft vonnöten ist. Das Hebräische sagt dies nicht von sich aus. Drittens: Wenn ich sage, dass es keine Übersetzung davon gibt, weder in französischer noch in einer anderen Sprache, dann ist dies keineswegs absurd oder arrogant, sondern sagt vor allem zweierlei aus: zum einen, dass der Rhythmus übersetzt werden muss, wenn nicht nur der Sinn der Wörter, sondern auch das übersetzt werden soll, was die Sprache macht; zum anderen sagt diese scheinbare Maximalforderung aus, dass der Wert und die Definition eines sprachlichen Aktes ein und dasselbe sind – wer dies nicht versteht, verbleibt in der Mittelmäßigkeit des Zeichendenkens. Den Rhythmusakt vollziehen, ist für mich kein Abschluss, sondern ein Ausgangspunkt.

Die Bibel, atheologisch. Für manchen mag die Annäherung der beiden Begriffe skandalös anmuten, wenn nicht gar absurd. Doch bevor die ersten Proteste laut werden, bitte ich um Ruhe, wir müssen uns verständigen.

Ein Rabbiner hat Anstoß an diesen »Enttheologisierungsbestrebungen« genommen. Vom rabbinischen Standpunkt aus kann ich ihn verstehen. Es sind im übrigen auch die rabbinischen Autoritäten, die für die Exkommunizierung Spinozas verantwortlich zeichneten.

Während er meinen Übersetzungen jede Originalität »abspricht«[82] (dabei sind es die einzigen, die Gehör und Augenmerk auf die *te'amim* lenken), setzt er dagegen, dass »das Übersetzen Verrat« bedeute (wenn das kein origineller Gedanke ist) und dass die wahre Bestimmung des Judentums darin bestehe, nach dem Sinn zu suchen und nicht nach den Bedeutungen. Folgt man seiner Logik, so ist »ein Werk, das ausschließlich der Übersetzung gewidmet ist, völlig zweitrangig und bar jeden Sinns« – zumal für den, der sich »wirklich für die biblische Botschaft und nicht für pseudowissenschaftliche semantische Hirngespinste« interessiert. Dies zeigt, dass er weder meine Gedichte noch meine theoretische Arbeit zum Rhythmus und zur Sprache zur Kenntnis genommen hat – »pseudowissenschaftliche semantische Hirngespinste«. Eine unfreiwillige Parodie auf jene berühmte Passage aus den *Persischen Briefen*, die dem Übersetzer gewidmet ist.[83]

Es ist eine wahre Freude zu sehen, wie auf engstem Raum ein derartiges Maß an Ignoranz und Unverständnis entstehen kann. Ich bin ihm zu Dank verpflichtet. Die Klischees ersetzen jedes Nachdenken: das Klischee, wonach das »Übersetzen ein Verrat« (*traduttore, traditore*) an dem ursprünglichen »Sinn« und der »Botschaft« ist. Diese leichte Währung gilt dem Zeichendenken als Zahlungsmittel. Indem er Sinn und Bedeutung einander gegenüberstellt, macht er deutlich, dass er, statt die Sprache zu denken, dem Zeichen verhaftet und somit den Kategorien christlicher Ontologie verpflichtet bleibt. Für einen Rabbiner ist dies eine Glanzleistung; und sie ist, wie sich an der Übersetzung Zadoc Kahns unschwer nachweisen lässt, weitaus weniger selten, als man meinen möchte. Christianisiert-französisiert. Und dies ist einer Auswirkung der »Botschaft« und des Religiösen auf diesen religiösen Text zuzuschreiben. Weil er das Gebot »Du sollst die Bibel enttheologisieren« nicht versteht, bekommt er eine Heidenangst. Glaubt man ihm, so rangiert die Poetik in der Kategorie »überflüssige literarische Koketterie«, die ihn an die »Faselei« über die »reine Poesie« erinnert. Er verwechselt die »Frömmelei« mit Nietzsches »Gott ist tot«. Da müssen wir jetzt durch!

Was ich unter »enttheologisieren« verstehe, sollte niemanden in Panik versetzen. Denn, so wie ich die Dinge sehe, ist das Ganze hochkomplex. Es geht zunächst einmal darum, eine Gegenreaktion einzuleiten, die Christianisierung der Bibel, die auf jahrhundertealter Tradition beruht, nicht mehr zuzulassen. Christianisierung bedeutet Theologisierung. Es geht auch um eine Aufdeckungsarbeit (dies ist natürlich nicht nach jedermanns Geschmack), darum, die Verwechslung zwischen dem Heiligen, dem Göttlichen und dem Religiösen offenzulegen – eine notwendige Denkarbeit, damit der theologisch-politische Herrschaftsanspruch und die Sachen des Glaubens getrennt bleiben. Und wenn ich »entfrömmeln« hinzufüge, so nur, weil es mir um eine Entakademisierung, um eine Entideologisierung geht. Der Gipfel, das Paradox: Das Ganze ist auf eine Rehebraisierung ausgerichtet, auf die Auslöschung der Verwobenheit von biblischer Sprache und griechischem Denken, an die wir uns so sehr gewöhnt haben, dass wir sie schon gar nicht mehr wahrnehmen.

Enttheologisieren bedeutet entsemiotisieren. Denn das Zeichendenken ist ein griechisches Denken – selbst wenn dessen globale Verbreitung dazu geführt hat, dass es uns schon gar nicht mehr auffällt, wenn dieses Denken mit einer Verleugnung einhergeht, mit einer jahrhundertealten Unkenntnis des Rhythmus, die nicht ohne Auswirkung auf die Verleugnung der *te'amim* bleiben konnte, auf jene Rhythmen, die das Hebräische *taamisieren.*

Enttheologisierung durch Rerhythmisierung bedeutet auch Entarchäologisierung dieses Textes, dessen Status als Gründungstext paradoxerweise dazu geführt hat, dass man ihn nicht mehr hört. Auf besonders erbärmliche Weise führen dies die konfessionellen Übersetzungen vor, darunter auch die von Zadoc Kahn angefertigte Übertragung. Deshalb sage und wiederhole ich, dass sie nicht das Hebräische übersetzt, sondern das französische Judentum einer bestimmten Epoche: 1899. Innen Jude. Außen Mensch.

Auf diese Weise heben sich die trügerischen Erscheinungen auf, und wenn ich das Bibelgedicht zu Gehör bringe, trage ich dazu bei, das Religiöse zu entschichten.

Lemaistre de Sacy schreibt: »Diese von Gott konzipierten Texte richten sich weniger an die Juden denn an die Christen.« Dies lässt sich an einem konkreten Beispiel, einem Besitzanspruch verdeutlichen, der auf den ersten Blick harmlos wirkt. Die von der Christianisierung betriebene Auslöschung kann sehr unterschiedliche Formen annehmen, darunter auch solche, die man zunächst nicht vermutet hätte. So trug eine Ausstellung, die 2006 in der »Galerie des Hospices« in Limoges ausgerichtet wurde, den Titel: »Thora Bibel Koran, Wege der Verschriftung«. Die Wortwahl ist bezeichnend: Diese »heiligen Schriften«, als monotheistische Religionen aufgeführt, bezeichnen das Judentum lediglich mit dem Begriff »Thora«. Dies erfolgt natürlich im Licht des christlichen Standpunktes, der durch »Das Gesetz«[84] verkörpert wird. Hierdurch entsteht ein verkürzender Effekt, und zwar in zweifacher Hinsicht: Der Begriff »Thora« bezeichnet nur den Pentateuch; er hat nicht die juristisch und formal konnotierte Bedeutung von »das Gesetz«, sondern die Bedeutung von »die Unterweisung« (die Art, wie der Weg gezeigt wird). Folgt man dem herkömmlichen Verständnis, umfasst die aus 24 Büchern bestehende hebräische Bibel die Thora, die Propheten und andere Schriften. Wenn die gesamte hebräische Bibel auf die Thora verkürzt wird, dann bedeutet dies, dass die »Heilige Schrift« den Begriff »Bibel« in Anspruch nimmt, um ihn in dieser Triade nur dem Christentum zuteilwerden zu lassen. Dies ist eine Form der Kastration, die dem Judentum die Bibel – *seine* Bibel, seine »Bücher« – entzieht, um sie sich schlicht als Text des Christentums anzueignen.

Wenn man aber, wie üblich, die drei monotheistischen Religionen formal gegenüberstellt, mag man nicht glauben, dass man es mit einer trügerischen, rhetorischen Erscheinung zu tun hat – und zwar selbst dann, wenn man die Bibel als Gründungstext darstellt: »Als Gründungstext der drei monotheistischen Religionen (Judentum, Christentum und Islam) erscheint die Bibel seit dem Mittelalter als ›das Buch schlechthin‹«.[85] Eine dreifache Illusion, da jede Theologie die Kontinuität zur vorhergehenden auslöscht, die zweite löscht die erste, und die dritte annektiert und ersetzt die beiden anderen.

Biblisch gesprochen ist das Christentum mit all seinen Besitzansprüchen und seinen Verdrängungen eine Ansammlung von sprachlichen Betrügereien (die junge Frau wird zur Jungfrau in *Jesaja*, um die Jungfrau Maria anzukündigen) und zwanghafter Mythologisiererei; zu seinem Wirkkreis gehört auch eine Maschine, die der Tötung (das »wahre Israel« steht hier stellvertretend), der Ausbreitung (vgl. hierzu die etymologische Bedeutung von »katholisch«) und der Enthebraisierung der Bibel dient.

Poetisch gesprochen ist dies der Grund, weshalb ich, sofern es mir möglich ist, neu übersetze.

11
RHYTHMUS ÜBERSETZEN, DIE STIMME IN SZENE SETZEN

Ist die Theatralität der Sprache etwa eine Ethik der Stimme? Ist diese Ethik der Ort, an dem das Gedicht und das Theater komplementär aufeinander einwirken? In dieser Frage ist bereits ein leibhaftiges Ja enthalten.

Die hier zur Rede stehende Theatralität deckt sich mit der Rhythmik des biblischen Verses, wobei der Rhythmus, das heißt die Organisation der Sprechbewegung, einerseits von den Akzenten (diesen mundgerechten Sprechportionen) produziert wird und andererseits von der in der Mundräumlichkeit verwurzelten Oralität. Das Zeichen setzt sich ironischerweise in Szene, während das Gedicht inszeniert; das Gedicht ist, sofern man ihm zuhört, der Regisseur, der, wie Antoine Vitez einst formulierte, dafür sorgt, dass das Übersetzen zur Inszenierung wird.

Der Unterschied zwischen zwei Texten liegt nicht nur in der Frage nach dem »Was?«, nach dem »Was hat das für eine Bedeutung?«, sondern auch und vor allem nach dem »Wie« in der Bedeutungsweise.

Da der biblische Vers dafür verantwortlich ist, dass sich das Hören auf die Rhythmik verändert, soll daran erinnert werden, dass eines der hebräischen Wörter, die die Bibel bezeichnen, *mikra* lautet, was »Lektüre« bedeutet, aber auch »Einladung« und »religiöse Versammlung«; es leitet sich ab von *kara*, das, je nach Kontext, »rufen«, »schreien«, »einladen« oder »lesen« bedeutet. Dies ist als Parabel für den inneren Zusammenhang zu werten, der zwischen Lektüre, Stimme und Gemeinschaft besteht. Weder stilles Lesen noch einsames Lesen. Und kein Gegensatz zwischen Lesen und Schreiben. Dies bedeutet, dass mehrere an der Sprache beteiligt sind und dass das Subjekt und die soziale Welt in der Oralität begründet liegen.

Maimonides sagt an irgendeiner Stelle, dass die in der Bibel dargestellten Ereignisse »Ereignisse der Seele« sind. Und wenn es in dieser Oralität eine Parabel, eine Allegorie der Sprache gibt, dann wohl die Allegorie der umfassenden Theatralität. Man könnte von einer Theatralität im Besonderen und im Allgemeinen sprechen. Sie verfahren beide unterschiedlich. Die besondere Theatralität, die des Theaters, stellt sich bei Molière anders dar als bei Labiche, Corneille oder Tschechow etc. Und man könnte tatsächlich geneigt sein, sie für eine Ausprägung der allgemeinen Theatralität der Sprache zu halten.

Ich glaube, dass man so etwas wie eine Ethik der Stimme in der Arbeit von Claude Régy hört – und hierin besteht für mich seit der Inszenierung von *Paroles du Sage* das eigentliche Glück unserer Begegnung. Das, was Claude Régy mit seinem Denken der Sprache und des Theaters gelingt, das habe ich mit meiner rhythmusorientierten Übersetzung der biblischen Texte zu verwirklichen gesucht.

Es gibt auf der einen Seite die Oralitäten des Sprechens, mit der ihnen entsprechenden Gestik. Und auf der anderen Seite gibt es jeweils individuelle oder kulturspezifische Arten des Oralisierens. Dies alles gehört in den Bereich der Anthropologie und der Soziolinguistik. Die Poetik der Stimme ist etwas anderes, sie macht sich da bemerkbar, wo eine Erfindung des Sagens stattfindet, eine Erfindung der Oralität, die die Oralität zu transformieren weiß. Das Paradox: Das, was man dem poetischen Sinn nach Schrift nennt, ist der Ort eben dieser Oralität. Und es ist der Ort von Claude Régy – durch seinen Sinn für das Sprechen.

Es ist auch ein Ort der lebendig bleibenden Übersetzungen, ein Ort der Begegnung der Stimmen. Derjenigen Baudelaires und Poes. Und derjenigen Lermontows, der einige Gedichte Goethes ins Russische übersetzt hat, sodass sie zugleich von Lermontow und von Goethe sind.

Dieses rhythmusorientierte Übersetzen unterläuft sowohl den Literalismus als auch die Standardsprache – also jene Übersetzungen, die die Standardsprache zum Standard erheben. Statt von der Interpretation getragen zu werden, ist die Übersetzung die Austragende, so wie auch dem Originaltext eine austragende Rolle zukommt. Eine solche Poetik ist gleichzeitig eine Ethik. Wir werden von etwas durchströmt, das den Sinn beinhaltet, ihn aber nicht darstellt. Die Sprache bringt unterschiedliche Sinngewebe hervor, die sich nur aufdecken lassen, wenn man sich auf eine bestimmte Sichtweise einlässt. Dies tut ihrer Wirksamkeit keinen Abbruch. Die Sprache wirkt, wie sich anhand der Funktionsweise des Namens »Ophelia« im *Hamlet* nachweisen lässt,[86] jenseits der Zufälligkeit, jenseits der Intention, sie wirkt auch dann, wenn wir uns ihrer nicht bewusst sind. Eine weitere Ausprägung des sprachlichen Unterbewusstseins. In der Inszenierung von *Paroles du Sage* konnte man erleben, wie der von Claude Régy ausgesuchte Schauspieler, Marcial Di Fonzo Bo, in der Sprache war, so wie die Sprache in ihm war. Von der Sprache durchströmt, gelang es ihm, uns an einer Spannung teilhaben zu lassen, die seinen ganzen Körper erfasste und doch ohne Bewegung auskam.

In der Psychoanalyse wurde das Verhältnis zwischen Körper und Sprache ja eingehend untersucht, doch blieb die Poetik des Körpers in der Sprache davon ausgenommen. Es ist das Verdienst von Marcial Di Fonzo Bo, uns die Kraft vergegenwärtigt zu haben, die gleichzeitig durch die

Sprache im Körper und durch den Körper in der Sprache wirksam ist.

In *La Rime et la vie* habe ich versucht, plausibel zu machen, dass das Gedicht das Gegenteil der Hysterie bewirkt; die Hysterie ist – dem Freud'schen Modell nach – die Somatisierung sprachlicher Erscheinungen, und das Gedicht ist das Eindringen des Körpers, das Eindringen der körperlichen Kraft in die Sprache. Nicht um Innereien geht es, sondern um größtmögliche Rhythmisierung. Und es ist diese Intensität, die Claude Régy in seinen Inszenierungen der Stimmen, des Lichts und der Schatten mithilfe der Zeitlupe und weiterer Entschleunigungstechniken hervorzubringen weiß. Die größtmögliche Präsenz des Körpers in der Sprache. Die Verschmelzung zwischen der physischen Präsenz des Schauspielers oder der Schauspielerin und der physischen Präsenz der Sprache.

Dies hat rein gar nichts mit der Nachahmung der von den klassischen Autoren vertretenen Diktion zu tun: Wenn der Text in einer Fabel La Fontaines das Adverb »schnell« enthält, dann galt es schnell zu sprechen. Oder zu schimpfen, wenn im Text von Wut die Rede ist. Reine Redundanz.

Flaubert spricht an irgendeiner Stelle von »unwissentlicher Poetik«. Es gibt eine unwissentliche Poetik des Körpers und der Oralität in der Inszenierungspraxis Claude Régys.

Ich war sehr bewegt, als ich Antoine Vitez kennenlernte, er hat mir stets viel bedeutet. Die Begegnung mit ihm war für mich eine Neuauflage der Begegnung mit Claude Régy. Und eine Vertiefung. Aufgrund seiner Arbeit an der Stimme.

Vitez hat einen aufsehenerregenden Versuch gestartet, als er 1975 *Phädra* im »Theâtre des Quartiers« von Ivry inszeniert hat. Es gibt davon mehrere Aufnahmen. Es waren Momente der Kantillation und der Dehnungen bis zum Schrei. Ich erinnere mich daran, wie das a in dem Vers »Aricie a mon coeur, Aricie a ma voix« (»Aricia hat mein

Herz, Aricia hat meine Stimme«) irrsinnig gedehnt wurde. Diese Auseinandersetzung mit der Oralität in der Inszenierungsarbeit zu *Phädra* blieb bei Vitez einzigartig. Als er einige Zeit später *Britannicus* inszenierte, wurde die Diktion wieder relativ klassisch.

Ich habe hieraus die Lehre gezogen, dass es keinen gewöhnlichen Alexandriner gibt, wie unlängst von einem neo-klassischen Zeitgenossen behauptet wurde. Der Alexandriner ist in jedem Stück Racines ein anderer. Natürlich bedarf es hierzu noch eines Beweises. Aber ich glaube, dass dies der poetische Grund ist, weshalb Antoine Vitez in seiner Inszenierungsarbeit zu *Britannicus* auf eine Neuauflage des leidenschaftlichen *Phädra*-Verses verzichtet hat. Seine Intuition sagte ihm, dass jedes dieser Stücke durch eine Spezifik des Verses charakterisiert wird, durch eine besondere Metrik der Rede. Die bei Corneille eine andere ist als bei Racine ... Nicht dieselbe Phrasierung. Zumindest wenn ein Theaterstück durch das, was es sagt, und durch die Art und Weise, wie es etwas sagt, einzigartig ist. Was man hier wiederfindet, ist das, was Pierre Reverdy die *Mittel* nannte. Die Elemente eines Systems. Vitez hat hierzu keine Theorie entwickelt, was wiederum einen parabolischen Effekt erzeugt: etwas mit gutem Grunde tun, ohne diesen zu kennen oder sagen zu wollen.

Wenn die Übersetzung hierbei im Spiele sein soll, dann muss sie mundtauglich werden. Da wäre ein vermeintlich unbedeutendes Beispiel zu nennen, das ich für besonders aussagekräftig halte; es steht am Anfang von Raymond Lepoutres Übersetzung zu *Hamlet*, die Vitez als Textvorlage für die Inszenierung im Théâtre national de Chaillot nutzte. Da die Übersetzung in der Tageszeitung *Le Figaro* von einem Professor der Anglistik kritisiert worden war und Vitez mich gebeten hatte, auf den Artikel zu reagieren, bekam ich die Gelegenheit, mich mit der Textvorlage genauer zu beschäftigen.

Als die Turmwächter abgelöst werden sollen, sagt einer der Wächter: »I think I hear them.« Bei Lepoutre lautet die einschlägige Stelle: »Je crois, je les entends« (»Ich glaube, ich höre sie«), während es bei François-Victor Hugo und nahezu allen anderen Übersetzern heißt: »Je crois que je les entends« (»Ich glaube, dass ich sie höre«). Vom akademischen Standpunkt aus hat Lepoutre einen Fehler gemacht, der aber insofern interessant ist, als das grammatische Element durch das Komma – durch eine Gegenüberstellung, eine Parataxe – in ein rhythmisches Element umgewandelt wird.[87] Und es hat mir gefallen, dass er die Kühnheit hatte, eine Formulierung zu problematisieren, die von niemandem sonst wahrgenommen worden wäre. Man könnte ihm vorwerfen, dass er einen Effekt erzeugt, den es im Original nicht gibt. Doch hat der Effekt Anteil an der Gesamtatmosphäre des Stückes. Diese Übersetzung verschiebt die Grammatik weiter in Richtung Oralität. Weil sie bestimmte Regeln nicht beachtet. Dadurch wird dem Schauspieler ein Anreiz geboten, seine Sprache in eine gestische Deixis umzuwandeln. Sie stellt eine Inszenierung der Übersetzung und somit eine Konkretisierung des Vitez'schen Anliegens dar. Der Übersetzungsakt als Inszenierungsakt. Die Bühnenanweisung im Text selbst.

Und für Claude Régy ist der Text keine Gegebenheit, sondern ein Entwurf. Auch ich höre auf das, was sich zwischen den Abständen innerhalb der typografischen Blöcke ereignet; diese Abstände geben die unterschiedliche Stärke der disjunktiven Akzente wieder und erweisen sich als Ort der Begegnung zwischen dem sichtbaren und dem sprechbaren Rhythmus. Synkopen, Unterbrechungen, Stimmhebungen, aber sicherlich keine Stimmabflachung. Und Claude Régy setzt die von mir typografisch kenntlich gemachte Diktion theatralisch um. Es ist dieselbe Poetik, sein Verständnis des Theaters deckt sich mit meinem Verständnis des Gedichts.

Es gibt nicht nur die Hierarchie der hebräischen Satzakzente. Eine ebenso wichtige Rolle spielt mein eigener, subjektiv geprägter Sinn für die Sprache. Die Pausen, aber auch die Wahl der Wörter: die einfachsten, die konkretesten, die sinnlichsten. Um das wiederzugeben, was ich bei der Lektüre dieser Texte empfunden habe. Und was ich mir an Wissen angeeignet habe. Hierzu gehört der Gebrauch der Verbalformen, der Benveniste zufolge in der Rede ein anderer ist als in der Erzählung: die unvollendete Form, um die zeitliche Kontinuität zwischen dem Ausgesagten und dem lesenden – dem sprechenden – Subjekt herauszustellen. Und so lautet meine Übersetzung: »Et il y a eu un soir et il y a eu un matin / jour un« (»Und es hat einen Abend, und es hat einen Morgen gegeben / erster Tag«) und nicht: »il y eut un soir et il y eut un matin» (»es wurde Abend, und es wurde Morgen«)[88], denn das Passé simple, die Zeit der Abgeschlossenheit, weist keinen lebendigen Bezug zum Sprecher auf. Betont wird die Kontinuität, angefangen bei jener, vor unvorstellbar langer Zeit entstandenen Zeile bis hin zu dem Subjekt, das das Wort »Ich« in den Mund nimmt. Es geht um die Aktualität des Textes, um seine Gegenwärtigkeit in der Gegenwart. Die poetische Erfindung setzt in dem Augenblick ein, in dem die von ihr ausgehende Wirkung endlos weiterwirkt. Dann gehört der Sinn in den Bereich des Unendlichen.

Das Tun, das die Intentionalität enthält, reicht doch unendlich weit über sie hinaus. Es stellt jenes dem Bewusstsein vorausgehende Element dar, das wir benötigen, um uns bewusst zu machen, was sprachlich geschieht. Seiner apriorischen Struktur ungeachtet stellt es dasjenige Element dar, mit dessen Hilfe wir ein Bewusstsein für die Aktivität des Textes entwickeln. Zwei Wörter der Bibel bringen dies in kondensierter Form auf den Punkt. Sie befinden sich in *Les Noms*, im zweiten Buch Moses (*Exodus* 24,7): *»na'asseh ve nishma* – wir werden tun und hören.« Das Tun geht dem Hören voraus, ja sogar dem Wissen über das, was wir tun. Dieses Tun stellt somit auch eine Prophezeiung dar. Für das Poetische bedeutet dies: Man tut, was man tut, bevor man weiß, was man tut. Und man sollte auf keinen Fall das tun, was man weiß.

Es gibt auch eine unwissentliche Ethik.

12
DIE BIBLISIERUNG DER STIMME

Biblisieren – das ist das, was das Bibelübersetzen mit der Stimme macht.

Allerdings nur unter der Voraussetzung, dass das Hören auf den im Bibelgedicht enthaltenen Rhythmus als archimedischer Punkt aufgefasst wird, mit dem sich zum einen die gesamte Vorstellung der Sprache revidieren und zum anderen eine vom Einzelfall ausgehende Universalie entdecken lässt; der theologisch-politische Herrschaftsanspruch ignoriert dies seit 18 Jahrhunderten. Weil die Bibel ein religiöser Text ist.

Biblisieren – das kann man nur, wenn man den Rhythmus in der Bibel als Parabel auffasst, ja wenn man die überragende Funktion des Rhythmus in der Sprache (die dem Fehlen der klassischen Metrik im biblischen Hebräisch geschuldet ist) als Paradigma der poetischen Moderne anerkennt. Und als Prophezeiung des Rhythmus in der Sprache.

Dem steht seit 18 Jahrhunderten eine religiös genährte Tradition der programmatisch betriebenen Verdrängung und der theologischen Taubheit entgegen; einen Beweis ihrer Bösgläubigkeit haben die Gottgläubigen dadurch erbracht, dass sie einer sprachlichen Gestaltung das griechisch-christliche Modell aufgepfropft haben. Von der unauffindbaren griechischen Metrik über die inexistente arabische bis hin zur Ersatzrhetorik des biblischen *Parallelismus membrorum*, der ebenfalls zu den vorgefassten Meinungen gehört. Für mich ist der *Parallelismus membrorum* eine theologisch-rhetorische Beschichtung, die von der traditionellen jüdischen Exegese nicht zur Kenntnis genommen wird, entgegen ihrer sonstigen Gepflogenheit, sehr genau hinzuschauen.

Dabei kennt die biblische Rhythmik weder Verse noch Prosa. Sie ist ganz und gar Gedicht. Aber nicht in dem Sinne, dass Verse einen Gegensatz zur Prosa bilden – was ausgemachter Unsinn ist, auch wenn so mancher Dichter dadurch etwas zu sagen glaubt, dass er der Prosa die Poesie gegenüberstellt.

Oder aber man fasst diese Rhythmik vollständig als Prosa auf. Dann allerdings so, wie Boris Pasternak es 1934 auf dem Ersten Kongress der sowjetischen Schriftsteller formulierte: »Die Poesie ist Prosa, [...] Prosa schlechthin, die Stimme der Prosa, eine Prosa im Aktions-, nicht im Erzählmodus. Poesie meint eine organisch angelegte Sprache, das heißt eine Sprache mit lebendigen Konsequenzen. [...] genau das ist es, es ist der Gedanke einer reinen Prosa, die die Integration von Prosa und Poesie anstrebt.« Das Paradox besteht darin, dass dies mit einer Biblisierung einhergeht.

Der Ausweg, den Pasternak gefunden hat, um dem Klischeedenken zu entkommen, stellt, soviel ich weiß, eine Einzelstimme in dem »furchtbaren, für Eselsohren gedachten Konzert« dar (die Formulierung Paul Éluards stammt aus einer Zeit, als der Surrealismus noch zum guten Ton gehörte).

Hier findet der poetische Kurzschluss statt. Und unter *Biblisierung* verstehe ich, dass das Überhörte dieses Prosa-Gedichts hörbar gemacht wird. Nachdem es in allen Übersetzungen ausgelöscht wurde – in den konfessionellen, ungeachtet der Konfession, und in den poetisierenden, ungeachtet der Art der Poetisierung.

Und das Religiöse, das diesen Text zu verehren vorgibt, löscht paradoxerweise gerade das aus, was seine Kraft ausmacht: den Rhythmus als Gestaltung der Sprechbewegung, als Kontinuum zwischen Affekt und Konzept, als Körper-Sprache-Kontinuum, als Verbindung zwischen dem Gedicht und der Unbegrenztheit der Sprache.

Das Religiöse löscht auch den Unterschied aus, den dieser Text zwischen dem Heiligen, dem Göttlichen und dem Religiösen macht.[89] Doch die Theologisierung ist, auch wenn die der Wahrheit verpflichteten Vertreter des Religiösen es nicht wahrhaben wollen, ein Semiotismus, das heißt ein Dualismus, dem die Aura des Heiligen anhaftet.

Biblisieren bedeutet demnach paradoxerweise auch enttheologisieren, das heißt entsemiotisieren, Befreiung der Sprache von der Standardfranzösisierung. Weil es die sogenannte Standardsprache in der Bibel nicht gibt. Weil es die dem Kontinuum innewohnende Kraft wiederzufinden gilt, die durch die Arbeit der Auslöschungen ausgelöscht wurde, durch die Arbeit jener Übersetzungen, die dem Standard hinterherlaufen, um sich in scheinheiligem Geschwätz zu ergehen. Ungeachtet der Konfession.

Es geht darum, der Sprache, der Rede und dem Gedicht eine radikale Geschichtlichkeit zuzuerkennen. Gegen den globalisierten Herrschaftsanspruch des Zeichens.

Das Problem ist ein poetisches Problem, geht es doch darum, die serielle Semantik des Textes aufzufinden, die Verkettung aller rhythmischen Bezüge, um nicht nur den Sinn, sondern auch das Tun und die Kraft des Sagens zu hören und hörbar zu machen. Die Kraft trägt den Sinn aus. Wenn der Sinn ohne die Kraft auskommen muss, erscheint die Sprache als Gespenst.

Die Stimme bedeutet für mich Oralität. Aber nicht mehr im Sinne des Zeichendenkens, das nur die direkte Gegenüberstellung von Laut und Sinn kennt. Im Denken des Kontinuums ist die Oralität die gegenseitige Durchdringung von Körper und Sprache. Es ist das Subjekt, das man hört. Die Stimme exponiert das Subjekt und kann dadurch von einem anderen Subjekt aufgenommen werden. Die Stimme schafft das Subjekt. Schafft für Sie das Subjekt. Das Subjekt schafft sich in seiner und durch seine Stimme.

Und das lässt sich (was mir selbst zum Erstaunen gereicht) auch dann sagen, wenn man nicht erwähnt, dass das hebräische Wort *ta'am*, das häufig mit trennendem oder verbindendem Akzent wiedergegeben wird, »der Geschmack« des im Mund enthaltenen Geschmacksinns oder auch der Geschmack der Nahrung selbst bedeutet. Welch treffendes prophetisches Bild für das, was einst Tristan Tzara gesagt hat, wahrscheinlich ohne sich der Konsequenzen seiner Aussage bewusst zu sein: »das Denken vollzieht sich im Mund«. Nein, er wusste wahrscheinlich nicht, was er sagte, ganz so wie auch das Gedicht etwas hörbar macht, von dem wir nicht wissen, dass wir es hören.

Damit sind wir auch schon bei der Theatralität der Stimme angelangt.

Denn das *ta'am* ist eine von der Stimme vollzogene Prophezeiung des Gedichts. In dem Sinne, dass es die Überwindung der Stereotypen des Zeichens im Sprachdenken ankündigt. Wer die Stimme zum Gedicht werden lässt, vermag das zu realisieren, was ich – in Anlehnung an die Bedeutung des hebräischen Wortes – unter *Taamisierung* der Sprache, *Taamisierung* des Übersetzens, *Taamisierung* des Französischen verstehe; das französische Gedicht ist nämlich ein Gedicht, durch das die französische Sprache noch einmal für Sie erfunden wird. Hieraus leitet sich die Notwendigkeit ab, alle Einzelsprachen zu *taamisieren*, die gesamte Vorstellung der Sprache. Biblisierung bedeutet *Taamisierung*.

Und darum geht es: die Sprache gen Erfindung des Subjekts zu strecken, des Gedichts in der Stimme des Subjekts eingedenk, und dem Zeichen die Zunge rauszustrecken – jener katastrophalen Zweiteilung, die alles in zwei heterogene Bestandteile reißt: Laut und Sinn, Mündlichkeit und Schriftlichkeit, Form und Inhalt, Buchstaben und Geist, Körper und Seele – das ganze bekannte Elend. Ein flächendeckendes Diskontinuum.

Die Übersetzung des Bibel-Gedichts ist demnach eine Begegnung zwischen der *Taamisierung*, der seriellen Semantik und der dichterischen Stimme des Übersetzenden, eine Begegnung mit dem Gedicht, das man in der Stimme hat. Und es ist nicht die Bibel, die auf die dichterische Stimme einwirkt, nein, es verhält sich genau anders herum: Es ist die Gedicht-Stimme, die sich auf das Hören, das Zuhören, die Begegnung einlässt und die das Bibel-Gedicht hörbar macht.

Die Rollen sind vertauscht. Wir haben es dann mit einer Kultur des wechselseitigen Ernstnehmens zu tun. Die Begegnung findet in einem Moment statt, in dem man sich selbst in der Unbegrenztheit der Geschichte und in der Unbegrenztheit des Sinns erkennt. Eine Stimme, die ihre eigene Geschichte hört, eine Stimme, die von ihrer eigenen Geschichte spricht, hört sich wie ein Rezitativ an. Das, was man hört, ist nicht das, was sie sagt, sondern das, was sie tut. Das, was sie mit sich selbst macht, was sie mit dem macht, der sie spricht, und was sie mit dem macht, der sie hört. Sie verändert etwas. Sie macht etwas, wovon man nicht weiß, dass man es hört. Die Arbeit des Zuhörens besteht unerwarteterweise darin, in bestimmten Momenten all das zu erkennen, wovon man nicht wusste, dass man es hört. Sperrte man vormals die Augen weit auf, so ist es jetzt der Mund. Die Stimme zeigt, dass man am besten mit dem Mund hört. So wie Maimonides im *Führer der Unschlüssigen* anhand von Beispielen aus den Büchern *Amos* und *Jeremias* gezeigt hat, dass das Ohr das sehende Auge ist.

Wenn also das Übersetzen im Spiel ist, haben wir es kurioserweise mit einem Entweder-Oder zu tun: literarisches Schreiben oder Entliterarisierung. Es handelt sich aber nicht um einen jener Dualismen, in dem eins und eins zwei ergeben. Die Kopplung von Laut und Sinn, das ist das Zeichen. Vielmehr handelt es sich hier um ein Gegen, das sich als Für entpuppt. Gegen das Zeichen, für das Gedicht.

Das Gedicht – ich wiederhole es, weil es wiederholt werden muss – definiere ich als die Verwandlung einer Sprachform durch eine Lebensform und die Verwandlung einer Lebensform durch eine Sprachform. In einem Gedicht wird also die maximale Beziehung von Sprache und Leben erreicht. Dem menschlichen Leben wohlgemerkt. In dem von Spinoza gemeinten Sinne, den ich bereits zitiert habe, den ich aber nochmals zitiere, um des Glückes willen, das sein Denken im *Theologisch-politischen Traktat* bereitet:

Das Leben ist nicht in einem streng biologischen Sinne zu verstehen, »sondern in erster Linie von der Vernunft her, die eine Tugend des Geistes ist – sed quae maxime ratione, vera mentis virtute et vita definitur« (V,V). Dies hat nichts mit dem Vitalismus zu tun, der die Sprache und das Leben lediglich einander gegenüberstellt.

Man muss also wissen, dass man mit zeichengesteuerten Konzepten nur das Zeichen übersetzen kann. Das Gedicht wird ausgelöscht. Jeder weiß, dass das Gedicht ausgelöscht wird. Und eben weil jeder das weiß, wird die These von der Unübersetzbarkeit herangezogen. Man gibt klein bei. Man hat sich daran gewöhnt, klein beizugeben. Dem zeichengesteuerten Übersetzer ist die Gewohnheit zur zweiten Natur geworden. Péguy äußert in diesem Zusammenhang: »Totes Holz ist ein auf äußerste Gewöhnung getrimmtes Holz. Und eine tote Seele ist auch eine auf äußerste Gewöhnung getrimmte Seele.«[90]

Wer das Zeichen übersetzt, weil er sich nicht anders zu helfen weiß, hat keine Stimme. Das Zeichen macht nicht nur stimmlos, es macht auch taub.

Die Übersetzung des Gedichts, die Übersetzung all dessen, was das Gedicht – einschließlich des Gedichts des Denkens – ausmacht, setzt die dichterische Stimme voraus. Nur dann kann das Übersetzen zum literarischen Schreiben werden. Nachher heißt es noch (als seien nicht schon genug Kröten im Mund[91]), dass die Übersetzungen einen Alterungsprozess durchlaufen. Verwechselt wird hier der Zustand der Einzelsprache mit dem Zustand der Stimme. Von diesem Blickwinkel aus betrachtet, gibt es überhaupt keinen Unterschied zwischen den sogenannten Originalwerken und den Übersetzungen.

Der Großteil der Werke, die als Originalwerke dargestellt werden, sind Produkte aus einer spezifischen Epoche, keine Tätigkeiten, die weiterhin aktiv bleiben, so alt sie auch sein mögen. Sie sind diesbezüglich mit den Übersetzungen identisch, von denen gesagt wird, dass sie veraltet sind. Sie sind genauso abgeschlossen wie ihre Epoche. Sie enden mit ihrer Epoche.

Nur die Werke, denen eine Aktivität innewohnt, altern gut, und zwar einfach deshalb, weil sie als Aktivität gegenwärtig bleiben. Weil sie unendlich in der Gegenwart gegenwärtig sind. Und die Übersetzungen, die selbst literarische Werke sind, weil sie ein Gedicht der Stimme sind, bleiben ebenfalls gegenwärtig.

Schreiben aber bedeutet, dass man das Gedicht schreibt, das man in der Stimme hat. Hierfür muss man sich selbst zuhören können. Und niemand hat genau dieselbe Stimme. Der Geschichte lauschen, die man in der Stimme hat. Auf das hören, was dem eigenen Mund entspringt.

Und so das Zeichen biblisieren.

13
DIE GEDICHTE UNTER DEN PSALMEN WIEDERFINDEN

Die Psalmen[92] haben einen so hohen Bekanntheitsgrad, dass uns das Unbekannte, das Ungehörte dieser Texte oftmals verborgen bleibt. Und genau darum geht es: sie zum Klingen zu bringen, sie als Gedichte anzuerkennen. Weil mehrere Schichten von Paradoxien sie überdecken. Schichten, die zu ihrer Auslöschung führen und die sich beim Übergang von der einen in die andere Religion, von der einen in die andere Sprache abgelagert haben. Und die ihnen fremde Vorstellungen von der Sprache mit sich gebracht haben. Sinn und Zweck des vorliegenden Experiments besteht deshalb darin, die Schichten abzubeizen, bis der Text wieder zum Vorschein kommt. Alte Ölbilder werden ja auch gereinigt, um die Leuchtkraft der Farben wiederherzustellen.

Die Herausforderung bestand also darin (und darin liegt der Witz!), das Göttliche wiederzufinden, das von der Maske des Religiösen verdeckt wird, und den Rhythmus aufzuspüren, der hinter dem Sinn verschwindet. Denn die gängige Vorstellung der Sprache kann sich die Einheit der Sprache nur als Schizophrenie vorstellen, nur als Auftritt zweier Marionetten, der Form und des Sinns. Wir haben uns daran so gewöhnt, dass wir schon gar nicht mehr merken, dass wir einem Kasperletheater beiwohnen. Zumal es noch weitere Masken gibt. Das Hebräische wird von der Übersetzung ausgelöscht. Was als normaler Vorgang gilt. Im Bereich der Übersetzung. Denn die Übersetzung fügt sich nur allzu gern in das vorgezeichnete Schema von Form und Sinn, in jene Zeicheneinheit, die den Gegensatz zwischen den beiden Einzelsprachen, der zu übersetzenden (Formseite, Ausgangstext) und der übersetzten noch weiter zu verstärken scheint. Sinnseite. Zieltext.

Dieser Gegensatz, der den gesunden Menschenverstand auf seiner Seite zu haben scheint, kaschiert noch zwei weitere Gegensätze. Erstens: Nicht die Einzelsprache wird übersetzt, sondern eine Rede, ein Text, der dadurch konstituiert wird, dass ein Subjekt etwas mit seiner Einzelsprache macht, und wenn es sich um ein Gedicht handelt oder um sonst irgendeinen Text mit einer spezifischen Kraft, dann gilt es, das Gedicht, diese Kraft zu übersetzen und nicht nur den Sinn dessen, was gesagt wird; und hier stolpern wir auch schon über den nächsten Gegensatz, der auf den ersten Blick trivial wirkt: Das, was gesagt wird, lässt sich nicht von der Bewegung des Gesagten trennen, so wie das, was wir geben, sich nicht von der Art und Weise trennen lässt, wie wir etwas geben, und dies bedeutet wiederum, dass wir uns nicht mehr im Diskontinuum zwischen Form und Sinn befinden, sondern im Kontinuum der Körperlichkeit der Sprache. Dies ist das Gedicht des Denkens.

Doch zurück zu den Psalmen. Eigentlich dürfte ich das Wort »Psalm« nicht mehr gebrauchen. Aus Gründen, die zu erläutern sehr langwierig sein würde. An dieser Stelle nur soviel: Es handelt sich um ein griechisches Wort (nicht um ein hebräisches), das die Bedeutung von zwei hebräischen Wörtern umfasst und vermengt, die ich zum einen mit »Lied« (*chanson*) und zum anderen mit »Lobpreislied« (*chant de Gloires*) übersetzt habe. So kommt es, dass *Gloires* als alt-neuer Titel fungiert. Genau genommen geht es weniger um die Anbetung Gottes als darum, seine Größe, seine Transzendenz, seine Macht zur Sprache zu bringen. Angefangen bei *Gloria in excelsis Deo* bis hin zu »Gloire« im Wörterbuch von Littré (dem Wörterbuch für den täglichen Gebrauch), habe ich stets erneuert ohne zu erneuern: Ich finde etwas wieder.

Ich ent-archäologisiere, ich ent-theologisiere, ich ent-frömmle, ich ent-christianisiere, ich ent-hellenisiere, ich ent-latinisiere, ich ent-standardfranzösisiere. Die Arbeit bietet mir die Gelegenheit, bis zum Abwinken zu neologisieren. Sie wird zum Ausdruck eines unglaublichen, eines unwahrscheinlichen Abenteuers, weil sie 19 bis 20 Jahrhunderte umkrempelt, die von Christianisierung, Hellenisierung, Latinisierung und Ent-Hebraisierung dieser – im kulturellen Sinne – religiösen Texte geprägt waren. Die religiösen Amtsvertreter nennen sie sogar heilig. Weil der Glaube sie blind und obendrein taub macht, vermögen sie nicht zu sehen, in welchem Ausmaß sie dem Götzendienst verfallen sind. Ich beziehe mich hier auf die Definition von Maimonides: Götzendienst als Kult, den man einem menschlichen Werk erweist.

Ich re-hebraisiere die Bibel im Jubel des Gedichts oder anders gesagt: Ich arbeite daran, das Hebräische des Gedichts und das Gedicht des Hebräischen zu Gehör zu bringen. Dies bedeutet, dass ich das Französische rhythmisiere, das Übersetzen rhythmisiere, die gesamte Vorstellung der Sprache rhythmisiere. Ich *taamisiere* die Sprache, dass es ein wahrer Genuss ist, wobei ich das Verb *taamisieren* mithilfe des hebräischen Wortes *ta'am* geschmiedet habe. Im mittelalterlichen Hebräisch spielt es auf die Rationalität der Rede an. Schon für sich genommen ist das Wort eine

Parabel. Die Metapher von der Körperlichkeit der Sprache, ihrer Bukkalität, die den körperlichen Aspekt der Oralität darstellt: das, was man im Mund hat.

Die Sprache *taamisieren* bedeutet, sie zu ent-platonisieren. Dies wiederum bedeutet, das Körper-Sprache-Kontinuum hörbar machen, das Kontinuum der seriellen Semantik – einer Sprachvorstellung zum Trotz, die seit 2500 Jahren dem Diskontinuum Platons frönt, das heißt dem Gedanken, dass die heraklitische Auffassung vom Rhythmus als Kontinuum, als Fluss, durch die Ordnung (*taxis*), das Maß (*metron*) und den mathematischen Zusammenklang (*harmonia*) zu ergänzen sei (ich muss zugeben, es handelt sich um einen genialen Gedanken, es bedarf, wie bereits Baudelaire sagte, »eines Genies, um eine Denkschablone zu schaffen«). Dies ist nichts Geringeres als eine Kulturrevolution. Und wie so oft hört die Kultur nicht hin.

Denn die Kultur, so wie sie uns tagtäglich in den Ohren saust und so wie sie uns präsentiert wird (als einzig vernünftiges, wissenschaftlich vertretbares Denken), vermengt den Rhythmus mit dem Metrum; schauen Sie doch mal in den Wörterbüchern unter dem Stichwort *Rhythmus* nach, Sie werden dort nur zu Metren verwünschte Rhythmen finden, sodass Kröten aus Ihrem Mund fallen (vielleicht erinnern Sie sich an das Märchen *Les fées*); welch Unsinn unvergleichbaren Ausmaßes zu glauben, dass die Prosa keinen Rhythmus habe und Vers und Prosa im gleichen Gegensatz zueinander stünden wie Poesie und Prosa. Davon haben Sie, ohne es zu wissen, den Mund und die Ohren voll. Spucken Sie die Kröten aus. Damit die Stimmbänder wieder frei schwingen können.

Dabei hat Aristoteles bereits gesagt, dass die Metren Teil der Rhythmen sind. Nicht umgekehrt. Engstirnigkeit ist die Macht der Dummheit. Paradoxerweise liegt die Erneuerung in der Rückkehr zu Aristoteles. Die bei ihm vorhandene Kontinuität wiederfinden, die in der Tätigkeit der Sprache, des Gedichts, der Ethik und der Politik besteht.

Angesichts der Übermacht der dem Zeichendenken hörigen Vernunftkategorien (die von den Linguisten mit dem Zeichen, der Einheit aus Form und Inhalt, gleichgesetzt werden) ist diese Kontinuität dem Vergessen anheimgefallen. Und so bleibt das Dogma, wonach eins und eins alles ergibt, bestehen, denn das Zeichen impliziert Totalität, während die Sprache dem Reich der Unendlichkeit zuzuordnen ist. Gemäß der berühmten Humboldt'schen Formulierung: unendlicher Gebrauch von endlichen Mitteln.

Das Gedicht schafft ein Körper-Sprache-Kontinuum, und zwar deshalb, weil es vom Rhythmus lebt, von der Bewegung des Sprechens in der Rede; und dieser Bewegung ist ein bestimmtes Subjekt eingeschrieben, das Subjekt des Gedichts, worunter ich die maximale Subjektivierung eines Redesystems verstehe – und diese Einsicht genügt, um unsere seit Jahrhunderten bestehende Sprachvorstellung, unser gesamtes sprachliches Denken (wozu auch die übersetzerischen Aspekte gehören), nachhaltig zu verändern. Und genau hier müssen wir uns die Frage gefallen lassen, ob wir das Zeichen oder das Gedicht übersetzen. Ob wir bereit sind zu *taamisieren*. Entgegen der griechisch-christlichen Tradition, die mit ihrem theologisch-politischen Herrschaftsanspruch für uns zu denken vorgibt und uns daran hindert, das Unveräußerliche im Kontinuum des Bibel-Gedichts zu hören.

Das Paradox – bedingt durch einen historischen Kurzschluss, der auf eine theoretische Parallele zurückzuführen ist – besteht darin, dass die Situation genau die gleiche ist wie jene, die sich in der poetischen Moderne seit Baudelaire stellt, seit dem Prosagedicht, seitdem es schwierig geworden ist, sich mit einer formalen Definition des Gedichts zu begnügen, das heißt mit einer Definition, die vom Versschema ausgeht. Selbst wenn einige Gegenwartsautoren dies nicht hören und in dem Glauben verharren wollen, dass das Gedicht eine Form ist und der Prosa gegenübersteht. Dabei hat bereits Shelley in seiner *Defence of Poetry* darauf hingewiesen, dass es ein grober Irrtum sei, Dichter von Versen und von Prosa einander gegenüberzustellen. Und Aristoteles (wieder einmal) wusste nach der Lektüre des Empedokles, dass es sich um einen Naturphilosophen handelt, auch wenn er in Versen schreibt.

Der biblische Text wird von all diesem Schlamm, vom fauligen Geruch dieses Pseudo-Denkens überdeckt, wohingegen das hebräische Original durch und durch Rhythmus ist. Und hierin wird der biblische Text, der zunächst wie jedes Werk einen singulären Einzelfall darstellt, zur Parabel, zur Prophezeiung des Rhythmus, sprich: zur Sprachuniversalie; dabei meint Rhythmus nicht, was im Weltalmanach des Sich-taub-Stellens steht (den ewigen Wechsel von starken und schwachen Silben oder eine mehr oder weniger regelmäßige Kadenz von gleichen und ungleichen Intervallen), sondern die Bewegung der Rede in der Sprache und somit eine Subjekt-Form.

Taamisieren heißt oralisieren (wobei in der Oralität nicht mehr die Lautlichkeit, sondern das Subjekt zutagetritt), es heißt deshalb die Kraft der Sprache übersetzen, nicht nur das, was die Wörter sagen. Es heißt, einen Gedanken weiterzudenken, der von Spinoza lediglich begonnen wurde, den Gedanken nämlich, dass »man nicht weiß, wozu ein Körper in der Lage ist«. Was sich hieraus ableiten lässt (das von ihm gebrauchte Wort ist *concatenatio*) ist eine Kettenreaktion. Diese Kette von Enttheologisierungen, die mit einer radikalen Geschichtlichkeit einhergeht, verändert die gesamte Theorie der Sprache; sie macht aus der Theorie der Sprache eine Theorie der Gesellschaft, eine Sprache-Gedicht-Ethik-Politik-Verkettung. Ja, eine Kulturrevolution.

Wer auf das Gedicht hört, ent-theologisiert im dreifachen Sinne: Die Christianisierung wird ent-theologisiert, das heißt jene der Tradition des ›wahren Israel‹ verbundene Präfigurationslehre des Christusgeschehens, die den theologisch-politischen Textzugriff in einen theologisch-philologischen und in einen theologisch-poetischen Zugriff aufspaltet. Dabei werden berühmte Klischeevorstellungen transportiert, wie zum Beispiel der »Herr der Heerscharen«, der biblisch gesprochen nur ein »Gott der unzählbar vielen Sterne ist«, so der Wortlaut meiner Übersetzung. Dies ist keine freie Erfindung: Ich beziehe mich auf das Bibelwörterbuch von Koehler-Baumgartner. Dies ist die erste Enttheologisierung.

Und die katholisierende Theologie lehnte die rhythmische Notation ab, weil sie erst zu einem relativ späten Zeitpunkt der Überlieferung auftrat. Ja, weil das hebräische Alphabet nur über 22 Konsonanten verfügt. Die Notation der Vokale und der Lese-Rhythmen wurde endgültig im neunten Jahrhundert unserer Zeitrechnung etabliert. Dabei ist hinlänglich bekannt, dass die Namen der Akzente die Richtung der Handbewegungen und der melodischen Linien angaben, wobei diese den diakritischen Zeichen vorausgingen, so wie der Gesang der musikalischen Notation vorausging. Soviel zu dem von christlicher Seite vorgebrachten Einwand. Ich stelle ihn ins Museum für die Künste und Traditionen der Sprache. Zu den anderen Fossilien in die Vitrine.

Parallel zu dieser ersten Form der Enttheologisierung gilt es, gegen die religiös bedingte Taubheit anzukämpfen, die der jüdischen Hermeneutik eigen ist und die sich als Taubheit gegen den Rhythmus manifestiert, gegen den Rhythmus als Gesamttheorie der Sprache. Von einigen nennenswerten Ausnahmen abgesehen (Jehuda ha-Levi und Abraham ibn Esra), stellt sich diese Form der Taubheit aus einer anderen Perspektive dar. Das Judentum kennt nämlich sehr wohl die *te'amim*, es gibt – anders als für das Christentum – keinerlei Grund, sie zu verdrängen, dennoch wird, wie zum Beispiel bei Raschi, den Akzenten lediglich ein logisch-grammatischer Wert zugesprochen oder aber, was sehr häufig der Fall ist, ihnen wird nur eine Bedeutung für die Kantillation des synagogalen Vortrags zugestanden.

Und das Hören auf die Musik verhindert das Hören auf die Sprache. Auch dies stellt einen bislang wenig beachteten kulturellen Störfaktor in der Tätigkeit des Zuhörens bzw. Hinhörens dar.

Als vermeintlich guter Grund werden historische Kulturbeziehungen zwischen Poesie und Gesang angeführt, angefangen beim ersten Vers von Vergils *Aeneis, arma virumque cano* (»ich singe die Waffen und den Mann«), in dem der tatsächliche Gesang metaphorisch entgrenzt wird, bis hin zu den Sonetten von Ronsard, deren Vertonung mit sprachlichen Anpassungen einherging – gemäß einer vermeintlichen Symmetrie zwischen der »Musik des Gedichts« und der »Sprache der Musik«. Die zweite Enttheologisierung besteht darin, das Gedicht als Rhythmus, als radikale Geschichtlichkeit der Sprache zu begreifen.

Die dritte Enttheologisierung beruht auf einer Lektüre der Bibel, die eine klare Unterscheidung zwischen dem Heiligen, dem Göttlichen und dem Religiösen vornimmt – in deutlicher Abgrenzung zur religiösen Auffassung, die die gesamte Sprachkultur infiziert hat und quer durch alle Religionen hindurch die Unterschiede zwischen dem Heiligen, dem Göttlichen und dem Religiösen einebnet, was zur Folge hat, dass das Heilige und das Göttliche ununterscheidbar geworden sind, eine diffuse Einheit bilden.

Man braucht nur die konfessionellen Übersetzungen anzuschauen, um sich Folgendes bewusst zu machen: Das Paradox des Religiösen besteht darin, dass es einen Text – als geoffenbarte Wahrheit – sakralisiert und damit einen Rückstand – die Form – erzeugt. Die Theologisierung ist eine Semiotisierung. Der Gipfel des Paradoxes besteht darin, dass diese maximale Verneigung vor dem Text zu dessen Schwächung beiträgt – statt auf ihn zu hören (»Höre«, hat der große Andere wiederholt gerufen), übersetzt sie den Sinn, nicht die Kraft. Bis weit in die Orthodoxie hinein weiß sie nicht, wie weit die Hellenisierung und die Christianisierung reichen.

Wenn ich übersetze, wenn ich den Geschmack, den *ta'am* des Textes, wiederzugeben suche, dann tue ich dies nach Maßgabe dieser drei Enttheologisierungen. Hebraisieren bedeutet, um es nochmals zu wiederholen, dass das Gedicht des Hebräischen und das Hebräische des Gedichts hörbar gemacht werden. Von einer Rückkehr zum Judentum kann hier nicht die Rede sein. Es handelt sich nicht um ein religiöses Unterfangen. Gerade wegen der Haltung des Religiösen dem Rhythmus gegenüber – Rhythmus, wie ich ihn verstehe. Ich mache etwas ganz anderes, was nicht unerheblich dazu beiträgt, bei den Eigentümern des Religiösen Irritation hervorzurufen; wenn ich ent-theologisiere und entfrömmle, dann reagieren sie aus ihrer Rolle als Eigentümer heraus, in ihrer Rolle als Eigentümer des Sinns. Was sich hier entzündet, ist der Konflikt zwischen dem Hören auf die Bedeutungsweise, auf die Kraft der Sprache und der Hermeneutik. Die Hermeneutik ist notwendig, ja durchaus ehrwürdig. Aber ihr einziges Streben gilt dem Sinn, und sie steht somit von vornherein unter dem Vorbehalt des Zeichens. Ich verkenne ihre Notwendigkeit in keiner Weise. Ich wappne mich lediglich gegen ihre arrogante Tendenz, die Totalität mit der Unendlichkeit zu verwechseln.

Des Weiteren bedeutet ent-christianisieren nicht, dass die rabbinischen Autoritäten – im Sinne einer bewussten Gegenüberstellung der Konfessionen – in augenfälligen Gegensatz zum Bekenntnis der Katholiken und der Protestanten gebracht werden sollen. Es geht mir vielmehr darum, die in dieser Übersetzung vorhandenen Unglücksfälle (keineswegs Glücksfälle) aufzulisten. Schon der erste Vers lässt – nicht anders als der Anfang aller anderen Übersetzungen – nichts Gutes erahnen: »Am Anfang schuf Gott den Himmel und die Erde.« Punkt. Dabei hatte Raschi darauf hingewiesen, dass der erste Vers keinen abgeschlossenen Satz bildet und dass der Hauptsatz, der auf den Einschub des zweiten Verses folgt, den dritten Vers ausfüllt: Es ist das Licht, das am Anfang von Gottes Schöpfung stand, nicht der Himmel und die Erde. Das Problem stellt sich auch bei den anderen Auslöschungen, äh, ich meine den anderen Übersetzungen.

Um den Sprachsinn hervorzubringen, bemühe ich mich um eine Arbeitsweise, die auf ein atheologisches Hören gerichtet ist. Ich übersetze, um selbst zu hören und um andere hörbar zu machen.

Die Übersetzungen zeigen etwas, ohne zu wissen, was sie zeigen – ein groteskes Schauspiel.

Dies ist auch der Grund, weshalb es soviel Vergnügen bereitet, ihm zuzuschauen. So heißt es in meiner *Psalmen*-Übersetzung 120,7 *ani shalom*, »je suis la paix« (»ich bin der Frieden«). So und nicht anders.

Lemaistre de Sacy: »J'étais pacifique« (»ich war friedliebend«), Jean-Frédéric Ostervald: »je veux la paix« (»ich will den Frieden«), Samuel Cahen: »je suis pacifique« (»ich bin friedliebend«), Louis Segond: »je suis pour la paix« (»ich bin für den Frieden«), man fühlt sich an die Sprache von Flugblättern erinnert; Zadoc Kahn: »je suis, moi, tout à la paix« (»ich bin ganz dem Frieden verpflichtet«), Dhorme: »moi, j'incarne la paix« (»ich verkörpere den Frieden«). Nur in der ökumenischen Übersetzung (TOB): »je suis la paix« (»ich bin der Frieden«) und bei Chouraqui: »moi, je suis paix« (»ich bin es, ich bin Frieden«) wurde auf jeweils unterschiedliche Weise der Signifikant berücksichtigt. Die Bayard-Bibel: »Moi, je parle de paix« (»Ich bin es, der von Frieden spricht«) ist eine weitere Form der Hinzufügung. Eine Auslöschung – nicht besser als die anderen.

Einige Beispiele sind von besonderer Bedeutung – auch im theologischen Sinne. Hierzu gehört der Anfang des Psalmengedichts 22, dessen zweiter Vers »à quoi m'as-tu abandonné« (»wozu hast du mich verlassen«) lautet und nicht »pourquoi m'as-tu abandonné« (»warum hast du mich verlassen«). Hier ist nahezu alles eine Frage des

Rhythmus. Ebenfalls zu berücksichtigen sind die Klangassoziationen, die ich im ersten Vers durch »à qui la victoire« (»dem, dem der Sieg gebührt«) wiedergebe und nicht durch »au chef de chœur« (»dem Leiter des Chors«), weil ich zeigen wollte, was in dem hebräischen Wort *menatseah* enthalten ist, nämlich *netsah*, »die Ewigkeit«, und *nitsahon*, »der Sieg« – dieselbe Vorgehensweise findet sich schon bei Hieronymus, der dieses *Victori* durch »dem Sieger« wiedergibt.

Des Weiteren geht von dem verbindenden Akzent in der Sequenz *eli eli* (Vers 2, »mein Gott mein Gott«) ein deutlich stärkerer Affekt aus, als dies durch die getrennte Aufeinanderfolge der beiden Wörter erfolgt. Nicht der Sinn wird hierdurch verändert, sondern die affektive Wirkung.

Es folgt ein Beispiel für Positionsrhythmen: »les dents des malfaisants tu as brisé« (»die Zähne der Frevler, du hast gebrochen«, 3,8), »ma prière, il prendra« (»mein Gebet, er wird annehmen«, 6,10); für Unterbrechungsrhythmen: »Tous fuient / ensemble pourris // pas un qui fait le bien /// Pas / même un« (»Alle sind sie abgefallen / allesamt verdorben // nicht einer der Gutes tut /// Auch / nicht einer«, 14,3); für eine Syntax, die die sogenannte Standardsprache herausfordert: »tu demeures // les chants de gloire« (»du bleibst // die Lobgesänge«, 22,4), »tous ceux qui descendent poussière« (»all diejenigen, die Staub fallen«, 22,30); für die Wirkung der Prosodie: »il entasse // et ne saura pas qui ramasse« (»er bringt aus // und kennt nicht denjenigen, der es bringen wird«, 39,7).

Im Folgenden sei ein Gedicht aus *Gloires* vollständig zitiert, zum einen, weil es kurz ist, zum anderen, weil es die Besonderheit aufweist, eine seltene Dichte komischer Effekte mit dem Charme eines Liedes zu vereinen:

Lobgesänge [Psalmen] 133

1 *Lied des Aufstiegs Davids sieh wie gut es ist und*
wie lieblich es ist
Als Brüder einträchtig zusammen zu sein

2 *Wie das gute Öl vom Kopf herabfließt in den*
Bart den Bart Aarons
Der herabfließt in die Öffnung seines Gewands

3 *Wie der Tau des Hermon der herabfällt auf die Berge*
Zions denn dahin hat Adonaï den Segen entboten
Leben für alle Zukunft

– *Lied des Aufstiegs*: Fünfzehn Gedichte (120–134) weisen diesen Titel auf, der für gewöhnlich als Aufstieg nach Jerusalem, das heißt als Wallfahrt, verstanden wird.

– *Davids*: Dies ist die gewöhnliche Zuschreibung. Sie umfasst zwei Dinge: Einige Psalmen wurden mit hoher Wahrscheinlichkeit von David selbst verfasst, welche, ist nicht bekannt. Und symbolisch gesehen wird der gesamte Gedichtband David zugeschrieben. Die in fünf Bücher eingeteilten Psalmen sind die Antwort Israels auf die fünf Bücher Moses (gr. *Pentateuch*).

Nicht zuletzt evoziert der Psalm den Rhythmus eines Liedes: »vois qu'il est bon / et qu'il est doux /// D'être frères tellement ensemble« (»sieh wie gut es ist / und wie lieblich es ist /// als Brüder einträchtig zusammen zu sein«). Es ist sicher kein Zufall, dass der Psalm sich zu einem israelischen Volkslied entwickelt hat. Es handelt sich um einen Silben-Rhythmus mit der Abfolge 4-4 /// 3-4. Im Hebräischen lautet der Text: *hine ma tov / u-ma na'im // shevet ahim gam yahad* (4-4 /// 4-3). Ich habe nichts entfernt, nichts hinzugefügt.

Die Zwischenräume, die die Versgruppen typografisch voneinander trennen, entsprechen – wenn auch in vereinfachter Weise – der disjunktiven Hierarchie, so wie sie für den biblischen Vers typisch ist. Die Einteilung der Abstufungen sucht ihresgleichen: zwölf trennende und neun verbindende Akzente lassen sich in den *Psalmen*, bei *Hiob* und in den *Sprüchen* nachweisen (für die anderen Bücher der Bibel gilt das Verhältnis 19/9). Diese rhythmische Organisation des Verses findet sich in der ganzen Bibel wieder. Sie zeichnet sich durch drei Stärkegrade aus, die ihr typografisches Pendant in drei verschieden großen Zwischenräumen finden. Hier wird deutlich, dass der Rhythmus eine »Organisation« der Sprechbewegung ist und kein Alternieren von starken und schwachen Silben. Keine Metrik und damit kein Gegensatz zwischen »Prosa« und «Vers«. Sehen Sie zu, dass Sie damit klarkommen. Das christliche Abendland ist damit nicht klargekommen. Der Streit währt seit – sagen wir – 19 Jahrhunderten. Wenn man also die anderen Übersetzungen zur Hand nimmt (vergessen Sie nicht, dass Sie Übersetzungen lesen, Sie lesen nicht die Bibel, Sie lesen eine Übersetzung der Bibel), wird einem sofort klar, dass die anderen Übersetzungen die Frage nach dem Rhythmus nie gestellt haben und damit die Antwort schuldig geblieben sind. Man fühlt sich an das Prinzip der Psalmenübersetzung bei Paul Claudel erinnert: »Je ne comprends pas toujours, mais je réponds tout de même.« (»Ich verstehe nicht immer, aber dennoch antworte ich.«)

Selbst wenn es nur wenige Worte sind, so soll allen der Zutritt zur Schreibwerkstatt offenstehen. Bei Segond (1877) heißt es: »Voici, oh! qu'il est agréable, qu'il est doux / Pour des frères de demeurer ensemble!« (»Oh sehet, wie angenehm und wohltuend es ist / für Brüder zusammenzubleiben!«) Zadoc Kahn: »Ah! qu'il est bon, qu'il est doux à des frères de vivre dans une étroite union« (»Ah wie gut, wie wohltuend ist es für Brüder, in enger Gemeinschaft zusammenzuleben«). In der Jerusalemer Bibel (1955; 1998) findet man folgende Version: »Voyez! Qu'il est bon, qu'il est doux / d'habiter en frères tous ensemble!« (»Seht! Wie angenehm, wie wohltuend ist es / brüderlich zusammenzuwohnen!«) Bei Dhorme (1959) heißt es: »Ah! Qu'il est bon, qu'il est doux / pour des frères d'habiter ensemble!« (»Ah wie gut, wie wohltuend ist es / wenn Brüder zusammenleben können.«) Die ökumenische Bibelübersetzung TOB (1975) schlägt vor: »Oh! quel plaisir, quel bonheur / de se trouver entre frères!« (»Oh! welch Freude, welch Glück / sich als Brüder zusammenzufinden!«) André Chouraqui wiederum schreibt (1985): »Voici, quel bien, quel agrément, d'habiter, frères, unis ainsi!« (»Sehet, wie gut, wie angenehm es ist, wie Brüder zusammen zu leben!«) Das Lied wurde getilgt. Weil der Rhythmus getilgt wurde. In den *Psalmen* von Olivier Cadiot (Bayard-Bibel) heißt es: »Voilà / quel bonheur // Quel délice / d'habiter en frères // Tellement ensemble.« (»Seht / welch Glück // welch Köstlichkeit / als Brüder // so eng zusammenzuleben.«) Auch hier ist er abhandengekommen.

Sehen Sie nur, wie die Übersetzungen, wenn man sie nebeneinanderhält, sich zugleich bestätigen und selbst vernichten. Die auslöschenden werden die ausgelöschten sein.

In puncto Komik darf man nicht übersehen, dass hier ein seltener Fall von hebräischem Humor vorliegt (während ja meist von jüdischem Humor die Rede ist): Es ist diese Öl-Kaskade, die an Aarons Bart herunterrinnt (zweimal wird der Bart erwähnt) und die mit dem rinnenden Tau der Berge verglichen wird. Dabei ist dieses Öl kein Haarwasser, es ist das Öl der Heiligung, und der Saum des Kleides steht als Metapher für den Mund, der dieses Öl trinken wird. Nicht zu vergessen die Einswerdung zwischen Aaron und dem »Mund« von Moses (*Exodus* 4,14). Segond und Dhorme bringen, statt der Metapher, folgende Fomulierung: »sur le bord de ses habits« (»auf dem Rand seiner Kleider«); Zadoc Kahn schreibt: »le bord de sa tunique« (»der Rand seines Kleides«); in der Jerusalemer Bibel heißt es: »le bord de ses tuniques« (»der Rand seiner Kleider«); die ökumenische Bibelübersetzung TOB und die Bayard-Bibel entscheiden sich für: »le col de ses vêtements«

(»der Kragen seiner Kleider«). Nur Chouraqui – dank seiner Neigung zur Etymologisierung – behält die Metapher bei: »la bouche de sa chape« (»der Mund seines Umhangs«).

Dies bedeutet, dass die Übersetzung eines Bibeltextes (oder, wie im vorliegenden Fall, die Übersetzung der Psalmen, die eine Mischung aus Wort und Musik sind) ein ausschließlich poetisches Problem ist, und zwar unabhängig davon, wie die Frage nach der Poesie in der Bibel oder nach dem Verhältnis zwischen einem religiösen Text und einem Gedicht gestellt wird. Dies stellt die gewohnte Beziehung zwischen Interpretieren und Übersetzen auf den Kopf: Das Übersetzen der Kraft und des rhythmischen Kontinuums kann sich schlechterdings nicht mehr aus einer Interpretation ableiten. Das Problem stellt sich anders dar: »Verstehen« bedeutet dem Sinn verhaftet bleiben, der Herrschaft des Zeichens.

In den *Psalmen* geht es so gut wie gar nicht um eine Narration, um eine Geschichte. Alles ist im Rezitativ enthalten. Es gibt weder eine Datumsangabe noch einen Autor. Selbst der Name Aaron ist nicht mehr als eine Andeutung, eine Metapher, die in der Zeitlosigkeit angesiedelt zu sein scheint. Das ist es, was diesem kleinen Gedicht widerfährt. Die anderen Psalmen haben alle ihre eigene Art und Weise, ein Gedicht zu sein. Aber dies ist eine andere Geschichte.

Nicht mehr und nicht weniger bekommen Sie zu hören (wobei Sie nicht wissen, dass Sie es zu hören bekommen), wenn Valérie Dréville diese Gedichte spricht. Sie wurden verfasst, um von der Physis eines Körpers und einer Stimme ins Dasein gerufen zu werden – einer Stimme, die in der Dunkelheit am Rande des Lichts wandelt. Es ist das zwar nicht neue, aber für mich zutiefst beglückende Zusammenspiel zwischen der Inszenierung von Claude Régy, der Verstimmlichung von Drévilles Deklamation und der Vermündlichung des Übersetzens. Das Theater wird zum

Orakel. Der Zuschauer liest nicht mehr das Gedicht, sondern ist im Gedicht. Und das Theater wird zu einer Ethik des Gedichts.

14
WARUM EINE TRACHT BIBEL DER PHILOSOPHIE GUTTUT

»Die Philosophie ist in der Tat selbst Gottesdienst.«[93]

Ich habe *Eine Tracht Bibel für die Philosophie*[94] verfasst, weil ich die Sprache liebe, die das Leben verändert, und das Leben, das die Sprache verändert. Das nennt man den Rhythmus. Ein so definierter Rhythmus, der die eingefahrenen Gleise des Sprachdenkens und die stereotypen Wörterbuchdefinitionen hinter sich lässt, gibt sich im Gedicht zu erkennen.

Worauf es mir ankam (und woran ich seit langem arbeite), war zu zeigen, dass die Bibel – von ihrer Sprache her – den Rhythmus auf einmalige und umfassende Weise erfahrbar macht, und zwar deswegen, weil sie ein Rhythmus-Kontinuum darstellt.

Das größte Paradox – dasjenige, durch das die Bibel unmerklich ausgelöscht wird – besteht darin, dass das Religiöse, denn es handelt sich ja hier um einen religiösen Text, das Gedicht auslöscht; dass die christliche Religion seit Beginn ihrer Vorherrschaft den Rhythmus verleugnet, gemäß einer Suche nach dem Ursprünglichen, die das Ursprüngliche vernichtet; und dass alle Übersetzungen, denn die Bibel wird ja fast ausschließlich in übersetzter Form gelesen, die sprachliche Gestaltung auslöschen, obwohl diese dem Text wesentlich ist. Ich zeige, inwiefern und aus welchen Gründen.

Ich tue dies mit dem größten Vergnügen, denn es geht ja um nicht weniger, als die verschüttete Kraft für alle sichtbar werden zu lassen. Um diese Kraft geht es mir in meiner Neuübersetzung. Aber warum »gegen die Philosophie«? Weil die in das Diskontinuum des Zeichens verstrickte Philosophie sich als Komplizin des handelsüblichen Denkens über die Sprache erwiesen hat. Eine Binsenwahrheit, die eigentlich jedem unmittelbar einsichtig sein sollte. Man höre und sehe.

Das ist aber nur der erste Schlag, jetzt gilt es nachzudenken. Sein Ohr hinzuhalten. Zu verstehen, dass hinter der Frage nach dem Warum die Frage nach dem Wie steht. Es geht um eine Enttheologisierung der Ethik und der Politik, um eine Enttheologisierung der Sprache, es geht darum, auf der Grundlage des Gedichts die Sprache-Gedicht-Ethik-Politik-Wechselwirkung herauszuarbeiten und damit den Pakt aufzukündigen, der seit jeher zwischen der Philosophie und dem Zeichendenken besteht. Dabei übernimmt der Rhythmus aufgrund seiner Spezifik die Rolle eines theoretischen Hebels. Aber auch das Denken Spinozas, das im Denken Spinozas enthaltene Gedicht, übernimmt diese Funktion.[95]

Mein Ansatz hat eine doppelte Ausrichtung: Er schreitet zugleich von einer Bibelübersetzung zur nächsten und von einem Gedanken zum nächsten. Dies ist auch der Grund, weshalb die von mir vorgeschlagene Unterscheidung zwischen dem Heiligen, dem Göttlichen und dem Religiösen (eine Unterscheidung, die ich entweder entdeckt oder erlernt habe) mir so grundlegend, so lebensnotwendig erscheint.

Übrigens ziehe ich daraus auch die Möglichkeit einer ethisch-politischen Neubelebung des gängigen Gegensatzes zwischen Realismus und Nominalismus, der gewöhnlich der Scholastik und dem ganzen Mittelalter zugerechnet wird. Das Paradox ist, dass diese Neubelebung durch die biblische Sprache ausgelöst wurde, durch eine theologisierte Sprache, der der Stellenwert des Heiligen oder der Heiligkeit zugeschrieben wird. Dieser Nominalismus lässt sich im Hebräischen gerade anhand der Abstrakta veranschaulichen: *hayim* (dt. das Leben) ist der Plural von *hai*, (dt. lebendig) – das Leben, das sind zunächst die Lebenden, genau wie *ne'urim* (dt. die Jugend), Plural von *na'ar*, zunächst die jungen Menschen bezeichnet. Nur zwei Beispiele unter vielen. Das vielleicht schönste Beispiel liefert *rahamim*, die Pluralform von *rehem* (dt. die Gebärmutter); in den gängigen Übersetzungen wird diese Wortform mit »Mitleid« oder »Barmherzigkeit« wiedergegeben, da aber hier die Gefühle angesprochen werden, die eine Mutter demjenigen entgegenbringt, der aus ihrem Bauch gekommen ist, übersetze ich durch »Zärtlichkeit deines Bauches« (*Gloires* 40,12).

Genauso verhält es sich mit einem weiteren berühmten Beispiel: dem Begriff der »Menschheit«, der zur Zeit des Petrus Abaelardus als besonders umstritten galt, wodurch das Problem aufs Neue belebt wurde. Dem Realismus zufolge gibt es die Menschheit, und die Individuen sind nichts anderes als Fragmente der Menschheit. Für den Nominalismus gibt es allein die Individuen. Die Menschheit ist nur die Gesamtheit der Individuen. Alles eine Frage des Blickwinkels. Allerdings mit unterschiedlichen ethischen und politischen Auswirkungen. Der Realismus, der mit einer Essenzialisierung einhergeht, hat eine deutliche Tendenz zur Vermassung, was der Logik des Faschismus entspricht. Nur der Nominalismus ermöglicht eine Ethik des Subjekts.

Es liegt auf der Hand, dass die religiöse Symbiose zwischen dem Heiligen, dem Göttlichen und dem Religiösen diese Ethik nicht zulässt. Keineswegs unerheblich ist dabei, dass eine solche Ethik ihren Ausgangspunkt in sprachlichen Handlungen findet, die die Trennung zwischen dem Heiligen und dem Göttlichen voraussetzen, wobei das Göttliche sich von *Exodus* 3,14 an konsequent dem Heiligen entzieht, und zwar in einer Weise, wie sie von Spinoza in *Deus sive natura* beschrieben wird. Die negative Theologie wird so zu einem paradoxen Ausgangspunkt für die radikale Geschichtlichkeit des Lebens. Und die Theorie der Sprache ist notwendig, um die Ethik zu denken. Gegen die theologisch-politischen Herrschaftsansprüche.

Dies bringt die Ethik der Sprache dazu, an der Heterogenität der Vernunftkategorien Kritik zu üben und auf den Regionalismus der Hochschuldisziplinen zu verweisen, die sich – je nach Grad der Eigenständigkeit – gegeneinander abgrenzen, wobei die Philosophie davon nicht ausgenommen ist. Abgrenzung *ad infinitum.* Gerade die Philosophie macht sich als Nutznießerin des Zeichendenkens der Komplizenschaft schuldig. In ihren jeweiligen Essenzialisierungen.

Es ist das Zeichen, das in der Hermeneutik sowie in den kleinen Essenzialismen herrscht, die auf Heideggers Konto gehen. Dies ist der Grund, weshalb ich *Eine Tracht Bibel für die Philosophie*[96] mit einer Überlegung abschließe, die wie folgt überschrieben ist: »Vergesst Hegel, denkt an Humboldt.«

Flaues und Laues eignet jenen Essenzialismen, deren zeitgenössischer Erfolg als Zeichen für die Erfüllung des kulturellen Erwartungshorizonts gedeutet werden muss.

Dies erklärt, weshalb meine Kritik polemisch umgedeutet wird, obwohl es mir lediglich um die Zusammenhänge der Geschichte zu tun ist – nicht um intellektuelle Machtansprüche. Aber die konsequente Gedankenlosigkeit hat ja Tradition, man denke nur an »verstehen bedeutet übersetzen«.

Deshalb kann der Humor, aber auch das Komische, den Ausschlag geben. Um zu zeigen, dass der Kaiser nackt ist. Und das Zeichen, das Zeichen ist nackt. Aber es ist sich dessen nicht bewusst. Das Seriöse ist sich dessen nicht bewusst, es weiß nicht, dass jedes Wissen sein eigenes Unwissen erzeugt, dass es das Wissen behindert, dass das Wissen nicht weiß, dass es nicht weiß.

Ist das nicht ein Grund zum Lachen? Die Theorie, die auf das Unbekannte im Denken zielt, verhält sich zum Wissen wie der Zuschauer zur Aufführung. Das ist, wie sich am theologisch-politischen Herrschaftsanspruch erkennen lässt, einerseits tragisch und andererseits so komisch, dass das Denken nicht umhinkommt, das unverblümt mitzuteilen. Um in das Denken einzugreifen, um es zu ändern.

Mit dem Denken geht deshalb die Freude am Denken einher, die für sich genommen bereits eine Ethik und eine Poetik des Denkens darstellt, eine Erotik des Denkens. Eine ganze Programmatik.

15
DIE GRAMMATIK, JENSEITS VON EDEN

In seinem Roman *Jenseits von Eden* weist John Steinbeck anhand von »sechzehn Versen aus dem Vierten Kapitel der Genesis« die Untrennbarkeit zwischen dem Übersetzen und der Ethik nach.[97] Die Erzählung von Kain und Abel. Im Grunde genommen dreht es sich um ein einziges Wort des siebten Verses, um das letzte. Im darauffolgenden Vers erfolgt der Brudermord Kains an Abel. In der deutschen Übersetzung lautet die einschlägige Passage, in der zunächst eine der Figuren die King-James-Fassung zitiert: »›If thou doest well, shalt thou not be accepted? and if thou doest not well, sin lieth at the door. And unto thee shall be his desire and *thou shalt* rule over him.‹ [98] Dieses ›thou shalt‹ fiel mir auf, weil es eine Verheißung ist, dass Kain über die Sünde siegen werde.«[99] Daraufhin nimmt jene Figur »ein Exemplar der American-Standard-Ausgabe« zur Hand, in der es heißt: »›Do thou rule over him‹, ›Beherrsche sie‹. Das ist etwas ganz anderes. Denn das ist keine Verheißung, sondern ein Befehl. Und ich fing an, darüber nachzugrübeln. Ich fragte mich zunächst, wie wohl der ursprüngliche Ausdruck des Urtextes gelautet haben mochte, der diese verschiedenartigen Übersetzungen ermöglichte.«[100]

Von dieser Frage ausgehend, beschäftigen sich die Romanfiguren mit dem Hebräischen. Eine von ihnen gelangt zu folgender Feststellung: »Der amerikanische Standard-Text *befiehlt* dem Menschen, über die Sünde den Sieg davonzutragen, und man kann Sünde Unwissenheit nennen. Die King-James-Übersetzung gibt ein Versprechen in ihrem ›Du wirst‹, das den Sinn hat, der Mensch werde bestimmt den Sieg über die Sünde davontragen. Das hebräische Wort des Urtextes jedoch, das Wort *timshal* – Du kannst, du magst –, läßt eine Wahl. Vielleicht ist es das bedeutsamste Wort auf der Welt. Es besagt: Der Weg liegt offen vor dir. Es verlegt die Entscheidung in den Menschen. Denn wenn ›du kannst‹ richtig ist, so ist auch ›du kannst nicht‹ richtig. Begreifen Sie?« (S. 376). Er fügt hinzu: »Alles Geschriebene, was das Denken und Leben unzähliger Menschen beeinflusst hat, ist bedeutsam« (S. 376), so wie auch der »Mensch ein höchst bedeutsames Ding ist, wohl bedeutsamer als ein Stern. Das ist keine Theologie« (S. 377).

Das Gespräch macht deutlich, wie sehr die Problematik des Übersetzens der Einsicht zuarbeitet, dass Sprache und Ethik untrennbar miteinander verbunden sind. Es lohnt sich, diese Erkenntnis noch weiter zu vertiefen:

Ich übersetze:[101]

7 *Ist es nicht so wenn du recht handelst   erhobenen Hauptes   und wenn   du nicht recht handelst   am Eingang   liegt die Verirrung*
Auf dir   mit ihrer Gier   und du   du wirst herrschen über sie

Mit »Du wirst Herrschaft üben über sie« übersetze ich *timshol bo*, wobei *bo* »in ihr« (im Sinne von »über sie«) bedeutet. *Timshol* (nicht *timshel*) ist die zweite Person Singular der unvollendeten Form von *mashal* (herrschen über, Herrschaft ausüben über). Die unvollendete Form bedeutet, dass die Handlung noch unabgeschlossen ist. Insofern handelt es sich um eine Gegenwart, die sich unaufhörlich in die Zukunft fortsetzt. Das wohl frappierendste Beispiel hierfür ist der Vers *ehyieh asher ehyieh*, den ich – wider die Tradition – durch »je serai / que je serai« (»Ich werde sein / was ich sein werde«) wiedergebe, denn die Verheißung erfüllt sich dadurch, dass sie Verheißung bleibt; durch ihre Unabgeschlossenheit öffnet sich die Unendlichkeit der Geschichte und des Sinns.

Die unvollendete Form hat den Wert eines Präsens oder eines Futurs. So auch hier. Der Imperativ würde *meshol* lauten. Ein solcher liegt hier nicht vor. Da aber die unvollendete Form unabgeschlossen ist, kann es nicht durch »du kannst« wiedergegeben werden. Es ist interessant zu beobachten, was die Übersetzungen daraus gemacht haben.

In den insgesamt 21 Übersetzungen finden sich sieben Abwandlungen der unvollendeten Form. Fünf davon gebrauchen das Futur: die Septuaginta, *kai su arkseis autou*, »und du wirst sie beherrschen«; die Vulgata, *et tu dominaberis illius*, der gleiche Sinn; die bereits zitierte King-James-Fassung; Lemaistre de Sacy: »et vous la dominerez« (»und ihr werdet sie beherrschen«) (eure Lüsternheit), und Fleg: »et toi tu domineras sur elle« (»und du wirst über sie herrschen«) (die Schuld). Zwei gebrauchen das Präsens. Die amerikanische Übersetzung von 1939: »while you rule over him«, »während du über sie herrschst« (»sin«, die Sünde) und Jean Grosjean: »et tu la domines« (»und du beherrschst sie«) (die Schuld). Sieben gebrauchen den Imperativ: Luther, »sondern herrsche über sie«; Buber, »du aber walte ihm ob«; Louis Segond: »mais toi, domine sur lui« (»aber du, herrsche über sie«); Zadoc Kahn: »mais toi, sache le dominer!« (»aber du, lerne sie zu bezwingen!«), und Raschi, der zum Kommentar übergeht: »Si tu le veux, tu seras plus fort que lui« (»Sofern du es möchtest, wirst du stärker sein als sie«); André Chouraqui: »toi, gouverne-la« (»du aber, werde ihrer Herr«) (seiner Leidenschaft);

Dhorme und die ökumenische Übersetzung TOB: »Mais toi, domine-le« (»Aber du, beherrsche sie«) (die Sünde). Vier haben sich für *du kannst* entschieden: Cahen, »mais tu peux le maîtriser« (»aber du kannst sie beherrschen«) (die Sünde); die spanische Biblia del Peregrino: »tú puedes dominarlo« (»du aber, du kannst sie beherrschen«) (el pecado, die Sünde); die italienische Übersetzung von Disegni: »ma tu puoi dominarlo« – gleicher Sinn; und die amerikanische Übersetzung der Jewish Publication Society: »yet you can be its master« (»aber du kannst Herrscher über sie sein«). Drei ziehen *du sollst* vor: die Übersetzung Jean-Frédéric Ostervalds, »mais toi, tu dois dominer sur lui« (»aber du, du sollst über es herrschen«) (das Begehren), der die sehr ähnliche Variante Augustin Crampons und Émile Ostys hinzuzufügen ist: »à toi de dominer sur lui« (»dir aber ist beschieden, über es zu herrschen«). Die Jerusalemer Bibel setzt sie in eine Frageform: »wirst du sie beherrschen können?« Eine weitere, die New English Bible von 1970, setzt auf das Passiv: »sin is a demon crouching at the door. It shall be eager for you, and you will be mastered by it – und du wirst durch sie beherrscht«,[102] worauf ein Zusatz folgt: »Or but you must master it« (»oder aber du beherrscht sie«).

Alle Fassungen werden mit derselben Schwierigkeit konfrontiert. Vier halten den Text übrigens für verderbt und unverständlich. Augustin Crampon: »Ein äußerst zweifelhafter Sinn«, Émile Osty: »Ein verstümmelter und obskurer Text«, die ökumenische Übersetzung: »der siebte Vers des hebräischen Textes ist dunkel und die Übersetzung zweifelhaft«, die Jerusalemer Bibel: »Ungefähre Übersetzung eines verderbten Textes. Wörtl.: ›N'est-ce pas que, si tu agis bien, élévation, et si tu n'agis pas bien, à ta porte le péché (fém.) couchant (masc.) et vers toi sa (masc.) convoitise et tu le domineras.‹[103] Es scheint, als würde der Text die Versuchungen beschreiben, die das Heil der Seele bedrohen.«

So etwas nennt man Hermeneutik. Reine Interpretation. Was die Übersetzenden für »verstümmelt und obskur« halten, ist in Wahrheit eine elliptisch-poetische Konstruktion. Die von den Zeitgenossen Mallarmés für unübersetzbar gehalten wurde. Eine Mischung aus Ignoranz und Arroganz.

Die unvollendete Form bezeichnet wiederum eine Handlung, die noch nicht abgeschlossen ist. Die Wahl einer bestimmten Terminologie, wie in diesem Fall, ist nicht zufällig. Die allgemeine Übersetzungstradition nimmt nicht den Signifikanten zur Richtschnur, sondern übersetzt ihre eigene Interpretation, die damit an die Stelle der Polyvalenz des Signifikanten rückt. Das geht so weit, dass die Vorstellung von Einzelsprache aus der Grammatik abgeleitet wird.

Repräsentativ hierfür ist Mayer Lambert[104], der die Sprachvorstellung der hebräischen Verben mit der französischen Terminologie (*futur*, *passé*) versieht und die unvollendete Form als Indikativ Futur auffasst. So fügt sich seine Übersetzung des fünften Verses aus *Genesis* 2 dem Kontext ein – während der Signifikant der Nichtbeachtung anheimfällt: »aucun arbuste des champs n'existait encore sur la terre« (»Keinen einzigen Feldstrauch gab es auf der Erde«). Ich übersetze: »Et pas / un buisson des champs / n'est encore sur la terre« (»Und noch nicht / einen Feldstrauch / gibt es auf der Erde«).

Es ist seine Überzeugung, dass das Futur nicht nur eine »kommende Handlung darstellt«, sondern auch eine Erlaubnis, wie zum Beispiel bei *nokhel*, »wir können essen« (*Genesis* 3,2). Ich übersetze, weil sich nur so die Form des Sinns, der Signifikant wiedergeben lässt: »Du fruit des arbres du jardin / nous mangerons« (»Von der Frucht der Bäume im Garten / werden wir essen«). Das Futur kann aber auch – so Lambert – »eine Möglichkeit in der Zukunft oder sogar in der Vergangenheit sein, wie zum Beispiel bei *haleven mea shana yivaled*, »kann einem Hundertjährigen noch (ein Kind) geboren werden?« (*Genesis* 17,17). Weil aber das Futur die Unwahrscheinlichkeit ausdrückt, übersetze ich: »Et il a dit dans son cœur / est-ce qu'à un fils de cent années / sera né un enfant // et est-ce que Sara / qui est fille de soixante-dix années / enfantera (Und er sprach bei sich / wie wird einem Sohn von hundert Jahren / ein Kind geboren werden / und wie wird Sara / Tochter von siebzig Jahren / niederkommen).«

Wie der Name schon sagt, verweist der Signifikant auf eine Bedeutung. Wenn man ihn durch einen seiner Signifikate ersetzt, liegt nicht nur ein Sprachverstoß vor, aber das ist ja in unserer kulturellen Tradition überall verbreitet.

Ein weiteres Beispiel stellt der Satz *ekh e'ele* dar, den Mayer Lambert folgendermaßen übersetzt: «Comment pourrais-je monter?« (»Wie werde ich hinaufziehen?«) Doch die unvollendete Form sagt etwas anderes aus, nämlich das, was ich übersetze: »Car comment / est-ce que je monterai vers mon père ...« (»Denn wie / könnte ich zu meinem Vater hinaufziehen ...«) Die im Futur enthaltene Möglichkeit, die sich sowohl aus dem Sinn als auch aus dem Kontext ableitet, findet ihren passenden Ausdruck in dem Signifikanten der unvollendeten Form.

Die Hermeneutik ist nicht ohne Hintergedanken. Die Grammatik (als Beschreibung der Funktionsweise von Einzelsprachen) im Übrigen auch nicht. Eine amerikanische Einführung ins Bibelhebräische vertritt die Überzeugung, dass »das Perfekt [*perfect*] zukünftige Ereignisse«[105] bezeichne und »das Imperfekt [*imperfect*] für Ereignisse in der Vergangenheit« zuständig sei, während die vorausdeutende Vergangenheit dem Futur anheimgestellt wird. Damit soll verschleiert werden, dass der Aussage des Textes widersprochen wird. Die Hermeneutik steht auf der Seite dessen, was die Philologen eine *lectio facilior* nennen. Auf der Seite der gefälligen Lesart.

Wie heißt es nun: »du wirst sie beherrschen« oder »herrsche über sie?« Die Interpretation selbst wird zur Ethik der Gefälligkeit. Und erübrigt sich von selbst. Denn der Signifikant der unvollendeten Form enthält angeblich alle Interpretationen. Sich die auswählen, die einem gerade passt, ist eine Mogelei, die sich in der Kasuistik verliert.

Aus all dem geht hervor, dass es nicht die Kenntnis der Grammatik, sondern die Ethik ist, die zum Übersetzen befähigt.

Raschi unterscheidet mit Recht die Form des Sinns und den interpretativen Umgang mit ihr. Die Übersetzung des Signifikanten durch dessen Interpretation zu ersetzen heißt, die Ethik des Übersetzens zu pervertieren. Ein solcher Übersetzungsbegriff vermag – im Gegensatz zur landläufigen Hermeneutik, die mit den besten Absichten Binsenwahrheiten zu verkünden pflegt (darunter die Grundsätze, wonach verstehen übersetzen bedeute und wonach das Interpretieren eine unabdingbare Voraussetzung für das Übersetzen sei) – die vorrangige Bedeutung der Ethik in Sachen Sprache hervorzuheben, und zwar ohne dass sich die Hermeneutik dessen bewusst ist. Was für jeden einzelnen Signifikanten gilt.

Der Übersetzungsakt vermag, besser als jeder andere sprachliche Akt, zu zeigen, dass ein sprachlicher Akt ein ethischer Akt ist. Insofern ist das Übersetzen für den Menschen wichtiger als ein Stern.

16
DAS EUROPA DES ÜBERSETZENS

Bis heute begründet Europa seine Sprachkultur auf dem antiken Griechenland. Platon war derjenige, der das in allen europäischen Nachschlagewerken anzutreffende Verständnis vom Rhythmus begründete: Seine Definition reduziert den Rhythmus auf das Metrum und steht damit im Widerspruch zu Aristoteles, der die Ansicht vertrat, dass »die Metren Teile der Rhythmen sind«.

Dem griechischen Denken haben wir auch die auf dem Zeichen beruhende Sprachauffassung zu verdanken, die universale Gültigkeit beansprucht: eine ganze Serie von Dualismen, die Absolutsetzung des Diskontinuums, die Gegenüberstellung von Laut und Bedeutung, Form und Inhalt, was zur Folge hat, dass der Stil und die Hermeneutik im Zeichen verortet bleiben. Europa, im Zeichen des Zeichens.

Das Problem mit dem Zeichen ist, dass es sich nicht als Sprachauffassung ausgibt, sondern als Natur der Sprache und damit als deren Wahrheit. Dabei braucht es nur einen anderen Gesichtspunkt (hat nicht Saussure betont, dass es im Hinblick auf die Sprache nur Gesichtspunkte gibt?), einen anderen Blickwinkel, nämlich den des Kontinuums, den des Körper-Sprache-Kontinuums, des Rhythmus-Syntax-Prosodie-Kontinuums, den des Kontinuums der seriellen Semantik, um sich vor Augen zu führen, dass das Zeichen nur eine Auffassung ist, eine Auffassung, durch die das Kontinuum verdeckt wird und die uns daran hindert, es zu denken. Also es zu übersetzen.

Das Übersetzen setzt eine Sprachauffassung voraus. Weil wir es seit Jahrhunderten mit einer Sprachauffassung zu tun haben, die sich tief in unsere kulturellen Gepflogenheiten eingeschrieben hat und die von der Linguistik, einer ganz im Zeichendenken verankerten Disziplin, ständig bestärkt wird, läuft das Übersetzen auf eine Zeichen-Übersetzung hinaus.

Sobald wir es jedoch mit der Erfindung eines Denkens zu tun haben, einem Gedicht, einem literarischen oder philosophischen Werk (wobei es hier zu unterscheiden gilt zwischen philosophischem Werk und Sekundärliteratur), setzt sich der Gesichtspunkt des Kontinuums durch, weil sich hier die Verwandlung einer Sprachform durch eine Lebensform und die Verwandlung einer Lebensform durch eine Sprachform vollzieht. Übersetzungen hingegen, die das Zeichen zur Richtschnur erheben, sind teilweise Nicht-Übersetzungen, Auslöschungen.

Die Aufgabe oder auch die Schwierigkeit besteht darin, die vorherrschende Sprachauffassung zu verändern.

Sprich: eine Kritik des Zeichendenkens durch das Gedicht vorzunehmen.

Das ist eigentlich ein Paradox in einem Europa, das sich vom Topos der originären Verbindung zwischen Athen und Jerusalem leiten lässt. Athen, das ist die Philosophie und die Naturwissenschaft, Jerusalem dagegen das religiöse Denken, das sich wiederum in eine griechische und in eine hebräische Tradition aufspaltet. Das Paradox lässt sich wie folgt formulieren: Die Dominanz der Tradition kaschiert, dass es ein den kulturellen Klischees entgegenwirkendes Veränderungspotenzial kaschiert, das dort wirksam wird, wo niemand hinhört – in der rythmischen Gestaltung des biblischen Verses. Durch diese semantische Gestaltung entsteht ein sprachliches Kontinuum. Das Hören auf den Rhythmus verwandelt das Zeichen-Übersetzen in ein Gedicht-Übersetzen.

Dies ist die Aufgabe, die es heute innerhalb der europäischen Tradition des Sprachdenkens zu bewältigen gilt – ausgehend von dem, was Europa zusammenhält und was es zugleich unterhöhlt.

Um es an einem Beispiel zu illustrieren, dessen wunderbare Beispielhaftigkeit ohne weitere Analyse auskommt: In seinem Buch über Rabelais erwähnt Michail Bachtin den Dichter Nicolaï Ljubimow, der im Zuge seiner Rabelais-Übersetzung (1961) zu einer Einschätzung gelangte, die ich an dieser Stelle mit besonderer Freude zitiere: »Man könnte sagen, dass der russische Leser Rabelais zum ersten Mal gelesen hat, sein Lachen zum ersten Mal gehört hat. Obwohl er bereits im 18. Jahrhundert ins Russische übersetzt wurde, waren es doch immer nur Auszüge, und keinem Übersetzer war es bisher gelungen, die Originalität und den Reichtum der Sprache Rabelais' wiederzugeben. Die Aufgabe schien außerordentlich schwierig zu sein. Man war sogar zu der Überzeugung gelangt, dass Rabelais unübersetzbar sei [...]. Dies ist der Grund, weshalb Rabelais unter allen Klassikern in der russischen Kultur keinerlei

Rolle spielte (was sich weder von Shakespeare noch von Cervantes sagen lässt). Es tat sich eine Leerstelle auf, denn Rabelais erschließt den Zugang zu einer Welt des Humors, die in der populären Kultur angesiedelt ist. Jetzt endlich, dank der originalgetreuen, von Ljubimow erstellten Übersetzung, lässt sich sagen, dass Rabelais angefangen hat, Russisch zu sprechen, und zwar mit derselben Vertrautheit, derselben unnachahmlichen Ungeniertheit, derselben komischen Kühnheit. Die Bedeutung dieses Ereignisses kann gar nicht überschätzt werden.«[106]

Es geht mir bei diesem Beispiel um den parabolischen Wert, um das Bild des Krieges zwischen dem Gedicht und dem Zeichen. Mandelstam schrieb, dass in der Poesie immer Krieg herrscht. Ein weiterer – wenn nicht ein noch größerer – ist der Krieg der Sprache. Der Krieg des Übersetzens nimmt hier seinen Anfang. Nicht nur ausgehend vom biblischen Vers. Es geht immer um das Zeichen und das Gedicht. Um ihren Krieg.

Die grundlegende Feststellung, dass das Zeichen in der heutigen Zeit die Herrschaft innehat, wirft Probleme auf, die bislang noch nicht abschließend durchdacht wurden.

Übersetzen wird als Form des Übergangs von einer Einzelsprache zur anderen verstanden. Elementar, mein lieber Doktor Schlaumeier. Andernfalls würde der kulturelle Transfer einer autistischen Störung gleichen. Aber der einzelsprachliche Transfer vergisst, dass es immer um die Übertragung einer jeweiligen Rede geht. Wenn man in einzelsprachlichen Kategorien denkt, zielt man auf den Übergang von der Alterität zur eigenen Identität, man fasst Identität und Alterität als Gegensatz auf. Das Gedicht und die Kunst hingegen zeigen, dass Identität nur durch Alterität entstehen kann, weshalb diese hörbar bleiben muss.

Das Zeichen-Übersetzen löscht das aus, was es zu Gehör bringen sollte.

Europa befindet sich insofern in einer besonderen Situation, als dieser Kontinent der einzige ist, der seine Gründungstexte nur von den Übersetzungen (Altgriechisch, biblisches Hebräisch) her kennt, mit Ausnahme natürlich der Spezialisten.[107]

Ganz zu schweigen von der christlichen Kulturlosigkeit all jener, die sich fragen, in welcher Sprache die Bibel geschrieben wurde, und darauf keine bessere Antwort parat haben als aramäisch oder griechisch. Nur wenige Passagen sind tatsächlich aramäisch.

Die Übersetzung und das Vergessen dessen, worin die Aufgabe einer Übersetzung besteht, sind der Grundstein Europas. Den Ausgangspunkt meiner Überlegungen, genauer gesagt: den Anreiz zu ihrer Wiederaufnahme, bilden das Vergessen und das, was sich hinter dem Vergessen verbirgt.

Das Vergessen verbirgt das Gedicht und damit das Denken des Subjekts, wodurch wiederum verborgen wird, dass das Subjekt der Ausgangspunkt der Ethik und das Gedicht ein ethischer Akt ist. Wenn aber das Gedicht ein ethischer Akt ist, weil es Subjekte zu verändern vermag (andernfalls wäre das Gedicht kein Gedicht, sondern eine Poetisierung), dann ist das Gedicht auch ein politischer Akt – man denke nur an Wladimir Majakowskis Liebesgedichte, die in der Sowjetunion als Ausdruck bürgerlicher Dekadenz angeprangert wurden –, das Gedicht ist ein politischer Akt, weil das Subjekt ein radikal soziales, das heißt politisches Wesen ist.

Es geht, und hierin besteht die eigentliche Herausforderung, um eine Sprachauffassung, die die gesamte Gesellschaft betrifft. Weil das innere Diskontinuum des Zeichens seine Fortsetzung in einem weiteren Diskontinuum findet: den Auffassungen zum Verhältnis von Individuum und Gesellschaft. Die Sprachtheorie, die eine Wechselwirkung zwischen Sprache, Gedicht, Ethik und Politik impliziert, vermag zu zeigen, dass jede Gesellschaft abhängig ist von der ihr eigenen Sprachauffassung, so wie jede Sprachauffassung eine ihr entsprechende Gesellschaftsauffassung enthält – mag sie diese offenlegen oder kaschieren.

Es ist das Subjekt, das auf dem Spiel steht und am meisten riskiert. Ein Beispiel, das dies sehr gut veranschaulicht, ist eine Äußerung Mandelstams aus dem Jahre 1920 zu Beginn seines Essays »Der Staat und der Rhythmus«. Weil er als Dichter spricht und weil es ihm bewusst ist, was beim Subjekt auf dem Spiel steht.

Er schreibt: »Während wir die Gesellschaft gestalten und sie aus dem Chaos zur harmonischen Ordnung organischen Seins führen, vergessen wir oft, daß allem zuvor die Persönlichkeit gestaltet werden muß. Der amorphe, formlose Mensch, die ungestaltete Persönlichkeit ist der Gesellschaft größter Feind. Unsere ganze Erziehungsarbeit, wie sie unser junger Staat mit seinem Volkskommissariat für Bildungswesen begreift, besteht im Wesentlichen in der Gestaltung der Persönlichkeit. Gesellschaftliche Erziehung bereitet die Synthese von Mensch und Gesellschaft im Kollektiv vor. Ein Kollektiv gibt es noch nicht. Es muß erst geboren werden. Der Kollektivismus entstand vor dem Kollektiv. Und kommt ihm die gesellschaftliche Erziehung nicht zu Hilfe, droht uns die Gefahr, daß wir plötzlich mit einem Kollektivismus ohne Kollektiv dastehen.«[108]

Ich habe die Warnung des Dichters zitiert, weil sie ein Grundsatzproblem anspricht, ein poetisch-ethisch-politisches Grundsatzproblem, das zwar die Übersetzung nicht eigens erwähnt, in dem aber das Übersetzen gleichsam vorausgesetzt wird. Wie auch der Gedanke Europas als Voraussetzung mitzudenken ist. Und zwar über die 1920er Jahre und den Staatsmarxismus hinaus.

Denn das von Mandelstam aufgeworfene Problem betrifft den permanenten Konflikt zwischen dem Realismus der Essenzen, den Essenzialisierungen, und dem Nominalismus der Individuen und der Werke.

Das gesamte europäische Denken wird von diesem Konflikt erfasst.[109] Es handelt sich um eine anthropologische Universalie und um einen wesentlichen Bestandteil Europas, genauso wie um eine Sprachauffassung. Seine

Auswirkungen beziehen sich sowohl auf das Denken als auch auf die Praxis des Gedichts und des Übersetzens.

Europa und die Tätigkeit des Übersetzens müssen in ihrer gegenseitigen Abhängigkeit neu durchdacht werden. Welche Auswirkungen das Übersetzen auf Europa gehabt hat, wird noch zu erläutern sein.

Es ist an der Zeit, das Übersetzen nicht länger als Übertragung von Sinn zu verstehen, sondern als Möglichkeit, die im Übersetzungsakt implizit enthaltene und noch ungedachte Sprachtheorie offenzulegen. Eine solche Sprachtheorie impliziert eine Wechselwirkung zwischen Sprache, Gedicht, Ethik und Politik. Hiervon hat die Linguistik – auch wenn sie sich als Wissenschaft von der Sprache präsentiert – nicht den leisesten Schimmer. Ebenso wenig wie die Philosophen. Von der Literaturwissenschaft ganz zu schweigen. Die Sprachtheorie ist deshalb notwendig, um Ethik *und* Politik *durch* das Gedicht zusammenzudenken. Notwendig deshalb, weil es Europa zu denken gilt. Weil es Europa durch das Gedicht zu denken gilt. Selbst wenn dies politischen Kleingeistern abwegig vorkommt.

Weil es das einzelne Subjekt als Vielzahl von Subjekten und die Vielzahl von Subjekten als einzelnes Subjekt zu denken gilt. Weil es Europa als Ort dieses Denkens zu denken gilt.

Die Sprachtheorie verteidigt die gefährdete Sprachenvielfalt gegen die Verengung der Sprache auf die bloße Kommunikation, die auf die Universalisierung des Englischen hinausläuft. Es reicht nicht, die Einzelsprachen, jede einzelne Sprache zu verteidigen, um den Fortbestand der Sprachenvielfalt zu gewährleisten, vielmehr gilt es zunächst, das Sprachdenken zu einer kritischen Theorie zu machen.

Dies erfordert ein radikal geschichtliches Denken aller Werte, ihre radikale Historisierung, einen radikal geschichtlichen Humanismus also. Von Benveniste stammt der Hinweis, die Sprache diene »nicht in erster Linie der

Kommunikation«, sie diene »dem *Leben*«[110] – für jeden manifestiert sich die radikale Geschichtlichkeit des Lebens durch seine Einzelsprache.

Entsprechend gilt es, das Sprechen als ethischen Akt und die Einzelsprachen nicht mehr nur als Mittel der Kommunikation zu begreifen, sondern als Mittel und Art zu leben.

Historisch gesprochen herrschte – dank der Rolle des Lateins für die Gelehrten und Geistlichen – zwischen den Nationalsprachen des mittelalterlichen Europas Frieden. Dieser vermeintlichen Universalisierung wurde jedoch durch die Entstehung einer nationalsprachlichen Literatur Grenzen gesetzt: die okzitanischen Troubadoure, die deutschen Minnesänger, Dante in Italien. Es gab eine arabisch-andalusische Symbiose: Maimonides schrieb auf Arabisch und wurde in lateinischer Übersetzung verbreitet, Jehuda ha-Levi schrieb seinen *Kusari* auf Arabisch (die uns bekannt gewordene Übersetzung erschien auf Latein), während seine Gedichte auf Hebräisch verfasst wurden. Für den spanischen Sprachraum war Cervantes repräsentativ, für den französischen Rabelais und Montaigne; dieser bereute es, seine *Essais* auf Französisch verfasst zu haben und nicht auf Latein, um sie vor dem Vergessen zu schützen. Wie sehr man sich doch irren kann! Eine ähnliche Rolle kommt der russischen Bylinendichtung zu.

Hieraus ergibt sich das Paradox, dass es jedes Mal das Werk ist, das die Nationalsprache hervorgebracht hat. Die Werke selbst sind Mutterwerke, und nicht die Sprachen Muttersprachen.

Von besonderer – wenn nicht sogar von grundlegender Bedeutung – waren Bibelübersetzungen in den Nationalsprachen. Ich würde sogar sagen, dass die Bibelübersetzungen entscheidend zur Schaffung Europas beigetragen haben – im Unterschied zu den Werken, die die Nationalsprachen begründet haben. Die bekanntesten Beispiele sind die King-James-Bibel von 1611 und die Luther-Übersetzung (die Ausgabe letzter Hand erschien 1545).

Die Übersetzung der Bibel hat das christliche Europa hervorgebracht. Zunächst durch die Vulgata des Hieronymus. Sie nimmt ihren Ausgangspunkt in einem theologisch-politischen Konflikt, dem eine theologisch-philologische und eine theologisch-poetische Komponente eigen ist: die Begründung des Christentums auf der Septuaginta, der in Alexandrien entstandenen griechischen Übersetzung (drittes Jahrhundert vor Christus) des hebräischen Alten Testaments; dessen ursprünglich konsonantische Schrift wurde später von den Masoreten vokalisiert und mit rhythmischen Zeichen versehen (sechstes bis neuntes Jahrhundert) – was zu dem Vorwurf geführt hat, die Juden hätten die hebräische Schrift gefälscht (der Vorwurf findet sich sogar noch bei Ernest Renan). Für die von alters her bestehende Authentizität der Akzente spricht dagegen die Tatsache, dass deren Namen sich aus der Bezeichnung für die gesangliche und gestische Gestaltung bei Schriftlesung herleiten.

Nur nebenbei bemerkt sei hier, dass die althergebrachte Wortzusammensetzung »jüdisch-christlich« nicht nur Probleme theologischer, sondern auch übersetzerischer Art aufwirft. Kurz eingehen möchte ich zumindest auf einige berühmte Übersetzungsfehler, die dem christlichen Erbe Europas ihren Stempel aufdrückten. Den »Herr der Heerscharen« (den ich durch »Gott der unzählbar vielen Sterne« wiedergebe) und »das Gesetz« für hebr. Thora (das gemeiniglich der »Lehre« vorgezogen wird) habe ich bereits öfters zitiert. Ich musste es tun, weil man es gar nicht oft genug tun kann. So wie die Stilistik von Barbarismen spricht, handelt es sich hier um Christianismen. Sie trugen zur Schaffung einer »Religion des Hasses« bei, dem Judentum, das Hegel zufolge als finsteres Gegenteil zur »Religion der Liebe«, dem Christentum, aufzufassen sei (nachzulesen unter: »Der Geist des Christentums und sein Schicksal«).

Und doch lässt sich die Bibel zum Beispiel in der Übersetzung Luthers nicht von seinem Gesamtwerk trennen, geschweige denn von seiner berühmten Schrift »Von den

Jüden und ihren Lügen«; der darin enthaltene Reim wird zum Beweis für die Wahrheit der Aussage. Der Reim steht immer für die Wahrheit der Aussage: »Mars macht mobil bei Arbeit, Sport und Spiel.« Darin steckt eine kosmologische Sprachauffassung. Luthers Schrift ist so peinlich und so bezeichnend, dass sie im Werkverzeichnis nicht aufgeführt wird.[111] Sie steht im Dienste des theologisch-politischen Anspruchs der christlichen Kirche, das ›wahre Israel‹ zu sein.

Aufgrund der Reformation wurden die King-James-Version und die Luther-Bibel zum Herzstück der westlichen Kultur; in Frankreich, der ältesten Tochter Roms, findet sie kein Pendant, obwohl auch die französischen Protestanten 1535 durch Olivetan ihre erste Bibelübersetzung erhielten. Doch die berühmteste Bibelübersetzung in französischer Sprache, die Bibel von Lemaistre de Sacy, erschien relativ spät, nach 1682, und stellt eine Übertragung aus dem Lateinischen dar. Durch ihre Redseligkeit erreicht sie nicht annähernd die Schönheit der King-James-Fassung.

Nicht minder wesentlich in Bezug auf die Herausbildung einer europäischen Identität ist das im neunten Jahrhundert von den Gebrüdern Kyrill und Method für die Bibelübersetzung verwendete Altbulgarische oder Altkirchenslawische, das auf griechischer Basis entstanden ist: »Indem das Wort Gottes auf Slawisch wiedergegeben wird, kann diese Sprechweise in den Status der Sprache überführt werden.«[112] Das Privileg der »heiligen Sprachen« (Hebräisch, Griechisch und Latein) wandelt sich so zum Privileg der Übersetzungssprache: die Kontroverse über das ›wahre Israel‹ in übersetzerischer Gestalt. Hieraus erklärt sich die in Dostojewskis *Dämonen* beschriebene Verquickung zwischen dem Volksglauben – der Bannerträgerin der slawischen Idee – und dem Begriff des russischen Volkes, des Volkes als wahrem »Theophorus« (ebd., S. 31), als Gott-Träger. Der von Kyrill und Method[113] in Sprechversen verfasste Prolog, der sich an das »slawische Volk« (Vers 24) richtet, geht von dem Grundsatz aus, dass »eine Nation ohne eigene Bücher wie nackt dasteht« (Vers 81).

Weil die Übersetzung der Bibel eine Tat mit messianischem Anspruch war, stellte die in der jeweiligen Landessprache beschriebene Einladung zur Heiligen Kommunion ein unbestreitbares Fanal dar, *nicht nur* für die Schaffung Europas, *sondern auch* für die Entstehung des christlichen Antijudaismus, der in letzter Konsequenz in die nationalsozialistische Endlösung mündete.

Aber selbst dort, wo es diesen Anspruch nicht gab, war die Übersetzung der Bibel in Nationalsprachen, in Luthers deutscher, in Jan Hus' tschechischer Fassung, ein theologisch-sprachliches Unternehmen. Wobei die Kirche, wo sie dem Papst ergeben war, Übersetzungen in die Vulgärsprache bekämpfte – was im Übrigen dem Selbstverständnis des Trienter Konzils entsprach, das 1546 die Vulgata zum einzig authentischen Bibeltext erklärte.

Zu dem Paradox, dass das einzelne Werk die Nationalsprache erst hervorbringt, sodass nicht von der Muttersprache, sondern nur vom Mutterwerk die Rede sein kann, gesellt sich ein zweites hinzu: Die Übersetzung der Bibel trägt ebenso zur Schaffung eines Europas bei wie das ›wahre Israel‹.

Hinzu kommt, dass der hebräische Bibeltext in seiner doppelten Eigenschaft als emblematische Figur der Moderne und als Prophezeiung des Gedichts sich weder der Poesie noch der Prosa zuordnen lässt, ein Problem, das im Kern bereits das Problem der poetischen Moderne enthält: das Versagen einer auf den Vers verengten Definition von Poesie. Man denke spätestens hier an Percy Shelley und Baudelaire. Man denke an »und der Gesang ist es, der singt« (zweites Buch der *Chroniken*, Kapitel 29,28) bis hin zu »le poème énonciateur« in Mallarmés »Krise des Verses«.[114]

Der sich hieraus ergebende paradoxe Effekt stellt sich wie folgt dar: Das Gedicht ist die Modernität, die Modernität ist die Poetik, die Poetik ist die Poetik der Modernität.

Diese bleibt in der Gegenwart gegenwärtig, sofern das Gedicht eine Lebensform in eine Sprachform verwandelt und eine Sprachform in eine Lebensform.

Die Übersetzung erscheint also als die wichtigste Tätigkeit der Sprachtheorie, weil sie die jeweilige Sprachauffassung zu beleuchten vermag. Die Tätigkeit des Übersetzens muss durch die Theorie der Sprache verändert werden, und zwar in demselben Maße, wie die Sprache, ihre Praktiken und Vorstellungen, sich durch die Tätigkeit des Übersetzens verändern muss: also eine Ethik und Politik des Übersetzens.

Theorie bedeutet nichts anderes als ein Nachdenken über die Formen des Unwissens, denn jede Form des Wissens erzeugt ihre je spezifischen Formen des Unwissens; die Formen des Wissens sind jedoch im Ungewissen darüber, dass sie Formen des Unwissens erzeugen und dass sie sich selbst daran hindern, jene Formen zu erkennen.

Dies haben die Exegese und die Übersetzung der biblischen Texte auf exemplarische Weise vorgeführt. Sie wurden von Leuten mit großem Sachverstand betrieben. Doch die theologisch-philologische Ausrichtung, dem theologisch-politischen Herrschaftsanspruch gehorsam ergeben, erschöpft sich darin, ein wechselseitiges Verhältnis zwischen dem Zeichen und dem theologischen Prinzip herzustellen, und macht es ihnen unmöglich, auf das sprachliche Kontinuum zu hören. Wobei »theologisch« hier zunächst »christlich« meint. Auch die Übersetzung von Zadoc Kahn ist hiervon nicht ausgenommen. Denn die Wahrheit verhält sich wie der Sinn: Sie lässt die Form als Rückstand übrig.

Das eigentliche Problem mit all seinen poetischen, ethischen und politischen Implikationen besteht also in dem historisch bedingten Verhältnis zwischen Europa und dem Zeichen. Dies ist zugleich das eigentliche Problem des Übersetzens. Zusammen bilden sie die beiden Seiten ein- und desselben Problems.

NACHWORT

Dieses Buch könnte auch den Untertitel »Ein Manifest« tragen. Tatsächlich hat Henri Meschonnic diese Gattungsbezeichnung einmal gewählt, und zwar für ein auch im Internet kursierendes Kapitel aus seinem 2001 erschienenen Buch *Célébration de la poésie*. Es trägt die Überschrift *Manifeste pour un parti du rythme*. Ein Manifest ist bekanntlich eine Kampfschrift, die einen Zustand anprangert und sich deshalb nicht mit ausführlichen Erklärungen aufhält. Das Manifest scheut sich nicht vor Wiederholungen und pointierten Statements. Es will die Gegner nicht überzeugen, sondern dem Unerhörten Gehör verschaffen. Und es erhebt den Anspruch, durch die Ankündigung einer Wende zu dieser beizutragen – und das in einem Moment, in dem die Unerträglichkeit der herrschenden Verhältnisse die Dringlichkeit des Aufbruchs unübersehbar werden lässt. Das Manifest müsste also offene Türen einrennen. Doch das Gegenteil ist der Fall: Das Unerträgliche ist allzu oft das allgemein Akzeptierte, was für Meschonnic insbesondere in Hinblick auf den wissenschaftlichen Konsens in Sachen Sprache, Poetik und Übersetzung gilt. Aus dieser Spannung speist sich die Emphase des Manifests, das *Empört euch!*, das auch in dem vorliegenden Band auf jeder Seite und in jedem Satz zu spüren ist. Es geht Meschonnic darum, wachzurütteln und das hartnäckig Übersehene an den Tag zu bringen. Deshalb sollte man sich bei der Lektüre auf einen Text einstellen, der im Widerspruch zu vielem steht, was in Sprach- und Übersetzungswissenschaft als unumstößliche Gewissheit gilt. Aber es lohnt sich, Meschonnic zuzuhören, denn wer möchte, kann dabei zu neuen, durchaus überraschenden Einsichten in die Sprachtheorie im Allgemeinen und in die Poetik des Übersetzens im Besonderen kommen. Dazu gehört etwa die Erkenntnis, dass die Bibelübersetzer jahrhundertelang den Rhythmus im Text überhört haben.

Unter »Rhythmus« versteht Meschonnic allerdings weder Metrum noch Takt oder irgendeine sonstige Wiederholungsstruktur. Vielmehr knüpft er an den von Émile Benveniste wiederentdeckten vorplatonischen Rhythmusbegriff an und definiert den Rhythmus in der Sprache als die »Gestaltung der Sprechbewegung in der [gesprochenen oder geschriebenen] Rede« (»le rythme comme organisation du mouvement d'une parole«, Meschonnic 2007, 33). Um diese auch in den Text eingeschriebene Sprechbewegung geht es, wenn Meschonnic behauptet, dass es die christlichen Übersetzungen sind, die dem hebräischen Original buchstäblich den Atem nehmen, indem sie dessen Reichtum an rhythmischer Gliederung ignorieren, überschreiben und auslöschen. Tatsächlich ist Meschonnic der erste in der langen und ehrwürdigen Geschichte der Bibelübersetzung, der damit beginnt, die jüdische Bibel konsequent und systematisch von ihrem Rhythmus her zu übersetzen, indem er die *te'amim* hörbar und sichtbar macht, die im masoretischen Text notierten verbindenden und trennenden Akzente für die synagogale Lesung. Das, was sich im Rhythmus zeigt, das Kontinuum zwischen Schriftlichkeit und Körperlichkeit, Subjektivität und Textualität, Sprechen und Schreiben wird für Meschonnic zum Ausgangspunkt für ein Sprachdenken, das mit einer Reihe von tief im abendländischen Denken verwurzelten Vorstellungen bricht, insbesondere mit der, dass das Zeichen ein adäquates Modell für die Sprache darstellt.

Der Preis des Zeichens

Mit der Entdeckung des Rhythmus als einer im Text gestalteten Sprechbewegung eröffnet sich für Meschonnic ein anderer Blickwinkel auf die Sprache, eine Alternative zur omnipräsenten Semiotisierung, die alles Sprachliche auf Zeichenprozesse zurückführt. Sie ruft seinen Einspruch gegen die seit jeher als unzweifelhaft geltende Auffassung auf den Plan, dass Sprache aus Zeichen besteht, dass Wörter Zeichen sind und dass man das Modell des Zeichens braucht, um die Funktionsweise der Sprache zu verstehen: Worum sonst sollte es beim Sprechen, Zuhören, Schreiben, Lesen oder Übersetzen gehen, wenn nicht um das Produzieren, Dekodieren oder Substituieren von Zeichen? Meschonnics Gesamtwerk kann als eine große, reich verästelte und komplexe sprachtheoretische und analytische Zurückweisung dieser Überzeugung gelesen werden. So gut wie jede seiner Arbeiten sucht den theoretischen und empirischen Nachweis zu führen, dass Sprache keine Ansammlung von Zeichen ist und dass es sprachliche Phänomene, Prozesse und Dimensionen gibt, die sich nicht auf semiotische Prinzipien und Einheiten zurückführen oder mit ihnen erklären lassen. Meschonnic begnügt sich jedoch nicht damit, die Sprache über das Zeichen hinauszudenken, er denkt sie gegen das Zeichen und stellt seine Leser vor die Wahl: entweder die Sprache als Tätigkeit von Subjekten oder die Sprache als Gebilde aus Zeichen. Das mag eine auf den ersten Blick überraschende Alternative sein, tatsächlich liegt in ihr jedoch das Innovationspotential des Meschonnic'schen Denkens für die Literatur- und Sprachtheorie und eben auch – wie dieses Buch zeigen will – für die Theorie und Praxis des Übersetzens. In der Aufgabe, das Subjekt in der Sprache gegen das Zeichen zu denken, liegt für Meschonnic eine theoretische, politische und ethische Notwendigkeit. Denn er bestreitet mit Vehemenz, dass es sich beim Zeichen um ein neutrales Modell handelt. Wie jede Art von Modellierung greife es bestimmte Merkmale seines Gegenstandes heraus, um andere zu reduzieren, zu vernachlässigen oder ganz auszublenden. Wer die Sprache vom Gesichtspunkt des Zeichens aus denke, zahle *nolens volens* einen Preis, den Meschonnic präzise zu beziffern sucht.

Sprachtheoretisch führt das Zeichenmodell demnach zu einer mehrfachen Substituierung: *erstens* des *Subjekts* in der Sprache, das zum bloßen »Sprachbenutzer« degradiert wird, der sich dem Code, aus dem die Sprache vermeintlich besteht, unterwerfen muss, um in sie einzutreten. Damit geht der Eintritt in die Sprache, die als Welt der Zeichen verstanden wird, zugleich mit einer unwiderruflichen Selbstentfremdung des Ichs einher; von Nietzsche bis Lacan und Agamben wird dieser *Diskurs des Mythos*, wie Meschonnic ihn nennt, immer wieder neu erzählt (Meschonnic 1975, 30 ff.). *Zweitens* wird mit der Gleichsetzung zwischen Code und Sprache die *Rede* als eigene, nicht auf ihre semiotischen Komponenten reduzierbare Realität zum Verschwinden gebracht. Denn zeichentheoretisch gesehen ist die Rede nichts anderes als »Sprachgebrauch« oder »Sprachverwendung«: die Anwendung des Codes nach dessen Regeln. Hier stellt sich Meschonnic bewusst in die Tradition Wilhelm von Humboldts, bei dem bekanntlich der berühmte Satz zu finden ist: »Die Sprache liegt nur in der verbundenen Rede, Grammatik und Wörterbuch sind kaum ihrem todten Gerippe vergleichbar« (Humboldt: *Ueber die Verschiedenheiten des menschlichen Sprachbaues* [1827–29]; zitiert bei Meschonnic 1995a, 72). *Drittens* impliziert das Zeichenmodell eine Ontologisierung der Sprache auf Kosten ihrer *Geschichtlichkeit*. Welchen Platz auch immer der Geschichtlichkeit aus semiotischer Sicht eingeräumt wird, ihre Reduzierung folgt unweigerlich aus dem Postulat der Verbindung von Laut und Sinn, welche eine Konvention zwischen den Sprachbenutzern impliziert. Und mit dieser Konvention wird zugleich eine der Sprache vorgängige Ordnung der Dinge oder der Natur angenommen, auf die sich die Wörter beziehen müssen, um zu bedeutungstragenden Einheiten zu werden. Dass der Glaube an eine natürliche Ordnung in der Sprache, in der ihr Ursprung durchscheint, eine gefährliche Seite besitzt, hat Meschonnic immer wieder betont – zuletzt in dem 2008 erschienen Band *Dans le bois de la langue*, wo er die Suche nach dem Ursprung und der in ihm wiederzufindenden Einheit in die Nähe des religiösen Dogmatismus rückt (Meschonnic

2008, 421). Für Meschonnic wird dort, wo man sich auf die ursprüngliche Einheit der Natur beruft, die Pluralität des Kulturellen und Geschichtlichen zur bedrohten Spezies.

Auch *poetisch* fordert das Zeichen seinen Tribut. Vom Gedicht, daran lässt Meschonnic keinen Zweifel, bleibt wenig übrig, wenn es auf die Verbindung einer Form mit einem Inhalt reduziert wird. In der Logik des Zeichens erscheint es dann als jenes »marionettenhafte, jambischfünffüßige Wesen«, von dem Paul Celan im *Meridian* seine Auffassung der Dichtung abgrenzt. Wenn Celan vom Gedicht als »Atemwende« und »Gegenwort« spricht, tritt er für eine Poetik ein, die mit der von Meschonnic verwandt ist, weil sie das Gedicht als Tätigkeit eines Ichs begreift (Celan 1960/1999). Das Ich im Gedicht braucht bei Meschonnic kein Pronomen der ersten Person Singular, um in Erscheinung zu treten. Es formt den Text durch die Individualität eines Rhythmus, einer Sprechbewegung, die zugleich als Sinnbewegung erfahrbar ist. 1970, noch auf der Suche nach seiner eigenen Terminologie, schlägt Meschonnic für die sprachlichen Gestaltungen, die aus dieser Arbeit der Subjektivierung im Text hervorgehen, den Begriff Sinn-Form vor (»forme-sens«, Meschonnic 1970, 21, 176). Auch in seinen späteren Arbeiten geht es ihm nicht um die pauschale Ächtung der Begriffe »Sinn« oder »Form«, sondern darum, sich von der dualistischen Kopplung der Form an den Inhalt (und umgekehrt) zu lösen, also von der Idee, dass der Sinn nichts anderes sei als der Inhalt zu einer Form, die eben dadurch zur Formsache wird. Darum beginnt seine Begründung der Sprachtheorie als Poetik im ersten Band von *Pour la poétique* mit einer kritischen Auseinandersetzung mit der »poetischen Funktion« bei Roman Jakobson, in der die Formalisierung der Form als poetisches Prinzip *par excellence* erscheint. Die Aktualität von Meschonnics Kritik an Jakobson lässt sich vielleicht daran ermessen, dass noch immer ein Großteil der in Studium und Schule verwendeten Begrifflichkeiten für die Gedichtanalyse dem Strukturalismus und der Stilistik verpflichtet bleibt (vgl. Lösener 2015). Insofern richtet sich die Forderung Meschonnics im letzten Absatz des Buchs von 1970 auch an die Literaturtheorie der Gegenwart: »Die Aufgabe besteht heute darin, den im Dualismus gefangenen Strukturalismus zu überwinden, denn er kann nichts mit dem Leben im literarischen Text anfangen.« (»Le problème est aujourd'hui de dépasser le structuralisme enfermé dans la pensée dualiste, et qui ne sait pas s'arranger du vivre qui est dans l'écriture«, Meschonnic 1970, 169.)

Kulturell, theologisch und *hermeneutisch* liefert das Zeichen das Schema für jene Dualismen der Diskriminierung, die nach Meschonnic im abendländischen Denken seit der Antike allgegenwärtig sind. Sie orientieren sich an der nur scheinbar neutralen Gegenüberstellung von Form und Inhalt und haben längst in so gut wie allen Wissenschaften vom Menschen Eingang gefunden. Eine ihrer ältesten Ausprägungen stellt die griechische und später christliche Vorstellung von Leib und Seele dar, bei der der Leib als vergängliche Form fungiert, der seinen Sinn von der unsterblichen Seele erhält, die er in sich trägt. Die Logik des Zeichens liegt für Meschonnic darin, dass es trennt, was es zu verbinden vorgibt – und dass diese trennende Verbindung immer auf Kosten desjenigen Parts geht, der die Rolle der Form einnimmt. Das erklärt die Funktionsweise der christlichen Askese, welche die Züchtigung des Leibes fordert, um die Erlösung der Seele zu befördern. Meschonnic interessiert sich allerdings weniger für christliche Körpertechniken als für die hermeneutischen Konsequenzen des Zeichendenkens, welche beispielsweise das historische Interpretationsverhältnis zwischen jüdischer und christlicher Bibel prägen, bei der erstere zum »Alten Testament« mutiert, dessen Sinn sich erst im »Neuen Testament« offenbart. Im christlichen Verständnis erfasst den Sinn des AT nur, wer in ihm die Botschaft des NT zu lesen vermag. Das meint Meschonnic, wenn er von der »auslöschenden Funktion« des Zeichens (»l'effacement«) spricht. Von hier aus ließe sich ein Bogen zu Susan Sontags Abrechnung mit der auslegenden Interpretation in ihrem berühmten Essay *Against Interpretation* aus dem Jahr 1964 spannen. Denn nach Meschonnic programmiert das Zeichen auch die hermeneutische Auffassung des Sinns jenseits der Theologie: Der Interpret reduziert den Text auf einen Sinn, den erst die Deutung zum Vorschein bringt. Eben in dieser Reduktion liegt auch die Problematik der Hermeneutik als Modell für das Verstehen und für das Übersetzen (Meschonnic 2008, 31).

Ein interaktives Denken

Kehren wir mit Meschonnic also wieder in die Postmoderne zurück, zum Solipsismus der Sinnverweigerung und zum pathetischen Bekenntnis zur Unlesbarkeit à la Paul de Man? Mitnichten, denn in Meschonnics Œuvre findet sich eine Vielzahl von detaillierten Analysen zu literarischen Werken. Dazu gehört die pointierte Kritik an den Übersetzungen der Gedichte Paul Celans ins Französische (»On appelle cela traduire Celan«, im zweiten Band der Reihe *Pour la poétique* (*Épistémologie de l'écriture poétique de la traduction*, 1973a, 369–405, vgl. Viehöver 2018) oder die Untersuchungen zu Gérard Nerval, André Spire, Paul Éluard, einschließlich der programmatischen, über fünfzigseitigen Studie zu Charles Baudelaires Gedicht »Chant d'automne« im Folgeband (*Pour la poétique III. Une parole* écriture, 1973b) und vor allem die große, zweibändige Arbeit zum Werk Victor Hugos (*Pour la poétique IV,* Écrire *Hugo,* Band I und II, 1977). Aber auch im letzten Band der Reihe (*Pour la poétique V, Poésie sans réponse*, 1978) und in den folgenden Publikationen von Meschonnic finden sich immer wieder ausführliche Textanalysen, zu denen auch die Übersetzungsstudien in dem Band *Poétique du traduire* von 1999 zählen, der mit den Worten beginnt: »Ich trage hier einige Grundbegriffe für eine Poetik der Übersetzung zusammen – aus einer Erfahrung heraus. Die *Theorie* bildet deren begleitende Reflexion. Beide sind unabschließbar, wobei die Erfahrung vorausgeht.« (»J'ai rassemblé quelques éléments pour une poétique de la traduction, et une expérience. La *théorie* n'en est que l'accompagnement réflexif. Toutes deux, inachevables. L'expérience est première«, ebd., 9). Die Dialektik zwischen Theorie und Praxis, die Meschonnic hier hervorhebt, ist grundlegend für das Verständnis seines Werkes. Die Kritik der Übersetzungstheorie wird erst durch die eigene Praxis der Bibelübersetzung ermöglicht, die einen von zwei empirischen Ausgangspunkten für sein Sprachdenken liefert. Den anderen bildet sein eigenes poetisches Schreiben. Meschonnic veröffentlichte mehrere Gedichtbände und erhielt 1972 den *Prix Max Jacob* (für *Dédicaces proverbes*) und 1986 den *Prix Mallarmé* (für *Voyageurs de la voix*).

Meschonnic denkt interaktiv. Poetische Praxis und Theorie der Sprache sind bei ihm genauso untrennbar miteinander verbunden wie Sprachdenken und Bibelübersetzung, weshalb eine seiner Arbeiten den nicht nur amüsant gemeinten Titel trägt *Un coup de bible dans la philosophie* (*Eine Tracht Bibel in die Philosophie*, 2004). Die enge Verflechtung seiner Arbeiten wirft allerdings auch die Frage auf, wie man in das Universum Meschonnic überhaupt hineingelangt. Wie kann man ein Buch von ihm lesen, wenn es die Kenntnis aller anderen voraussetzt? Tatsächlich hat Meschonnic selbst keinen Überblick und keine Einführung zu seinem Werk verfasst; wer ihn lesen und kennen lernen will, muss in Kauf nehmen, dass sich einiges nicht sogleich erschließt und anderes erst im Gesamtzusammenhang seinen Platz findet.[115] Hilfreich ist es in jedem Fall, bei der Lektüre im Blick zu behalten, dass es so etwas wie ein Zentrum in Meschonnics Denken gibt und dass der Punkt, von dem sein Denken ausgeht, vom Gedicht gebildet wird, vom Gedicht, als sprachlichem Akt eines geschichtlichen

Subjekts. Das ist für Meschonnic der archimedische Punkt, von dem aus die Sprache neu gedacht und ein altes Denken überwunden werden kann (vgl. Viehöver 2015). Die Voraussetzung für diese Neuorientierung des Denkens hat Meschonnic allerdings nicht selbst geschaffen, er verdankt sie zwei bedeutenden Sprachwissenschaftlern, die beide, wenn auch auf unterschiedliche Weise, in Deutschland berühmte Unbekannte geblieben sind: Ferdinand de Saussure und Émile Benveniste.

Von Saussure zu Meschonnic

Die Sprachtheorie – und damit auch die Theorie und Praxis des Übersetzens – kann von Meschonnic sicherlich mehr gewinnen als die Erkenntnis, dass die Fixierung auf das Zeichen im Sprachdenken nicht alternativlos ist. Aber um zu diesem Mehr zu gelangen, muss man mit dieser Erkenntnis anfangen: Wer Sprache sagt, muss nicht Zeichen denken. Das ist eine Einsicht, die sich bereits in den frühen Schriften von Wilhelm von Humboldt findet (z. B. in seinem Fragment zur *Einleitung in das Sprachstudium*) und die in der Sprachtheorie erst wieder mit Ferdinand de Saussure bedeutsam wird. Beide Namen sind aus Meschonnics »historischer Anthropologie der Sprache«, so der Untertitel seiner großen Studie zum Rhythmus in der Sprache aus dem Jahr 1982, nicht wegzudenken. In einem der wenigen Aufsätze von ihm, die auf Deutsch vorliegen, mit dem Titel *Humboldt heute denken* betont er zudem die Kontinuität zwischen Humboldt und Saussure (Meschonnic 1995a, 72). Er legt sie frei, indem er Saussure gegen seine strukturalistische Vereinnahmung liest, wie das in Frankreich seit der Publikation der Vorlesungsmanuskripte und Mitschriften durch Rudolf Engler (Saussure 1967) möglich ist.

In Deutschland ist dieser »andere Saussure« trotz der Herausgebertätigkeiten von Johannes Fehr (Saussure 1997) und Ludwig Jäger (Saussure 2003) noch immer weitgehend unbekannt. Das könnte auch für die Rezeption Meschonnics in Deutschland Folgen haben. Denn man kann ohne Übertreibung behaupten, dass der Zugang zu Meschonnics Denken das Verständnis der Saussure'schen Sprachtheorie (jenseits ihrer posthumen Trivialisierungen) voraussetzt. Wer zu Meschonnic will, muss durch Saussure hindurchgehen, wohlgemerkt, den Saussure des um die posthum veröffentlichten Manuskripte erweiterten und korrigierten *Cours de linguistique générale* (Lösener 2000). Für Meschonnic beginnt die Sprachtheorie mit Saussure, weil er der erste ist, der die Funktionsweise der Sprache nicht aus dem Zeichenprinzip heraus erklärt. Das ist die Pointe von Saussures berühmter Kritik der Nomenklatur-Vorstellung mit ihrer Reduktion der Sprache auf eine Liste für die Zuordnung von Laut- zu Bedeutungsbildern (Saussure 1972, 97). Saussure verwendet zwar noch den Begriff »Zeichen« (»signe«) und führt die Unterscheidung zwischen Signifikat (»signifié«) und Signifikant (»signifiant«) ein, aber er hebt die Untrennbarkeit der beiden Seiten des Zeichens hervor und bricht mit dem philosophischen Konventionalismus durch das Postulat der radikalen Arbitrarität des Zeichens (Saussure 1972, 100). Radikal arbiträr bedeutet radikal geschichtlich.

Wenn die Idee einer vorgängigen, natürlichen Ordnung der Dinge, die durch die Sprache lediglich benannt wird, als philosophische Fiktion durchschaut wird, kann das in den Blick kommen, was Meschonnic »die radikale Geschichtlichkeit der Sprache« nennt. Saussures Postulat der radikalen Arbitrarität eröffnet für Meschonnic eine Sichtweise, welche sich von der Metaphysik des Zeichens löst und damit von jeder Ontologisierung der Sprache, gleichgültig, ob sie philosophisch, religiös oder biologistisch motiviert ist. Den Schlüssel dazu liefert der Begriff des Wertes, der *valeur*, der, wie Meschonnic in dem Saussure-Kapitel aus *Le signe et le poème* feststellt, bei Saussure die alte Zeichen-Vorstellung ablöst (Meschonnic 1975, 215). Während das Zeichen zu seiner Konstituierung eines Bezugspunktes außerhalb der Sprache bedarf, erhält der Wert seine Identität durch seine Stellung im System, zu dem es gehört. Und Systeme sind etwas anderes als Strukturen: Strukturen können, man denke an die Universalgrammatik Noam Chomskys oder die Verwandtschaftsbeziehungen bei Claude Lévi-Strauss, universal sein, Systeme im Sinne Saussures unterliegen dagegen der ständigen, unaufhörlichen, wenn auch meist unmerklichen Veränderung. Die Sprachen der Welt sind der sichtbare, empirische Beleg für Saussures Konzeption des Systems. Dass Saussure die Sprache als System aus Werten beschrieben hat, ist bekannt. Dass er das Sprechen, die *parole*, aus der Sprachwissenschaft ausgeschlossen habe, ist dagegen, wie auch die Saussure-Forschung längst weiß, ein strukturalistischer Mythos, der auf den letzten, nachweislich nicht von Saussure stammenden Satz des von Charles Bally und Albert Séchehaye herausgegebenen *Cours de linguistique générale* zurückgeht.[116] Sprachsystem und Sprechtätigkeit, *langue* und *parole*, stehen bei Saussure in einer sich gegenseitig bedingenden Wechselwirkung, wobei die Beschreibung ihrer Funktionsweisen verschiedener Begrifflichkeiten bedarf, weil sie unterschiedliche Perspektiven voraussetzen. Keine Erkenntnis Saussures wurde von ihm so vehement vertreten und keine ist in der Linguistik bis heute so konsequent ignoriert worden wie diese.[117] Meschonnic gehört zu denjenigen, die sie ernst nehmen, und er versteht seine Arbeiten ausdrücklich als Beitrag zu einer »Linguistik der Rede«, die Saussure ermöglicht, aber nicht entwickelt hat (Meschonnic 1982, 29).

Von der Bedeutung zur Bedeutungsweise

Sieht man von der Begründung der Sprechakttheorie durch Austin und Searle ab, so stammt der bedeutendste Beitrag zu einer solchen Linguistik der Rede vermutlich von Émile Benveniste, dem berühmtesten Linguisten Frankreichs im 20. Jahrhundert (Saussure war bekanntlich Schweizer

Staatsbürger). Dass Benveniste im deutschsprachigen Raum bis heute ein weitgehend Unbekannter geblieben ist, liegt wesentlich daran, dass ein Großteil seines Werks, darunter eine Reihe seiner wichtigsten Aufsätze aus den *Problèmes de linguistique générale*, bis heute unübersetzt geblieben ist. Meschonnic, der Benveniste noch kurz vor dessen Tod, als er schon seine Sprechfähigkeit verloren hatte, im Krankenhaus besucht hat, schreibt in *Critique du rythme*: »Was ich hier zu unternehmen versuche, hat einzig Benveniste ermöglicht und zielt allein darauf ab, ihn fortzusetzen« (»Ce que j'entreprends ici n'est possible que par Benveniste et ne vise qu'à le continuer«, Meschonnic 1982, 45).

Das ließe sich übrigens auch von Benveniste in Bezug auf Saussure behaupten, denn Benveniste knüpft an Saussures Dichotomie von *langue* und *parole* an und entwickelt diese durch den Begriff der *double signifiance* weiter. Auch bei Benveniste geht es um die Reichweite des Zeichenmodells, wobei er auf den ersten Blick eine versöhnliche Position vertritt, denn er postuliert zwei Arten der Bedeutungsproduktion in der Sprache, die »semiotische« und die »semantische Bedeutungsweise« (»signifiance sémiotique« bzw. »signifiance sémantique«, Benveniste 1969). Die *semiotische Bedeutungsweise* ermöglicht die Schaffung und Verwendung von Codes, wie bei den Buchstaben der Alphabetschrift, den Schildern im Straßenverkehr, den Gesten der Höflichkeit oder den Zeichen der Trauer in den verschiedenen Kulturen. Sie überschreitet also nicht die Grenzen der Zeichentheorie. Anders verhält es sich mit der »semantischen Bedeutungsweise«, die es nur in der Sprache gibt und die eine grundlegend andere Sichtweise erfordert (vgl. Lösener 2006, 78–85). Mit der semantischen Bedeutungsweise kommt die *Rede*, der *Sinn*, das *Verstehen*, das *Sprachhandeln*, die sprachliche *Subjektivität* und die Sprache als *kulturelle Kollektivpraxis* in den Blick, und damit diejenige Seiten der Sprache, die sich nicht auf semiotische Prinzipien zurückführen lassen: »Das Semiotische (das Zeichen) muss *wiedererkannt*, das Semantische (die Rede) muss *verstanden* werden« (»Le sémiotique (le signe) doit être *reconnu*; le sémantique (le discours) doit être *compris*«, Benveniste 1969, 65). Benveniste betont sowohl die grundsätzliche Differenz zwischen den beiden Arten der Bedeutungsweise als auch die Notwendigkeit, für ihre Beschreibung und Erkundung verschiedene konzeptuelle Apparate zu entwickeln.[118] Meschonnic übernimmt von Benveniste den Begriff der semantischen Bedeutungsweise und bezieht ihn auf die Art und Weise, wie ein poetischer Text Sinn *macht* (Meschonnic 1982, 72). Der Begriff »signifiance« (»Bedeutungsweise«) bezeichnet bei Meschonnic die Sinnaktivität des Textes, das Machen im Sagen, mit weitreichenden Konsequenzen für die Vorstellungen von dem, was beim Übersetzen auf dem Spiel steht.

Eine Poetik des Übersetzens

In *Ethik und Politik des Übersetzens* wendet sich Meschonnic immer wieder vehement gegen die Vereinnahmung des Übersetzens durch die akademische Linguistik, da diese mit ihrem Alleinvertretungsanspruch genau dort an ihre Grenze stoße, wo das Poetische und damit der Kern aller Probleme des Übersetzens berührt werde. Auch die in den 1970er Jahren einsetzenden Bemühungen, das Übersetzen zum exklusiven Gegenstand einer universitären Disziplin namens »Traductologie« (im Deutschen entspricht diesem französischen Begriff der Terminus »Translationswissenschaft«) zu machen, hält er für einen Irrweg. Zu glauben, dass für die Sprache die Linguistik, für die Literatur die Literaturwissenschaft, für das Übersetzen die Übersetzungswissenschaft und für die Ethik die Philosophie zuständig sei, zeuge von einem Denken in »Regionalismen« (S. 9), das es zu überwinden gelte. Dabei leugnet Meschonnic nicht, dass das Übersetzen ein spezifisches Studiengebiet sei, es geht ihm vielmehr darum, ins Licht zu rücken, um welchen Preis der ›deutsche‹ Traum von der autonomen Wissenschaft – »Son rêve de science. À l'allemande«, wie er in einem seiner Hauptwerke, *Poétique du traduire*, spöttisch bemerkt (Meschonnic 1999, 86) – erkauft ist: mit dem Verlust der Dimension des Poetischen, die für Meschonnic die des Ethischen und damit die des Subjekts impliziert. Diesen fundamentalen Zusammenhang zwischen Sprache, Poetik und Ethik formuliert Meschonnic unmissverständlich im ersten Kapitel des vorliegenden Buches: »Ich definiere Ethik nicht als soziale Verantwortung, sondern als das Bestreben eines Subjekts, sich durch sein Handeln so als Subjekt zu konstituieren, dass der andere durch eben dieses Handeln zum Subjekt wird. In seiner Eigenschaft als sprachliches Wesen ist das Subjekt zugleich ethisch *und* poetisch. Diese Untrennbarkeit gibt Auskunft über die Art des ethischen Zusammenhangs zwischen Subjekt und Sprache, über eine Beziehung, von der die gesamte Menschheit betroffen ist und die den eigentlichen Grund dafür darstellt, dass Ethik politisch ist.« (S. 10)

Sowohl im vorliegenden Buch als auch in *Poétique du traduire* wendet sich Meschonnic entschieden gegen die Vorstellung, dass die Einzelsprache die zentrale Kategorie des Übersetzens sei, der Übersetzer also einen Text von einer Einzelsprache (*langue*) in eine andere und von einem Zeichensystem in ein anderes übertrage. Diese Vorstellung nämlich sei im Kern eine semiotische und könne der *écriture*, das heißt dem literarischen Text als »Organisation einer Subjektivierung in der Rede, die die Werte der Einzelsprache in Werte der Rede verwandelt« (»organisation d'une subjectivation dans le discours telle qu'elle transforme les valeurs de la langue en valeurs de discours«, Meschonnic 1999, 12), nicht Rechnung tragen. Solange der Übersetzer der Vorstellung anhänge, er übersetze ein aus *signifiés* und *signifiants* bestehendes einzelsprachliches Zeichensystem in ein anderes einzelsprachliches Zeichensystem, entgehe ihm notwendig die Sprache als »Kontinuum« (*continu*), als »verbundene Rede« (Humboldt). Auf diese Weise verfehle er letztlich das Subjekt dieser Rede, das »sujet agissant, dialoguant, inscrit prosodiquement, rythmiquement dans le langage, avec sa physique« (»das handelnde, dialogisierende Subjekt, das prosodisch, rhythmisch, physisch in die Sprache eingeschriebene Subjekt«, Meschonnic 1999, 14).

Aus dieser Kritik folgt für Meschonnic, dass Übersetzer und Übersetzungswissenschaftler sich von gängigen Vorstellungen und lieb gewonnenen Metaphern trennen müssen: von der des Hermeneutikers, der Zeichensysteme »versteht« und die verstandenen Inhalte neu vertextet, und von der des Fährmanns, der eine Botschaft vom einen ans andere Sprachufer »über-setzt«, um sie dort sprachlich neu einzukleiden. Übersetzen wird zu einer poetischen Aktivität, so wird Meschonnic nicht müde zu betonen, wenn sie nicht von Sprache zu Sprache, sondern immer nur je einmalig von Rede zu Rede erfolge: »Man muss die Rede übersetzen.« (»C'est le discours, qu'il faut traduire«, Meschonnic 1999, 13.) Dies wiederum bedeutet, dass die Übersetzung nicht allein auf ihre Bedeutung als Inhalt zielt, sondern auf die Bedeutungs*weise*, welche durch den Rhythmus geschaffen wird: »Der Rhythmus ist der tiefe Sinn eines Textes.« (»Le rythme est le sens profond d'un texte«, Meschonnic 1970, 15). Damit setzt Meschonnic den Dualismus von Sinn und Form außer Kraft, denn der Rhythmus einer Rede ist nicht Träger des Sinns, er *ist* deren Sinnaktivität. Daraus folgt für Meschonnic, dass der Übersetzer, wenn er Dichter ist, nicht nur übersetzt, was der Text *sagt*, sondern mehr noch, was er *macht* (S. 65).

Dass aus der Einsicht in die Bedeutung des Rhythmus eine andere Art des Übersetzens folgt, hat Meschonnic durch seine eigenen Neuübersetzungen der Bücher des jüdischen Tanach gezeigt, auf die er auch in diesem Buch eingeht: »Ich übersetze die Bibel neu, um das zu Gehör zu bringen, was alle anderen Übersetzungen – ich sage wohlgemerkt alle – auslöschen. Es bereitet mir eine unsägliche Freude, die Akzente oder *te'amim*, d.h. die Rhythmen, die Prosodie und die grammatischen Verstöße für französische Ohren vernehmbar zu machen. Auf diese Weise rhythmisiere ich die französische Sprache« (S. 155 f.).

Doch auch anhand nicht-biblischer Texte hat Meschonnic sein Verständnis von poetischem Übersetzen erläutert. Berühmt-berüchtigt ist die bereits erwähnte Attacke gegen die Celan-Übersetzer André du Bouchet, Jean Daive und Jean-Pierre Burgart (Meschonnic 1973, 369–405), denen er vollständiges Versagen vorwirft, da sie Celan nach konventionellen Maßstäben ästhetisierend übersetzt und den »rythme celanien« ignoriert hätten. Meschonnic findet allerdings auch Beispiele für gelungene, sprich: vom Rhythmus der Texte ausgehende Übersetzungen. So zollt er in *Poétique du traduire* den Goethe- und Trakl-Übersetzungen von Eugène Guillevic höchstes Lob: Hier zeige sich ein Übersetzer als »Mensch der Begegnung« (»homme de la rencontre«), für den Übersetzen »ein Weg vom Übersetzer zum Gedicht, ein Weg von Dichter zu Dichter« sei (»un chemin de poète à poème, entre poètes«, Meschonnic 1999, 383).

Meschonnic übersetzen

Theoretische Abhandlungen von einer Sprache in eine andere zu übersetzen, ist nie ein leichtes Unterfangen: Einerseits entwickeln Wissenschaftler in der Regel neue Terminologien, für die in der Zielsprache noch keine Entsprechungen zur Verfügung stehen, andererseits sind Theorien immer in einer spezifischen sprachgebundenen Wissenskultur verankert, für die es in der aufnehmenden Kultur kein exaktes Pendant gibt. Bereits der Sprachgestus, den jemand wählt, wenn er Theorie schreibt, ist daher durchaus nicht nur eine Sache des individuellen Geschmacks, sondern auch eine der Herkunft aus kulturell geformten Denk- und Schreibtraditionen – man denke nur daran, welche manchmal klischeehaften Vorstellungen von Schreibweisen der Begriff *french theory* bei deutschsprachigen Lesern wachruft. Dennoch bildet jeder Theoretiker, unabhängig vom Usus, auch seine je eigene, unverwechselbare Art und Weise des Sprechens aus, einen *discours* (eine Rede) im oben erläuterten Meschonnic'schen Verständnis. Auch ein theoretischer Text wie *Éthique et politique du traduire* ist ein Wertesystem, dessen genaue Analyse der Übersetzung vorausgehen muss, zumal wenn, wie bei Meschonnic, dieser theoretische Text als Teil eines umfassenden poetischen Werkes, ja selbst als »Gedicht« aufzufassen ist.[119]

Wie kann man, wie sollte man also theoretische Texte eines Autors übersetzen, der darauf beharrt, dass Übersetzen kein Übertragen von Inhalten sei, sondern von der spezifischen Sinnaktivität des Textes ausgehen müsse? Sollte der Übersetzer also den Mündlichkeit suggerierenden Duktus der Meschonnic'schen *écriture*, die häufig verb-losen Kurzsätze, die abrupten Brüche im Deutschen nachahmen? Diese Lösung ist durchaus naheliegend, lautet doch eine der griffigen Meschonnic'schen Parolen: *Traduire le rythme!* – Den Rhythmus übersetzen! Doch was bedeutet das genau? Rhythmus ist schließlich für Meschonnic gerade keine Formeigenschaft des Textes. Es genügt nicht, Satzgliedstellung und Interpunktion eines Textes zu imitieren, um den Rhythmus eines Sprechens in einer anderen Sprache erfahrbar werden zu lassen. Denn das, was beim Rhythmus auf dem Spiel steht, ist die Stimme eines Subjekts. Meschonnic betrachtet den Übersetzer keineswegs als eine Art Dienstleister ohne eigene Stimme, vielmehr denkt er ihn als jemanden, der eine fremde Stimme hört, ihr zuhört, – und schließlich diese Stimme im eigenen Text neu erfindet. Auf diese Weise sind die Erfahrungen des Übersetzens und des Schreibens verschieden und zugleich eng miteinander verbunden.

»Écrire traduire, poétiquement, doivent pourtant se produire comme les deux expériences, liées, différentes, d'une même écriture« (wörtlich: »Schreiben Übersetzen im poetischen Sinne müssen sich als zwei miteinander verbundene und doch verschiedene Erfahrungen einer écriture [= eines Textes] ereignen«, Meschonnic 1973a, 388).

Die Übersetzung, die den Text in einer anderen Sprache vernehmbar macht, wird so zu einem »Ort der Begegnung der Stimmen« (S. 167). Es ist kein Zufall, dass diese Poetik des Übersetzens an die übersetzungspoetologischen Überlegngen Paul Celans erinnern, die so viele Überschneidungen mit Meschonnics Denken aufweisen. Celans in einem Brief an Werner Weber vom 26. März 1960 formulierter Maxime hätte er wohl zugestimmt: »Ja, das Gedicht, das übertragene Gedicht muß, wenn es in der zweiten Sprache noch einmal dasein will, dieses Anders- und Verschiedenseins, dieses Geschiedenseins eingedenk bleiben.« (Zitiert bei Gellhaus 1997, 397.)

Der Übersetzer ist, das gilt für Celan wie für Meschonnic, dem Text, den er übersetzt, demnach in höchstem Maße verpflichtet. Diese Verpflichtung ist jedoch keine vordergründig technische, sondern in ihrem Kern eine ethische: Für beide bedeutet Übersetzen, sich als Subjekt zu einem anderen Subjekt ins Verhältnis zu setzen oder, um es mit Meschonnic zu formulieren, den zu übersetzenden Text als je einmalige *forme-sujet* (Subjekt-Form), als »maximale Subjektivierung eines Redesystems« (S. 182) wahrzunehmen, à *l'écoute* zu sein und zu antworten. Das bedeutet aber auch, dass nicht nur in der Stimme des Übersetzers die Stimme des Textes vernehmbar wird, sondern auch umgekehrt in der Stimme des Textes die des Übersetzers mitklingt.

Eine Übersetzung – und dies gilt auch für die vorliegende von Béatrice Costa – ist somit weder »treu« im Sinne einer bloßen Stilimitation noch »frei« im Sinne eines überzogenen Autonomiewillens, sie ist eine *andere* Erfahrung der Meschonnic'schen *écriture*, deren »Kraft« sie in der anderen Sprache hörbar machen will – jene Kraft der Rede, die, wie Meschonnic selbst formuliert, dem Sinn nicht entgegensteht, sondern ihn »trägt und übersteigt« (S. 96). Zum Wertesystem der Meschonnic'schen Rede gehören einerseits Merkmale, die man auch nach einem traditionellen Verständnis dem Rhythmus, also der Form des Textes zuschlagen würde, z. B. die Vorliebe für bestimmte syntaktische Strukturen, andererseits aber auch solche Elemente, die mit Rhythmus im landläufigen Sinne gar nichts zu tun haben: das terminologische Netz, das den Text umspannt und zusammenhält, die oft fast wörtlichen Wiederholungen und inhaltlichen Redundanzen ebenso wie der manchmal derbe Humor, ja der Hohn und Spott, den Meschonnic geradezu lustvoll über seine Gegner ausschüttet. Costa erfindet diesen Spott neu, wenn sie etwa die Kapitelüberschrift »Fidèle, infidèle, c'est tout comme, merci mon signe« mit »Treu oder untreu, gehupft wie gesprungen, dem Zeichen sei Dank« wiedergibt.

Theorieübersetzungen stellen grundsätzlich besondere Anforderungen in Bezug auf die adäquate Übertragung von Terminologie. Bei der Übersetzung von Meschonnics Sprachtheorie stellt sich dabei ein besonderes Problem, macht er doch häufig allgemein gebräuchliche Begriffe wie etwa *langue*, *langage*, *rythme*, *discours*, *oralité* oder *poème* zu Fachbegriffen, die in einer ganz spezifischen Bedeutung verwendet werden. So meint er zum Beispiel mit *langue* – so wie dies auch bei Saussure der Fall ist – ausschließlich Sprache im Sinne von Einzelsprache (Deutsch, Französisch, Hebräisch ...), mit *langage* meint er einerseits die Sprache im Allgemeinen, etwa wenn er von »theorie du langage« spricht, was man mit auch mit »allgemeine Theorie der Sprache« wiedergeben könnte, andererseits aber ebenso die historisch situierte und daher je einmalige Sprach*tätigkeit* eines Subjekts, etwa wenn er von der »langage« Paul Celans spricht (»Son langage et sa mort sont liés«, Meschonnic

1973a, 378). Unter *discours* versteht Meschonnic die Rede, unabhängig davon, ob diese mündlich oder schriftlich sich vollzieht (*discours* entspricht also nicht dem Saussure'schen Begriff der *parole,* sondern orientiert sich an Benvenistes Konzeption des *discours*), und *oralité* bedeutet bei ihm nicht Mündlichkeit im Gegensatz zu Schriftlichkeit (dieser Dualismus ist für Meschonnic nur eines der Paradigmen des Zeichendenkens), sondern »die gegenseitige Durchdringung von Körper und Sprache« (S. 174) in der poetischen Rede (*discours*), weshalb die Oralität bei Victor Hugo eine andere ist als bei Charles Baudelaire oder bei Arthur Rimbaud. Mit *poème* ist bei Meschonnic nicht das Gedicht als literarische Gattung gemeint, sondern ein Transformationsprozess: »Als Gedicht bezeichne ich die Verwandlung einer Sprachform durch eine Lebensform und die Verwandlung einer Lebensform durch eine Sprachform.« (S. 32)

Wie bereits erwähnt, handelt es sich bei *Éthique et politique du traduire* um ein Alterswerk, das mit großer Verve, aber gerade darum nicht immer mit grammatikalischer Geduld geschrieben wurde. Dies zeigt sich beispielsweise darin, dass sich uneindeutig formulierte Bezüge häufig nur dem erschließen, der ohnehin schon weiß, worauf Meschonnic hinauswill. Der Schroffheit des Sprechens und den mitunter abrupten Themenwechseln des Originals wird man auch in Costas Übersetzung wiederbegegnen. Aber zugleich bietet die deutsche Fassung auch die Möglichkeit, Meschonnics Stimme noch einmal anders zu erleben, nämlich so, wie sie klingt, wenn sie durch die Stimme seiner Übersetzerin hörbar wird. In diesem Wagnis liegt die Chance, dass das Übersetzen zu einem poetischen Akt werden kann.

BIOGRAFISCHE NOTIZ

Henri Meschonnic wurde am 18. September 1932 in Paris geboren, wo sich seine Eltern, jüdische Emigranten aus Chişinău, der heutigen Hauptstadt der Republik Moldau, im Jahr 1924 niedergelassen hatten. Die Familie lebte in ärmlichen Verhältnissen im 14. Arrondissement.

Die Besatzung Frankreichs durch die Nationalsozialisten überlebte er versteckt auf dem Land. Nach dem Krieg nahm er ein Literatur- und Linguistikstudium auf. Ein achtmonatiger Einsatz im Algerienkrieg wurde zum einschneidenden Erlebnis; erste Gedichte erschienen in der Zeitschrift *Europe*. Meschonnic eignete sich autodidaktisch Hebräischkenntnisse an und begann mit der Übersetzung der hebräischen Bibel. Die Entdeckung der rhythmischen Notation führte ihn zur Ausarbeitung einer umfassenden Sprachtheorie, in deren Mittelpunkt die Funktionsweise des Rhythmus stand.

Von 1963 bis 1968 lehrte er als Maître-Assistant Linguistik an der Universität Lille. Nach seiner Habilitation mit einer Arbeit über Apollinaire folgte er ab 1969 einem Ruf als Professor an der legendären Reformuniversität von Vincennes, wo unter anderem Gilles Deleuze, Hélène Cixous, Alain Badiou, André Glucksmann und Julia Kristeva zu seinen Kollegen gehörten. Nach der Schließung von Vincennes nahm er seine Unterrichtstätigkeit an der Nachfolgeuniversität Paris 8 in Saint-Denis auf.

Ab 1970 erschienen umfangreiche Essays zur Sprachtheorie und Poetik, u. a. *Pour la poétique* I–V (1970–78), *Le signe et le poème* (1975), *Critique du rythme. Anthropologie historique du langage* (1982), *Modernité modernité* (1988), *La rime et la vie* (1990), *Le langage Heidegger* (1990), *Politique du rythme, politique du sujet* (1995), *Poétique du traduire* (1999), *L'utopie du Juif* (2001), *Célébration de la poésie* (2001), *Spinoza. Poème de la pensée*

(2002), *Éthique et politique du traduire* (2008), *Dans le bois de la langue* (2008). Posthum erschien *Langage, histoire, une même théorie* (2012).

1972 wurde sein erster Gedichtband veröffentlicht, *Dédicaces proverbes*. Mehr als fünfzehn weitere Gedichtbände sollten folgen. Meschonnic betrachtete seine sprachtheoretischen Werke, seine Bibelübersetzungen und seine Gedichte als eine einzige poetische Praxis. Für die Gedichte erhielt er mehrere Preise, u. a. den Prix Mallarmé für *Voyageurs de la voix* (1982).

Henri Meschonnic starb am 8. April 2009 in Villejuif bei Paris.

BIBLIOGRAFIE

Veröffentlichungen von Meschonnic

a) Selbstständige Publikationen

Pour la poétique I. Essai, Paris: Gallimard 1970.

Dédicaces proverbes (poèmes), Paris: Gallimard 1972.

Pour la poétique II. Épistémologie de l'écriture. Poétique de la Traduction, Paris: Gallimard 1973a.

Pour la poétique III. Une parole écriture, Paris: Gallimard 1973b.

Le signe et le poème, Paris: Gallimard 1975.

Dans nos recommencements. Poèmes, Paris: Gallimard 1976.

Pour la poétique IV. Écrire Hugo, Paris: Gallimard 1977.

Pour la poétique V. Poésie sans réponse, Paris: Gallimard 1978.

Légendaire chaque jour. Poèmes, Paris: Gallimard 1979.

Jona et le signifiant errant, Paris: Gallimard 1981.

Critique du rythme. Anthropologie historique du langage, Paris: Verdier 1982.

Les états de la poétique, Paris: Presses Universitaires de France 1985.

Jamais et un jour. Poèmes, Paris: Bedou 1986.

Les cinq rouleaux (Le Chant des chants, Ruth, Comme ou les Lamentations, Paroles du sage, Esther). Traduit de l'hébreu, Paris: Gallimard 1986.

Modernité modernité, Paris: Gallimard 1988 (= Folio-Essais 1994).

La rime et la vie, Paris: Gallimard 1989 (= Folio-Essais 2006).

Le Langage Heidegger, Paris: Presses Universitaires de France 1990.

Nous le passage. Poèmes, Paris: Verdier 1990 [Tonaufnahme, Paris: Artalect].

Des mots et des mondes. Dictionnaires, Encyclopédies, Grammaires Nomenclatures, Paris: Hatier 1991.

Le langage chez Adorno ou Presque comme dans la musique, in: *Revue des Sciences humaines*, Nr. 229 (1993), S. 81–116.

Humboldt heute denken, in: Jürgen Trabant (Hg.): *Sprache denken. Positionen aktueller Sprachphilosophie*, Frankfurt am Main: S. Fischer 1995a, S. 67–89.

La pensée dans la langue. Humboldt et après, Vincennes Saint-Denis: Presses Universitaires de Vincennes 1995b.

Politique du rythme, politique du sujet, Paris: Verdier 1995c.

De la langue française, essai sur une clarté obscure, Paris: Hachette 1997.

Combien de noms. Poèmes, Paris: L'Improviste 1999.

Poétique du traduire, Paris: Verdier 1999.

Et le génie des langues?, Vincennes Saint-Denis: Presses Universitaires de Vincennes 2000.

Je n'ai pas tout entendu. Poèmes, Creil: Dumerchez 2000.

Maintenant. Avec des lavis de Catherine Zask, Paris: Les petits classiques du grand pirate 2000.

Célébration de la poésie, Paris: Verdier 2001.

Gloires. Traduction des psaumes, Paris: Desclée de Brouwer 2001.

L'utopie du Juif, Paris: Desclée de Brouwer 2001.

Puisque je suis ce buisson. Poèmes, Paris: Arfuyen 2001.

Au commencement. Traduction de la Genèse, Paris: Desclée de Brouwer 2002.

Hugo, la poésie contre le maintien de l'ordre, Paris: Maisonneuve et Larose 2002.

Spinoza. Poème de la pensée, Paris: Maisonneuve et Larose 2002.

Les Noms. Traduction de l'Exode, Paris: Desclée de Brouwer [mit Tonaufnahme] 2003.

Éthique du langage, éthique du traduire, d'urgence, in: *Revue d'éthique et de théologie morale. Le supplément*, Nr. 230, (September 2004), S. 27–45.

Infiniment à venir. Poèmes suivi de Pour le poème et par le poème. Discours de Strasbourg, Creil: Dumerchez 2004.

Un coup de Bible dans la philosophie, Paris: Bayard 2004.

Et il a appelé. Traduction du Lévitique, Paris: Desclée de Brouwer 2005.

Tout entier visage. Poèmes, Paris: Arfuyen 2005.

Voyageurs de la voix [1985], Paris: L'improviste 2005.

Et la terre coule. Poèmes, Paris: Arfuyen 2006.

Il ritmo come poetica. Conversazioni con Giuditta Isotti Rosowsky, Rom: Bulzoni 2006.

Le Nom de notre ignorance. La Dame d'Auxerre, Paris: Teper 2006.

Vivre poème, Creil: Dumerchez 2006.

Éthique et politique du traduire, Paris: Verdier 2007.

Dans le bois de la langue, Paris: Teper 2008.

Langage, histoire, une même théorie, Paris: Verdier 2012 (posthum).

b) Herausgaben und gemeinsame Publikationen

Meschonnic, Henri / Casalis, Didier / Dubois, Jean / Lagane, René / Niobey, Georges (Hg.): *Dictionnaire du français contemporain*, Paris: Larousse 1967.

Meschonnic, Henri (Hg.): *Critique de la théorie critique. Langage et histoire*, Saint-Denis: Presses Universitaires de Vincennes 1985.

Meschonnic, Henri (Hg.): *Le Langage comme défi*, Saint-Denis: Presses Universitaires de Vincennes 1992.

Meschonnic, Henri / Auroux, Sylvain / Delesalle, Simone (Hg.): *Histoire et grammaire du sens. Hommage à Jean-Claude Chevalier*, Paris: Colin 1996.

Meschonnic, Henri / Dessons, Gérard: *Traité du rythme, des vers et des proses*, Paris: Dunod 1998.

Meschonnic, Henri / Soulages, Pierre: *Le Rythme et la Lumière*, Paris: Jacob 2000.

Meschonnic, Henri / Dessons, Gérard / Martin, Serge (2005): *La pensée et le poème*, Paris: In Press 2005.

Weitere Literatur

Austin, John L.: *How to do Things with Words* [1962], Cambridge/Massachusets: Harvard University Press 1975.

Austin, John L.: *Quand dire, c'est faire*. Traduction et introduction de Gilles Lane, Paris: Seuil 1970.

Austin, John L.: *Zur Theorie der Sprechakte: How to do Things with Words*. Aus dem Englischen von Eike von Savigny, Stuttgart: Reclam 1972.

Bachtin, Michail: *Literatur und Karneval*. Aus dem Russischen von Alexander Kaempfe, Frankfurt am Main: Fischer 1990.

Bachtin, Michail: *Rabelais und seine Welt. Volkskultur als Gegenkultur* [1987]. Aus dem Russischen von Gabriele Leupold, Frankfurt am Main: Suhrkamp 1995.

Bayard-Bibel = *La Bible. Nouvelle Traduction* (*Bible des écrivains*). Direction de la traduction: Frédéric Boyer, Jean-Pierre Prévost, Marc Sevin, Paris: Bayard 2001.

Benjamin, Walter: *Die Aufgabe des Übersetzers* [1923], in: *Walter Benjamin. Gesammelte Schriften*, Bd. IV/1. Hrsg. von Tillmann Rexroth, Frankfurt am Main: Suhrkamp 1972, S. 9–21.

Benveniste, Émile: *Sémiologie de la langue*, in: ders.: *Problèmes de linguistique générale*, Bd. 2, Paris: Gallimard 1969, S. 43–66.

Benveniste, Émile: *Problèmes de linguistique générale*. 2 Bde, Paris: Gallimard 1966/1969.

Berque, Jacques (Übers.): *Le Coran*, Paris: Sindbad 1990.

Blachère, Régis: *Introduction au Coran*, Paris: Maisonneuve et Larrose 1949.

Bourassa, Lucie: *Henri Meschonnic. Pour une poétique du rythme* [1997]. Nouvelle édition revue et augmentée, Paris: Rhuthmos 2015.

Cahen, Samuel (Übers.): *La Bible*, Paris: Les Belles Lettres 1994.

Carroll, Lewis: *The Hunting of the Snark* [1876]. E-Book: Musaicum 2017.

Casiodoro de (Übers.): *La Santa Biblia. Antiguo y Nuevo Testamento* [1602]. Buenos Aires/New York: Sociedades Bíblicas Unidas 1953.

Caussat, Pierre / Adamski, Dariusz / Crépon, Marc: *La Langue source de la nation. Messianismes séculiers en Europe Centrale et orientale (du XVIIIè au XXè siècle)*, Liège: Mardaga 1996.

Celan, Paul: *Der Meridian [1960]. Endfassung – Vorstufen – Materialien*. Tübinger Ausgabe. Frankfurt am Main: Suhrkamp 1999.

Celan, Paul: *Strette. Poèmes suivis du Méridien et d'Entretien dans la Montagne*. Traduction par André du Bouchet, Jean Daive, Jean-Pierre Burgart et Jean E. Jackson, Paris: Mercure de France 1971.

Centre interdisciplinaire d'Études philosophiques de l'Université de Mons (Hg.): *Code de déontologie du traducteur littéraire*, in: *Cahiers internationaux de symbolisme de l'Université de Mons*, Nr. 92-94 (*Théorie et pratique de la traduction III. La traduction littéraire. L'atelier du traducteur*), (1999), S. 225–226.

Chouraqui, André (Übers.): *La Bible*, Paris: Desclée de Brouwer 1985.

Chouraqui, André (Übers.): *Le Coran. L'appel*, Paris: Laffont 1990.

Comtesse de Ségur, Sophie: *La Sœur de Gribouille. Roman pour enfants* [1883]. E-Book: Ligaran 2015.

Costa, Béatrice: *Théorie du rythme et post-édition: un amalgame impossible?*, in: Marco Agnetta / Nathalie Mälzer (Hg.): *Zum*

Rhythmuskonzept von Henri Meschonnic in Sprache und Translation, Bd. 1, Hildesheim: Olms 2021, S. 95–105.

Crampon, Augustin (Übers.): *Les quatre Évangiles*, Paris: Librairie Saint Joseph Toira & Haton 1864.

Derrida, Jacques: *Babylonische Türme. Wege, Umwege, Abwege.* Aus dem Französischen von Alfred Hirsch, in: ders. (Hg.): *Übersetzung und Dekonstruktion*, Frankfurt am Main: Suhrkamp 1997, S. 119–165.

Derrida, Jacques: *Des tours de Babel. Psyché*, Paris: Galilée 1987.

Dhorme, Édouard (Übers.): *La Bible en deux volumes*, Paris: Gallimard 1959.

Dhorme, Édouard: *La Poésie biblique*, Paris: Grasset 1931.

Dolet, Étienne: *La manière de bien traduire d'une langue en l'autre*, Lyon: Françoys & Claude Marchant Frères 1547.

École biblique et archéologique française (Hg.): *La Bible de Jérusalem* [1955], Paris: Cerf 2000.

Eisenberg, Josy: *Le combat et le coup bas*, in: *Information juive*, Nr. 246, (März 2005), S. 4–6.

Florian, Claris de (Übers.): *Don Quichotte de la Manche*, Paris: Firmin 1847.

Freund, Guillaume: *Grand dictionnaire de la langue latine sur un nouveau plan.* Zweibändige Ausgabe. Hrsg. von N. Theil, Paris: Firmin Didot frères 1855–1865.

Galland, Antoine: *Les Mille et Une Nuits*, Paris: Flammarion 2004.

Gellhaus, Axel / Bücher, Rolf / Filali, Sabria / Goßens, Peter / Harbusch, Ute / Heck, Thomas / Ivanovic Christine / Lohr, Andreas / Wiedemann, Barbara unter Mitarbeit von Petra Plättner (Hg): *»Fremde Nähe« – Paul Celan als Übersetzer*, Marbach am Neckar: Deutsches Literaturarchiv 1997 (Marbacher Kataloge, 50).

Gourmont, Rémy de: *La Culture des idées*, Paris: Mercure de France 1909.

Groethuysen, Bernard: *Anthropologie philosophique. Avant-propos d'Henri Meschonnic*, Paris: Gallimard 1980.

Groethuysen, Bernard: *Philosophische Anthropologie* [1931], München: Beck 1969.

Grosjean, Jean (Übers.): *Le Coran*, Paris: Lebaud 1979.

ha-Levi, Judah: *Le Kuzari. Apologie de la religion méprisée.* Traduit sur le texte original arabe confronté avec la version hébraïque et accompagné d'une introduction et de notes par Charles Touati, Paris: Verdier 1994.

ha-Levi, Judah: *Le Kuzari. Apologie de la religion méprisée* [1994]. Aus dem Arabischen übersetzt von C. Touati, Paris: Verdier 2001.

Hamidullah, Muhammad / Letourmy, Michel: *Le noble Coran et la traduction de ses sens en langue française*, Medina: Édition complexe du Roi Fahd 1959.

Hebbel, Friedrich: *Gedichte. Ausgabe letzter Hand*, Berlin: Contumax Hofenberg 2015.

Hegel, Friedrich: *Vorlesungen über die Philosophie der Religion* [gehalten 1821–1831], Bd. 1. Hrsg. von Walter Jaeschke, Hamburg: Meiner 1993.

Heidegger, Martin: *Brief über den Humanismus* [1947], in: *Wegmarken. Gesamtausgabe*, Bd. 9. Hrsg. von Friedrich-Wilhelm von Hermann, Frankfurt am Main: Klostermann 2000, S. 313–364.

Hibbs, Solange / Martinez, Monique: *Traduction, adaptation, réécriture dans le monde hispanique.* Ouverture par Henri Meschonnic, Toulouse: Les Presses Universitaires du Midi 2005.

Hieronymus [frz. Stridon, Jérôme de]: *Œuvres complètes de Saint-Jérôme renfermant le texte latin, traduites en français et annotées par l'abbé Bareille.* 18 vol., Paris: Louis Vivès 1878–1885.

Hölderlin, Friedrich: *Gesammelte Werke in vier Bänden.* Hrsg. von A. Benzion. Weimar: Utopia 1923.

Hopkins, Gerard Manley: *The collected works in three volumes.* Hrsg. von R. K. R. Thornton und C. Philipps, Oxford: University Press 2013.

Horkheimer, Max: *Gesammelte Schriften in 19 Bänden.* Hrsg. von Alfred Schmidt und Gunzelin Schmid, Frankfurt am Main: Fischer 1985-1996.

Humboldt, Wilhelm von: *Gesammelte Schriften in 13 Bänden.* Hrsg. von Albert Leitzmann, Berlin: Behr 1963.

Israël, Fortunato (Hg.): *Identité, altérité, équivalence? La traduction comme relation*, Caen: Minard 2002.

Jakobson, Roman: *St. Constantine's Prologue to the Gospel*, in: ders.: *Selected Writings*, Bd. 6, Part 1: *Comparative Slavic Studies – the Cyrillo-Methodian Tradition*, Berlin: Mouton 1985.

Kahn, Zadoc (Übers.): *La Bible du Rabbinat.* Édition bilingue hébreux-français [1899], Paris: Colbo 1967.

Khawam, René: *Le Quran*, Paris: Maisonneuve et Larose 1990.

King-James-Version = *The Bible. Authorized King James Version with Apocrypha* [1611], Oxford: University Press 1997.

Klemperer, Victor: *LTI. Notizbuch eines Philologen* [1947]. Stuttgart: Reclam 2007.

Kuhn, Thomas S.: *Die Struktur wissenschaftlicher Revolutionen* [1962]. Aus dem Englischen übersetzt von Hermann Vetter, Frankfurt am Main: Suhrkamp 1976.

Lafaye, Bernard (Hg.): *Dictionnaire des synonymes de la langue française*, Paris: Hachette 1958.

Lederer, Marianne (Hg.): *Études traductologiques en hommage à Danica Séleskovitch*, in: *International Journal of Translation Studies*, Bd. 5, Nr. 2, Amsterdam: Benjamins 1993.

Lemaistre de Sacy (Übers.): *La Bible. Traduction de la Vulgate*, Paris: Giraudet & Jouaust 1835.

Levinas, Emmanuel: *Éthique et infini*, Paris: Fayard 1982.

Lösener, Hans: *Der Rhythmus und die Fallen des Zeichens. Warum der Literaturunterricht eine Anthropologie der Sprache braucht*, in: *Interval(le)s*, Nr. 7: Réinventer le rythme / Den Rhythmus neu denken, (2015), S. 1–22; http://www.cipa.ulg.ac.be/intervalles7/loesener.pdf (letzter Zugriff: 03.04.2021).

Lösener, Hans: *Zwischen Wort und Wort. Interpretation und Textanalyse*, Paderborn: Fink 2006.

Lotman, Jourij M.: *La Structure du texte artistique*. Traduit du russe par Anne Fournier, Bernard Kreise, Eve Malleret et Joëlle Young sous la direction de Henri Meschonnic. Préface de Henri Meschonnic, Paris: Gallimard 1973.

Luther, Martin: *D. Martin Luthers Werke. Kritische Gesamtausgabe in 55 Bänden (Weimarer Ausgabe). Schriften. Tischreden. Deutsche Bibel. Briefwechsel*, Berlin/Heidelberg: Böhlau 2000.

Luther, Martin: *Von den Juden und ihren Lügen*. Hrsg. von Matthias Morgenstern, Aschaffenburg: Alibri 2016.

Maimonides [= Moïse Ben Maimon]: *Le Guide des égarés. Traité de Théologie et de philosophie*. Publié pour la première fois dans l'original arabe et accompagné d'une traduction française par S. Munk, Paris: A. Franck 1861.

Maimonides [= Mosche ben Maimon]: *Führer der Unschlüssigen. Übersetzung und Kommentar von Adolf Weiß*, Leipzig: Meiner 1924.

Malinowski, Borislaw: *The Problem of Meaning in Primitive Languages*, London: Routledge & Kegan Paul 1949.

Mallarmé, Stéphane: *Écrits sur le livre. Choix de textes*. Avec une préface de Henri Meschonnic (*Mallarmé au-delà du silence*), Paris: L'Éclat 1985.

Mandelstam, Ossip: *Das Gesamtwerk in zehn Bänden*. Hrsg. und übersetzt von Ralph Dutli, Berlin: S. Fischer 2016.

Masson, Denise (Übers.): *Le Coran*, Paris: Gallimard 1969.

Meillet, Antoine: *Les origines indo-européennes des mètres grecs*, Paris: Presses Universitaires de France 1923.

Montaigne, Michel de: *Essais* [1580]. *Erste moderne Gesamtübersetzung von Hans Stilett*. Hrsg. von Hans Magnus Enzensberger, Frankfurt am Main: Eichborn 1998.

Montesquieu, Charles de Secondat Baron de: Persische Briefe. Hrsg. und aus dem Französischen übersetzt von Peter Schunck, Stuttgart: Reclam 1991.

Montet, Édouard: *Le Coran*, Paris: Payot 1925.

Nerval, Gérard de (Übers.): *Le Faust de Goethe* [1843], Paris: Flammarion 1999.

Nida, Eugene / Taber, Charles: *The Theory and Practice of Translation. With Special Reference to Biblical Translating* [1982], Leiden: Brill 2003.

Nodier, Charles: *Dictionnaire raisonné des onomatopées*. Avec une préface de Henri Meschonnic (*La nature dans la voix*), Mauvezin: Trans-Europ-Express 1984.

Orcel, Michel / Laâmim, Mohammed A. (Übers.): *Sourates et fragments du Coran*. Avec une préface de Michel Orcel, in: *Po&sie*, Nr. 112–113, (August 2005), S. 167–182.

Ostervald, Jean-Frédéric (Übers.): *La Sainte Bible ou l'Ancien et le Nouveau Testament* [1744], Paris: Société biblique de France 1886.

Osty, Émile / Trinquet, Joseph (Übers.): *La Bible. Traduction française sur les textes originaux*, Paris: Seuil 1973.

Péguy, Charles: *Un nouveau théologien, M. Fernand Laudet*, in: *Œuvres en prose 1909–1914*, Paris: Gallimard 1957, S. 841–1041.

Poe, Edgar Allan: *Œuvres en prose traduites par Baudelaire*. Texte établi et annoté par Yves-Gérard Le Dantec, Paris: Gallimard 1951.

Porton, Gary G.: *Hermeneutics. A Critical Approach*, in: Jacob Neusner / Alan J. Avery-Peck (Hg.): *Encyclopaedia of Midrash. Biblical Interpretation in Formative Judaism*, Leiden: Brill 2005, S. 250–268.

Pound, Ezra: *ABC des Lesens*. Aus dem Englischen übersetzt von E. Hesse, Paris: Arche 2007.

Pound, Ezra: *ABC of Reading* [1934], New York: A New Directions Paperbooks 2010.

Proffer, Ellendea (Hg.): *Marina Zwetajewa. A Pictural Biography.* Translated by J. Marin King, Ann Arbor: Ardis 1980.

Pym, Antony: *Pour une éthique du traducteur*, Arras: Artois Presses Université / Presses de l'Université d' Ottawa 1997.

Rahlfs, Alfred (Hg.): *Septuaginta*, Stuttgart: Württembergische Bibelanstalt 1935.

Rainey, William: *Elements of Hebrew Syntax by an Inductive Method*, New York: Scribners 1908.

REB = *Die Heilige Schrift. Das Neue Testament und Die Psalmen. Revidierte Elberfelder Übersetzung* [1855], Wuppertal: Brockhaus 1985.

Ricœur, Paul: *Sur la Traduction*, Paris: Bayard 2004.

Ricœur, Paul: *Vom Übersetzen. Herausforderung und Glück des Übersetzens.* Aus dem Französischen übersetzt von Till Bardoux, Berlin: Matthes & Seitz 2017.

Rilke, Rainer Maria / Zwetajewa, Marina / Pasternak, Boris: *Briefwechsel.* Hrsg. von J. Pasternak und K. Masadowskij. Übersetzt von Heddy Pross, Frankfurt am Main: Insel 1983.

Rimbaud, Arthur: *Œuvres complètes. Correspondance.* Édition établie et présentée par Louis Forestier, Paris: Laffont 2004.

Ruhlen, Merritt: *L'origine des langues. Sur les traces de la langue mère.* Préface d'André Langaney, traduit de l'anglais par Pierre Bancel, Paris: Belin 1997.

Saussure, Ferdinand de: *Cours de linguistique générale.* Édition critique par Rudolf Engler, Wiesbaden: Harrassowitz 1967.

Saussure, Ferdinand de: *Cours de linguistique générale.* Édition critique préparée par Tullio De Mauro, Paris: Edition Payot 1972.

Saussure, Ferdinand de: *Cours de linguistique générale. Studienausgabe in deutscher Sprache.* Übersetzt, eingeleitet und kommentiert von Peter Wunderli, Tübingen: Narr 2014.

Saussure, Ferdinand de: *Écrits de linguistique générale.* Texte établi et édité par Simon Bouquet und Rudolf Engler, Paris: Gallimard 2002.

Saussure, Ferdinand de: *Linguistik und Semiologie. Notizen aus dem Nachlaß. Texte, Briefe und Dokumente.* Gesammelt, übersetzt und eingeleitet von Johannes Fehr, Frankfurt am Main: Suhrkamp 1997.

Saussure, Ferdinand de: *Wissenschaft der Sprache. Neue Texte aus dem Nachlaß.* Hrsg. von Ludwig Jäger, Frankfurt am Main: Suhrkamp 2003.

Savary, Claude-Étienne (Übers.): *Le Coran* [1751], Paris: Classiques Garnier 1960.

Schleiermacher, Friedrich: *Hermeneutik und Kritik* [1838]. Hrsg. von Manfred Frank, Frankfurt am Main: Suhrkamp 1977.

Schökel, Luis Alonso (Übers.): *Biblia del Peregrino*, Bilbao: Ediciones Mensajero 2001.

Schökel, Luis Alonso: *Estudios de poética hebrea*, Barcelona: Juan Flors 1963.

Seddik, Youssef (Übers.): *Le Coran, autre lecture, autre traduction*, Paris: l'Aube/Alger: Barzakh 2002.

Segond, Louis (Übers.): *La Sainte Bible. Ancien et Nouveau Testament*, Genf: Genfer Bibelgesellschaft 1877.

Séleskovitch, Danica: *Langage, langues et mémoire. Étude de la prise de note en interprétation consécutive* [1975], Paris: Lettres modernes 2000.

Sontag, Susan: *Against Interpretation* [1964] *and Other Essays*. New York: Octagon 1978.

Spinoza, Baruch de: *Theologisch-politischer Traktat. Lateinisch-Deutsch*. Neu übersetzt. Hrsg., mit Einleitung und Anmerkungen versehen von Wolfgang Bartuschat, Hamburg: Meiner 2010.

Steinbeck, John: *À l'Est d'Eden* [1956]. Traduit par J. C. Bonnardot, Paris: Le Livre de Poche 1974.

Steinbeck, John: *Jenseits von Eden* [1955]. Aus dem Englischen übersetzt von Harry Kahn, München: dtv 1987.

Steiner, George: *After Babel. Aspects of language and translation* [1975], Oxford: Oxford University Press 1998.

TOB = *Traduction oecuménique de la Bible* [1975], Paris: Société biblique française 2015.

Tricot, Jules (Übers.): *L'Organon d' Aristote en deux volumes* (*Catégories. De l'interprétation*), Paris: Librairie philosophique J. Vrin 1970.

Valéry, Paul: *Œuvres*. Édition établie et annotée par Jean Hythier, Paris: Gallimard 1960.

Venuti, Lawrence: *The Translator's Invisibility. A History of Translation* [1995]. Oxford: Routledge 2008.

Viehöver, Vera: *»La pratique, c'est la théorie« / »La théorie, c'est la pratique«– Henri Meschonnics Poetik des Rhythmus*, in: Vera E. Gerling / Belén Santana (Hg.): *Literaturübersetzen als Reflexion und Praxis*. Tübingen: Narr 2018, S. 156–173.

Viehöver, Vera: »*Lire le rythme*«. *Henri Meschonnics Theorie und Praxis des Lesens*, in: *Interval(le)s*, Nr. 7: *Réinventer le rythme / Den Rhythmus neu denken*, 2015, S. 40–61; http://www.cipa.ulg.ac.be/intervalles7/viehoever.pdf (letzter Zugriff: 03.04.2021).

Zabbal, François (Hg.): *Torah Bible Coran. Les Chemins des Écritures*, Galerie des Hospices Limoges 2006.

Zabbal, François: *Le Magazine littéraire. Les Chemins des Écritures*, Nr. 448, Dezember 2005.

ANMERKUNGEN

1 Paul Ricœur in *Sur la Traduction:* »Jedes Verstehen heißt übersetzen« (Paris 2004, 22), wo Paul Ricœur nur wiederholt, was George Steiner in *After Babel* bereits ausgeführt hat. Rückfällig wird er auf den Seiten 44 und 50. Nein, verstehen heißt verstehen oder heißt zumindest davon ausgehen, dass man versteht. Das Verstehen ist die Voraussetzung für das Übersetzen, aber das ist eine andere Geschichte. Elementar, mein lieber Doktor Schlaumeier [Anmerkung des Autors]. Im Folgenden werden sämtliche von Meschonnic zitierten Werke in der deutschen Übersetzung angeführt, sofern diese vorliegt. In allen anderen Fällen erfolgte die Übertragung durch die Übersetzerin [AdÜ = Anmerkung der Übersetzerin].

2 Siehe weiter unten in *Der Sinn der Sprache, nicht der Sinn der Wörter* (Kapitel 5).

3 Hierbei knüpfe ich an mein Buch *Poétique du traduire* (Paris 1999) an, in dem es um eine Positionierung innerhalb einer Sprachpoetik geht, die als Grundlage für die Entwicklung einer Poetik der Gesellschaft dienen soll.

4 Siehe weiter unten *Treu oder untreu* … (Kapitel 7), *Ausgangstextorientiert, zieltextorientiert* … (Kapitel 8) und *Die Übersetzung religiöser Texte* … (Kapitel 9).

5 Der Aufsatz, der 1999 vom Centre interdisciplinaire d'Études philosophiques de Mons herausgegeben wurde, erschien unter dem Titel *Code de déontologie du traducteur littéraire.*

6 Antony Pym: *Pour une éthique du traducteur*, Paris 1997. Das Buch fasst die Vorträge eines Seminars zusammen, das

1994 am Collège International de Philosophie in Paris stattfand.

7 Lawrence Venuti hat unter anderem *The Translator's Invisibility. A History of Translation*, Oxford 1995, geschrieben.

8 Danica Seleskovitch und Marianne Lederer unterrichten an der ÉSIT (École Supérieure d'Interprètes et de Traducteurs) in Paris. Sie verfassten u. a. Danica Seleskovitch: *Langage, langues et mémoire*, Paris 1975; Marianne Lederer (Hg.): *Études traductologiques en hommage à Danica Seleskovitch*, Amsterdam 1990; Fortunato Israël (Hg.): *Identité, altérité, équivalence? La traduction comme relation*, Caen 2002.

9 Dies ist die überarbeitete Fassung eines Aufsatzes, der im September 2004 unter dem Titel *Éthique du langage, éthique du traduire, d'urgence* in der *Revue d'éthique et de théologie morale* erschienen ist.

10 Für weitere Einzelheiten verweise ich auf *Politique du rythme, politique du sujet*, Paris 1995.

11 Michel de Montaigne: *Essais*. Aus dem Französischen von Hans Stilett, Frankfurt am Main 1998, S. 398.

12 Bernard Groethuysen: *Philosophische Anthropologie*, München 1969, S. 194–203.

13 John L. Austin: *Zur Theorie der Sprechakte*, Stuttgart 1972, S. 43.

14 »Cum ergo dicimus illud imperium optimum esse, ubi homines concorditer vitam transigunt, vitam humanam intelligo, quae non sola sanguinis circulatione et aliis, quae omnibus animalibus sunt communia, sed quae maxime ratione, vera mentis virtute et vita definitur.« Baruch de Spinoza: *Theologisch-politischer Traktat. Lateinisch Deutsch*, Hamburg 2010, S. 64.

15 Ferdinand de Saussure: *Écrits de linguistique générale*, Paris 2002 (dt. Saussure 2003).

16 Die wörtliche Übersetzung würde lauten: »ein Freudenfeuer mit der hölzernen Sprache anzünden, die die Sprache des Zeichens ist« (»un feu de joie avec la langue de bois qui est celle du signe«). Die von der Übersetzerin verwendete Formulierung ist die Abwandlung eines von Friedrich Hebbel geprägten Bonmots, das eine verdeckte Kritik an den narzisstischen Anspruch des Kunstkritikers enthält: »Fangt ihm den Adler, er wird ihn zerlegen wie keiner, doch leider / Sieht er den hölzernen oft für den lebendigen an.« Friedrich Hebbel: *Gedichte. Ausgabe letzter Hand*, Hamburg 2015, S. 200 [AdÜ].

17 Thomas S. Kuhn: *Die Struktur wissenschaftlicher Revolutionen*, Frankfurt am Main 1976.

18 Jules Huret (1863–1915) wurde durch seine Interviews, die er im Rahmen einer breit angelegten Reihe von Autorenportraits führte, berühmt [AdÜ].

19 Ich spiele hier auf den von Port-Royal vorgenommenen Unterschied zwischen Wort und Sache an. Es steht mir zu, einen poetologischen Universalbegriff zu definieren, mögen andere darüber urteilen, wie sie wollen.

20 Vgl. hierzu Fußnote 5 in *Eine Ethik des Übersetzens* (Kapitel 1).

21 Der Einschub ist in der vorliegenden Form missverständlich. Es ist anzunehmen, dass die Wendung »wenn man von der Ethik der Sprache, der Ethik des Gedichts absieht« intendiert war [AdÜ].

22 Ich verweise in diesem Zusammenhang unter anderem auf Henri Meschonnic, Gérard Dessons: *Traité du rythme. Des vers et des proses*, Paris 1998.

23 Marina Zwetajewa an Rilke (12.05.1926), in: Rainer Maria Rilke, Boris Pasternak, Marina Zwetajewa: *Briefwechsel*, Frankfurt 1983, S. 115. Die zitierte Passage ist unter der von Meschonnic angegebenen bibliografischen Angabe nicht zu finden. Die Übertragung erfolgte daher durch die Übersetzerin.

24 Meschonnic zitiert an dieser Stelle nach einer von Ellendea Proffer herausgegebenen Bibliografie (Ann Arbor 1980, S. 35). Der gleichzeitige Verweis auf sein Buch *La Rime et la vie* (Paris 1990, S. 208–231) stellt die einschlägige Passage in einen weiteren thematischen Zusammenhang [AdÜ].

25 Meschonnic zitiert hier aus dem Gedächtnis aus Heideggers Nachkriegsveröffentlichung von 1947, dem *Brief über den Humanismus* (Frankfurt am Main 2002, S. 345) [AdÜ].

26 Meschonnic spielt hier auf eine berühmte Szene in Molières *Le Bourgeois Gentilhomme* (*Der Bürger als Edelmann*) an, in der ein »Maître de Philosophie« den Möchtegernedelmann Monsieur Jourdain in die Grundlagen der Literatur einführt [AdÜ].

27 Anspielung auf die Redewendung »Fin comme Gribouille, qui se jette à l'eau pour ne pas se mouiller«, die besagt, dass besonders naive Naturen dadurch ins Unglück geraten, dass sie um jeden Preis Unannehmlichkeiten zu vermeiden suchen [AdÜ].

28 Die bekanntesten französischen Übersetzungen der Werke Ciceros sind in der Reihe *Classiques Garnier* und in der vom

Verlag Belles-Lettres herausgegebenen Reihe *Budé* erschienen [AdÜ].

29 Gemeint ist hier das im Jahre 1916 posthum erschienene Werk *Cours de linguistique générale* [AdÜ].

30 Vgl. hierzu die einschlägigen Ausführungen in Kapitel 3.

31 Charles Péguy: *Un nouveau théologien, M. Fernand Laudet*, Paris 1968, S. 1034. Die Übertragung erfolgte durch die Übersetzerin.

32 Die Transkription der hebräischen Bibelzitate erfolgt in Anlehnung an die DIN-Norm 31636 zur Umschrift des hebräischen Alphabets. [AdÜ]

33 Jehuda ha-Levi: Le Kuzari. *Apologie de la religion méprisée*, Paris 1994.

34 [ÜdÜ]. Das französische Original lautet: »Tout commentaire qui n'est pas sur un commentaire des accents tu n'en voudras pas et tu ne l'écouteras pas.«

35 Mose Ben Maimon (= Maimonides): *Führer der Unschlüssigen*, Leipzig 1924, S. 280. Bei Meschonnic wird die Übersetzung Salomon Munks zitiert: *Le Guide des égarés*, Paris 1861 [AdÜ].

36 Vgl. hierzu die einschlägigen Ausführungen in meinem Artikel *Le langage chez Adorno ou Presque comme dans la musique*, in: *Revue des Sciences humaines*, Nr. 229 (1993), S. 81–116.

37 Gary G. Porton: *Hermeneutics. A Critical Approach*, in: Jacob Neusner, Alan J. Avery-Peck (Hg.): *Encyclopaedia of Midrash. Biblical Interpretation in Formative Judaism*, Leiden 2005, S. 250–268.

38 Édouard Dhorme: *La Poésie biblique*, Paris 1931.

39 Luis Alonso Schökel: *Estudios de poética hebrea*, Bilbao 1963.

40 Antoine Meillet: *Les origines indo-européennes des mètres grecs*, Paris 1923 (zit. bei Schökel, S. 135).

41 Und das ganze Volk sie sehen die Stimmen / und die Blitze // und / die Stimme des Schofar // und der Berg / der Rauch ausstößt /// Und das Volk sah / und sie waren wie außer sich / und sie hielten / sich fern [ÜdÜ = übersetzt durch die Übersetzerin].

42 Vgl. hierzu das einschlägige Zitat mitsamt der lateinischen Version (Fußnote 14).

43 Erschienen in: Solange Hibbs, Monique Martinez (Hg.): *Traduction, Adaptation, Réécriture dans le monde hispanique contemporain*, Toulouse 2006. Ich habe einige Änderungen vorgenommen.

44 Charles de Secondat Baron de Montesquieu: *Persische Briefe*, Stuttgart 1991, S. 236.

45 Die Übertragung der Beispiele erfolgte durch die Übersetzerin.

46 Ich verweise auf das vorangegangene Kapitel.

47 Die berühmte Humboldt'sche Formulierung steht im 3. Band der *Gesammelten Schriften*, Berlin 1963, S. 477 [AdÜ].

48 An dieser Stelle soll ausgeführt werden, was in dem Kapitel *Dringend gesucht: eine Ethik der Sprache, eine Ethik der Übersetzung* bereits angekündigt wurde.

49 Im 14. Kapitel (*Warum eine Tracht Bibel der Philosophie guttut*) werde ich nochmals auf diese Thematik zu sprechen kommen.

50 *Die Worte des Weisen* (*Paroles du Sage*) stellen in Meschonnics *Les Cinq Rouleaux* (Paris 1970) eine der fünf Schriftrollen dar [AdÜ].

51 Das phonematische Echo kann hier nicht wiedergegeben werden [AdÜ].

52 Das phonematische Echo kann hier nur annähernd wiedergegeben werden [AdÜ].

53 Paul Ricœur: *Vom Übersetzen*, Berlin 2017.

54 Ich verweise auf *Dringend gesucht: eine Ethik der Sprache, eine Ethik der Übersetzung* (Kapitel 3).

55 *Der Ursprung der Sprachen. Auf den Spuren der Mutter-Sprache* [ÜdÜ].

56 Das Buch wurde noch nicht ins Deutsche übertragen [AdÜ].

57 Paul Valéry: *Œuvres*, Bd. II, Paris 1960, S. 637. Die Übertragung erfolgte durch die Übersetzerin.

58 Ich verweise hier erneut auf *Der Sinn der Sprache, nicht der Sinn der Wörter* (Kapitel 5). Der Zusammenhang zu Spinoza wird in Kapitel 3 (*Dringend gesucht: eine Ethik der Sprache, eine Ethik der Übersetzung*) erläutert.

59 Vgl. Fußnote 14 [AdÜ].

60 Meschonnic: *Poétique du traduire*, S. 107–111.

61 Die Übersetzung Meschonnics lautet: »Les Affects, par quoi nous sommes en conflit, les Philosophes les conçoivent comme des vices«. Die Übertragung erfolgte durch die Übersetzerin.

62 Die Übertragung erfolgte durch die Übersetzerin. Die Übersetzung Moreaus lautet: »Les philosophes conçoivent les passions à quoi nous sommes en proie […]«.

63 Vgl. hierzu das Kapitel 5 (*Der Sinn der Sprache, nicht der Sinn der Wörter*).

64 Vgl. hierzu das Kapitel 4 (*Die Aufgabe des Übersetzens besteht darin, die gesamte Theorie der Sprache zu verändern*).

65 Ich habe bereits in *Der Sinn der Sprache, nicht der Sinn der Wörter* (Kapitel 5) und in *Übersetzen: literarisches Schreiben oder Entliterarisierung* (Kapitel 6) darauf hingewiesen. Jedes Mal unter einem anderen Aspekt.

66 Vgl. hierzu den letzten Teil des fünften Kapitels *Der Sinn der Sprache, nicht der Wörter*.

67 Hierauf bin ich in Kapitel 5 ausführlich eingegangen.

68 Gemeint sind die *Écrits de linguistique générale*, Paris 2002 [AdÜ].

69 Vgl. hierzu Fußnote 16 [AdÜ].

70 Vgl. den Anfang des Buches sowie den Anfang des siebten Kapitels *Treu oder untreu, gehupft wie gesprungen*.

71 Ricœur: *Vom Übersetzen*, S. 42.

72 Jacques Derrida: *Babylonische Türme*, Frankfurt am Main 1997.

73 *Un coup de Bible dans la philosophie* ist 2004 im Bayard-Verlag erschienen; die Übersetzung des *Levitikus* (*Et il a appelé*) kam 2005 bei Desclée de Brouwer heraus.

74 Die Übertragung erfolgte durch die Übersetzerin.

75 Nimm Aaron / und seine Söhne mit ihm // und die / Kleider // und das // Salböl /// Und den / Farren zum Opfer // und die / beiden Widder // und den / Korb mit den Brotlaiben [ÜdÜ.] Die hebräische Version lautet: Kakh et aharon / ve et banav ito ve et ha-begadim // ve et shemen ha-mishha /// ve et par ha-hatat // ve et shney ha-elim // ve et sal ha-matsot.

76 Eingangsformel der Suren, an der sich »alle Übersetzer die Zähne ausbeißen«, wie Michel Orcel in *Sourates et fragments du Coran* schreibt; in: *Po&sie*, Nr. 112–113 (2005), S. 170.

77 Die englische Fassung (N. J. Dawood) lautet: »In the name of Allah, the compassionate, the merciful« [AdÜ].

78 Vgl. hierzu *Der Sinn der Sprache, nicht der Sinn der Wörter* (Kapitel 5) und *Übersetzen: literarisches Schreiben oder Entliterarisierung* (Kapitel 6).

79 in Kapitel 7.

80 Hauptfigur von Molières *Le Bourgeois Gentilhomme* (*Der Bürger als Edelmann*) [AdÜ].

81 Vgl. hierzu Kapitel 5.

82 Josy Eisenberg: *Le combat et le coup bas*, in: *Information juive*, Nr. 246 (März 2005), S. 4–6.

83 Vgl. hierzu den Anfang des sechsten Kapitels (*Übersetzen: literarisches Schreiben oder Entliterarisierung*).
84 François Zabbal (Hg.): *Torah Bible Coran. Les chemins des Écritures, Limoges 2006*, S. 49.
85 François Zabbal (Hg.): *Le Magazine littéraire. Les Chemins des Écritures*, Nr. 448 (Dezember 2005).
86 Die ich in *Poétique du traduire* (Paris 1999) untersucht habe.
87 Anders als im Deutschen muss im Französischen der abhängige Nebensatz nach »je crois« (ich glaube) zwingend mit »que« (dass) eingeleitet werden [AdÜ].
88 Da das *Passé composé* und das *Passé simple* im Deutschen kein direktes Pendant aufweisen, habe ich mich für eine Übersetzungslösung entschieden, die der Elberfelder Übersetzung (REB) nachempfunden ist [AdÜ].
89 Ich habe dies bereits in *Der Sinn der Sprache, nicht der Sinn der Wörter* (Kapitel 5) und in *Übersetzen: literarisches Schreiben oder Entliterarisierung* (Kapitel 6) dargestellt.
90 Charles Péguy: *Note conjointe sur M. Descartes et la philosophie cartésienne, Paris* 1957, S. 1401.
91 Meschonnic spielt hier auf das Märchen *Les fées* von Charles Perrault an [AdÜ].
92 Die vorliegenden Ausführungen sind erstmals in der vom *Théâtre de la Colline* herausgegebenen Reihe *Lexi Textes* (Nr. 9) erschienen. Einen Anlass hierfür bot die Inszenierung *Comme un chant de David* (Regie: Claude Régy, Hauptdarstellerin: Valérie Dréville), die auf mehreren Übersetzungen von *Gloires. Traduction des psaumes* (Paris 2001) basierte.
93 Friedrich Hegel: *Vorlesungen über die Philosophie der Religion*, Hamburg 1993, S. 63–64.
94 Henri Meschonnic: *Un coup de Bible dans la philosophie*, Paris 2004.
95 Dies ist der Grund, weshalb ich *Spinoza poème de la pensée* verfasst habe (Paris 2001). Aber auch *Le langage Heidegger* (Paris 1990). Gerade weil ich kein Philosoph bin. Und weil ich mit der Philosophie ein Hühnchen zu rupfen habe.
96 Meschonnic: *Un coup de Bible dans la philosophie.*
97 John Steinbeck: À l'Est d'Eden, Paris 1974. [Deutsche Ausgabe: *Jenseits von Eden*, München 1987] Den Hinweis auf Steinbecks Text verdanke ich Anne Brunel vom Kulturverein *Escambiar* der Stadt Toulouse.
98 Ich übersetze: »Si tu fais bien, ne seras-tu pas accepté? et si tu ne

fais pas bien, le péché couche à la porte. Et vers toi *sera son désir et toi tu règneras sur lui*« (»Wenn du recht handelst, warum solltest du nicht angenommen werden? Und wenn du nicht recht handelst, so lauert die Sünde vor der Tür. Und auf dich *wird* sich ihr Verlangen richten und du wirst über sie herrschen«).

99 Steinbeck: *Jenseits von Eden*, S. 373 [AdÜ].

100 Steinbeck: *Jenseits von Eden*, S. 373–374 [AdÜ].

101 Henri Meschonnic: *Au commencement. Traduction de la Genèse*, Paris 2002, Kap. IV, Vers 7, S. 38.

102 Die Sünde ist ein Dämon, der vor der Tür lauert. Er wird sein Verlangen nach dir richten, und du wirst von ihm beherrscht werden [ÜdÜ].

103 »Ist es nicht so, dass, wenn du recht handelst, Erhebung, und wenn du nicht recht handelst, vor deiner Tür die lauernde Sünde, und auf dich richtet sich ihr Begehren, und du wirst über sie herrschen« [ÜdÜ].

104 Mayer Lambert: *Traité de grammaire hébraïque*, Paris 1946.

105 William Rainey: *Elements of Hebrew Syntax by an inductive method*, New York 1908, § 19 und 20.

106 Michail Bachtin: *Rabelais und seine Welt. Volkskultur als Gegenkultur*, Frankfurt am Main 1995. In der deutschen Übersetzung fehlt diese Passage [ÜdÜ].

107 Vgl. hierzu die Ausführungen in der *Poétique du traduire*: »Das Europa der Übersetzungen ist in erster Linie das Europa der auslöschenden Übersetzungen« (S. 32–57).

108 Mandelstam: *Das Gesamtwerk*, Berlin: E-Book, o. P.

109 Ich beziehe mich auf die von Bernard Groethuysen aufgeworfene Frage nach dem Verhältnis von Individualrecht und den Rechten der Allgemeinheit. Vgl. hierzu Bernard Groethuysen: *Philosophische Anthropologie*, München 1969. Bernard Groethuysen: *Anthropologie philosophique*, Paris 1980 (mit einem Nachwort von Meschonnic).

110 Émile Benveniste: *La forme et le sens dans le langage*, in: ders.: *Problèmes de linguistique générale*, Bd. 1, Paris 1966, S. 217.

111 In der sogenannten Weimarer Ausgabe, die von der Heidelberger Akademie der Wissenschaften herausgegeben wurde (2000), wird die judenfeindliche Schrift nicht aufgeführt. Sie erschien erst im Jahre 2016 in einer von Matthias Morgenstern edierten Ausgabe [AdÜ].

112 Pierre Caussat, Dariusz Adamski, Marc Crépon: *La Langue source de la nation*, Liège 1996, S. 16 [AdÜ].

113 Der Text wird von Roman Jakobson in *St. Constantine's Prologue to the Gospel* auf kirchenslawisch und in englischer Übersetzung wiedergegeben, Berlin 1985, S. 194–199.

114 Vgl. hierzu Kapitel 5.

115 Französischkundige Leser können dagegen auf die kenntnisreiche Einführung von Lucie Bourassa zurückgreifen (*Henri Meschonnic. Pour une poétique du rythme*, Paris 2015). Eine Monografie zu Meschonnic von Vera Viehöver wird im Frühjahr 2022 bei Matthes & Seitz Berlin erscheinen.

116 »[…] la linguistique a pour unique et véritable objet la langue envisagée en elle-même et pour elle-même«, Saussure: *Cours de linguistique générale*, Paris 1972, S. 317 (»Der einzige und eigentliche Gegenstand der Lingusitik ist die Betrachtung der Sprache [= Einzelsprache] an sich und für sich allein«, Saussure: *Cours*, Tübingen 2014, S. 227).

117 »Aus all diesen Gründen wäre es absurd, Sprachsystem und Rede unter ein- und demselben Gesichtspunkt vereinigen zu wollen […] Dies ist die erste Gabelung, auf die man stößt, wenn man versucht, eine Theorie der Sprache zu entwickeln. Man muß sich zwischen den beiden Wegen entscheiden, denn es ist unmöglich, beide gleichzeitig zu beschreiten; sie können nur getrennt verfolgt werden.« Saussure: *Cours*, S. 69.

118 »Tatsächlich ist die Welt des Zeichens in sich abgeschlossen. Vom Zeichen zum Satz gibt es keinen Übergang, weder durch syntagmatische Verbindungen noch auf andere Weise. Ein Hiatus trennt sie. Es bleibt daher nichts anderes übrig, als zuzugestehen, dass die Sprache zwei unterschiedliche Bereiche enthält, die jeweils ihren eigenen konzeptuellen Apparat verlangen.« (»En réalité le monde du signe est clos. Du signe à la phrase il n'y a pas transition, ni par syntagmation ni autrement. Un hiatus les sépare. Il faut dès lors admettre que la langue comporte deux domaines distincts, dont chacun demande son propre appareil conceptuel.« Benveniste: *Problèmes* (Bd. 2), S. 65.

119 Meschonnic hat für sein Buch über die Philosophie Spinozas den sprechenden Untertitel *Poème de la pensée* gewählt (Meschonnic, Paris 2002).

Béatrice Costa lehrt seit 2011 Übersetzung und Übersetzungswissenschaft an der Université de Mons in Belgien.

Hans Lösener lehrt seit 2010 für an der Pädagogischen Hochschule Heidelberg Literaturwissenschaft und Literaturdidaktik.

Vera Viehöver lehrt seit 2013 Deutsche Literatur an der Université de Liège und ist Mitglied des Forschungszentrums für Übersetzungswissenschaft (CIRTI).

Drucklegung und Verbreitung des Werks von Henri Meschonnic in Deutschland werden gefördert von der **KONVERT**-Stiftung.

Erste Auflage Berlin 2021
Batterien NF 108

Göhrener Straße 7, 10437 Berlin
info@matthes-seitz-berlin.de

Satz: Monika Grucza-Nápoles, Berlin
Druck und Bindung: GGP Media GmbH, Pößneck

ISBN 978-3-7518-0349-6
www.matthes-seitz-berlin.de